Le Siècle.

ÉLIE BERTHET.

LA

DOUBLE VUE

PARIS
BUREAUX DU SIÈCLE
RUE CHAUCHAT, 14.

A. VIALON DEL.   J. GUILLAUME S.C.

On trouve encore dans les bureaux du Siècle

HISTOIRE DES DEUX RESTAURATIONS (DE 1813 A 1830), par M. ACHILLE DE VAULABELLE
Huit volumes in-8°. — Prix : 40 fr., et 20 fr. seulement pour les abonnés du journal *le Siècle*

HISTOIRE DE LA RÉVOLUTION DE 1848, PAR M. GARNIER-PAGÈS
Huit volumes in-8°. — Prix 40 fr., et 20 fr. seulement pour les abonnés du journal *le Siècle*
Ajouter 50 c. par volume pour recevoir *franco* par la poste.

Afin de faciliter aux abonnés l'acquisition de l'un ou l'autre de ces ouvrages importants, il leur sera loisible de se les procurer par parties de deux volumes chaque, au prix de 8 fr. pris au bureau, et de 6 fr. par la poste.

Élie Berthet

LA DOUBLE VUE

DÉDIÉ A MADAME A.-F.

PAR SON RESPECTUEUX ET AFFECTIONNÉ SERVITEUR,

ÉLIE BERTHET.

I

LA VALLÉE DE GIZIAT.

La partie de la chaîne du Jura qui avoisine le département de Saône-et-Loire s'élève sans transition à une grande hauteur au-dessus de la plaine. Le voyageur qui vient de traverser les campagnes plates et sans accident de la Bresse voit tout à coup comme un mur cyclopéen se dresser devant lui. Le sol change brusquement; ce n'est plus le terrain gras et glaiseux du bas pays; c'est ce curieux calcaire de soulèvement proprement appelé *terrain jurassique*, dont le savant Louis Figuier nous a raconté en beau style la merveilleuse création.

A partir de cette limite tout se transforme, tout s'agrandit, tout prend un caractère nouveau, la nature et les hommes. Aux mœurs paisibles et douces des Bressans succèdent les caractères toujours plus graves et plus âpres des montagnards. Nous sommes sur le premier étage, étage vert et fleuri, de cet entassement de montagnes qui, de chaîne en chaîne, de sommets en sommets, parvient jusqu'aux altitudes majestueuses du mont Blanc et se couronne de neiges éternelles.

Une jolie route longe la base de cette partie du Jura, et traversant Maynal, Beaufort, Cousance, Cuiseaux, Saint-Amour et Coligny, s'étend de Lons-le-Saunier à la ville de Bourg. Tous ces centres de population ont à la fois les avantages de la montagne et de la plaine, la fertilité et le pittoresque.

Pendant que leurs habitants cultivent en bas des vignes fécondes, de vastes champs de maïs, ils jouissent du spectacle toujours varié et toujours splendide que le soleil, les vents et les nuages, ces grands acteurs, leur donnent sur le majestueux amphithéâtre dressé devant eux.

Ces villes elles-mêmes, avec leurs vieux édifices dont plusieurs remontent au temps où la Franche-Comté appartenait à l'Espagne, avec leurs rues en arcade qui rappellent des galeries moresques, avec leurs petits clochers modernes recouverts en fer-blanc, ne contribuent pas peu à égayer le paysage, à lui fournir la vie et l'animation que l'aspect grandiose des hauts sommets ne pourraient suppléer.

En face du bourg de Cousance, la route dont nous parlons est coupée à angle droit par un chemin tortueux qui vient de l'intérieur des montagnes et qui côtoie un ruisseau. Ce chemin est ombragé de noyers et d'autres arbres touffus qui empêchent de voir bien loin autour de soi; mais il est si frais, bordé de prairies si vertes, le ruisseau qui l'accompagne est si limpide et si babillard qu'on se laisse aller au charme de le suivre, bien qu'on ne puisse reconnaître où il conduit.

D'ailleurs, à chaque instant on découvre dans cet épais bocage quelque habitation rustique, quelque moulin au tictac monotone, quelque maison de vigneron proprette et bien bâtie. Des enfants rient derrière les haies; des canards se jouent à la surface de l'eau; des vaches mugissent dans les herbages. On sent que l'on n'est pas trop seul, et on ne s'effraye pas outre mesure en s'enfonçant dans cet inconnu de feuillage et de verdure.

Cependant, à mesure que l'on avance, la solitude devient plus profonde; je ne sais quoi de sombre s'étend autour du promeneur. Le jour s'obscurcit, le chemin se creuse, et quand les interminables noyers s'éprouvent; quelque solution de continuité on s'aperçoit que l'on marche au pied de roches énormes taillées à pic. Si malgré ces apparences inhospitalières on poursuit sa route, on arrive enfin à une place où le plus indifférent ne peut retenir un cri de surprise et d'admiration.

On se trouve au fond d'un abîme dont les parois,

presque partout perpendiculaires, ont quinze à dix-huit cents pieds d'élévation. Le jour ne descend qu'avec peine dans ces profondeurs, et à une certaine époque de l'année le soleil ne les éclaire pas. Le ciel apparaît comme une coupole lumineuse au-dessus de cette espèce de puits.

Cependant nulle part la verdure n'est aussi fraîche, aussi veloutée que dans le creux du vallon. Le mur du rocher lui-même, bien qu'il paraisse inaccessible à un chamois, est tapissé partout d'arbustes et de grandes herbes. Sur le sommet, la piété des habitants du voisinage a élevé trois croix gigantesques, qui vues d'en bas ne paraissent pas plus grandes que les petits crucifix de bois suspendus au chapelet d'une religieuse.

Au pied du plus haut escarpement, on aperçoit la source du ruisseau qui parcourt la vallée. L'eau jaillit avec abondance au milieu de grosses pierres et s'élance tout d'abord avec la rapidité d'un torrent, pure et glaciale, turbulente et indomptée. Mais bientôt, retardée par les méandres incessants de son lit, par les barrages que l'agriculture et l'industrie lui opposent, elle se calme, se civilise, se soumet, et finit par arroser docilement les prairies, par communiquer le mouvement aux roues des usines et des moulins, jusqu'à ce qu'elle retrouve, à l'extrémité du défilé, la liberté, l'espace plan et le soleil.

Parfois, à la suite de grandes pluies ou de la fonte des neiges, un second torrent, dont l'œil peut reconnaître la direction à travers des bouleversements de roches, vient se joindre au premier, et alors ce sont des cascatelles sans fin, des mugissements tumultueux répercutés par l'écho, des flocons d'écume dont la blancheur éclatante tranche sur le fond noirâtre des mousses aquatiques. Mais, pendant l'été, ce turbulent auxiliaire se tait et disparaît. La jolie source, réduite à ses propres forces, anime seule par un doux et caressant murmure la tranquillité du vallon. Les rouges-gorges et les troglodytes chantent joyeusement dans le feuillée. Le matin et le soir, les cris rauques de quelques corbeaux qui nichent dans une grotte située à une centaine de pieds au-dessus de la fontaine se font entendre par intervalles; et, comme tout est harmonieux dans la nature, ces croassements eux-mêmes, mêlés au roucoulement des tourterelles dans le taillis, ajoutent encore au charme mélancolique de cette solitude.

Telle est donc la vallée de Giziat, où nous allons sans préambule promener le lecteur.

Une petite calèche découverte, plus solide qu'élégante et traînée par une vigoureuse jument noire, venait de quitter la grande route et de s'engager dans le chemin étroit et tortueux de la vallée. On était à la fin de septembre, et rien encore n'annonçait les approches de l'hiver. Les arbres conservaient leur feuillage; les prairies, récemment fauchées, reverdissaient dans les bas-fonds. Seulement le ruisseau, grossi par les pluies récentes, paraissait plus bruyant qu'à l'ordinaire et coulait à pleins bords. Il était environ cinq heures du soir, et le jour, déjà si sombre sous les vieux arbres du défilé de Giziat, se rembrunissait rapidement à mesure que le soleil invisible s'enfonçait derrière le cirque des rochers.

Cependant cette lueur presque crépusculaire n'attristait ni n'alarmait les personnes qui se trouvaient dans la voiture ; c'étaient deux dames, l'une jeune, l'autre âgée, dans lesquelles on reconnaissait aisément la mère et la fille. Leur mise, quoique simple, annonçait de riches habitantes du voisinage. Un vieux domestique, auquel on ne parlait qu'avec déférence, occupait le siège, et sa livrée bleue à boutons d'argent témoignait du rang élevé de ses maîtresses dans un pays où nul ne songe à se faire croire plus riche et plus haut placé que son voisin.

Ces dames, bien connues du voisinage, habitaient en effet la petite ville de Cuiseaux, située à quelques kilomètres de Giziat. L'une était la veuve et l'autre la fille d'un haut fonctionnaire, mort quelques années auparavant en leur laissant une belle fortune. Cette fortune ne pouvait tomber en meilleures mains, car la mère et la fille, la fille surtout, étaient la bienfaisance en personne.

Leur vie se passait à visiter les pauvres et les malades, à porter des secours et des consolations aux malheureux. La petite calèche était elle-même célèbre dans les environs, et quand on la rencontrait, toujours traînée par la vigoureuse jument noire, on se demandait : « Qui donc est malade ou *dans la veine* par ici que les dames de Savigny viennent de ce côté ? »

C'était encore une œuvre de bienfaisance qui attirait les dames de Savigny, à cette heure de la soirée, dans la vallée de Giziat. Si un regard curieux eût plongé au fond de la voiture, on eût pu voir plusieurs paquets de vêtements, attendus sans doute avec impatience par quelque pauvre famille. Une petite chienne couleur café au lait, avec une étoile blanche sur le front, s'était constituée gardienne de ces paquets. Elle les gardait si bien qu'elle élevait à chaque instant sa tête mutine au-dessus de la portière pour aboyer avec fureur contre les passants, surtout quand les passants étaient mal mis, et ses maîtresses ne réussissaient pas toujours à calmer la hargneuse et fière petite bête.

Madame de Savigny, la mère, avait alors dépassé de beaucoup l'âge moyen de la vie, et pourtant on pouvait reconnaître encore en elle des traces de beauté. Sa figure douce et bienveillante paraissait un peu froide au premier abord ; mais cette froideur n'était qu'apparente. Comme tous ceux qui ont vécu longtemps, madame de Savigny avait eu de mauvais jours, et sa réserve était seulement la résignation mélancolique et réfléchie de la personne qui elle-même a beaucoup souffert. Un sourire d'indulgence se jouait habituellement sur ses lèvres, et si elle ne manifestait pas ses impressions avec la même vivacité que sa fille, par exemple, on devinait pourtant que son âme n'était pas moins généreuse ni sa charité moins ardente.

Mademoiselle Pauline de Savigny en effet semblait être tout expansion, tout enthousiasme, tout élan. Elle touchait alors à sa dix-neuvième année; elle était blonde avec des yeux d'un bleu clair et des traits d'une finesse exquise. Cependant Pauline n'avait pas cette langueur souvent un peu fade des blondes. Le peintre le plus habile eût éprouvé une difficulté extrême à faire son portrait tant il y avait de mobilité dans cette charmante physionomie. Toutes les nuances du rose passaient successivement sur son visage, suivant les émotions qu'elle éprouvait. Du reste, souple et nerveuse comme une jeune chatte, mademoiselle de Savigny ne fût jamais parvenue à poser devant un peintre. Sa volonté semblait mobile comme ses traits ; toujours active, elle s'accommodait mal de la lenteur qu'on pouvait mettre à satisfaire ses désirs ; elle ne donnait un ordre que quand elle était elle-même dans l'impuissance de l'exécuter. Avec ces qualités et ces défauts, comme on voudra, Pauline était adorée de tous ceux qui l'approchaient, et sa mère, tout en la grondant parfois, l'adorait plus que personne.

Malgré sa grande fortune, elle était vêtue avec beaucoup de simplicité ; une robe de mousseline claire, un mantelet de soie noire, un chapeau de paille composaient cette toilette, qui empruntait tout son charme et toute sa distinction à Pauline elle-même. La mise de la mère était aussi simple, mais plus riche; on n'en voyait du reste qu'une petite capote de batiste et un grand châle de l'Inde dont madame de Savigny s'enveloppait frileusement aux approches du soir. Mais, comme nous l'avons dit, ni l'une ni l'autre n'avaient besoin de somptueux ajustements pour exciter le respect des gens du pays; telles qu'elles étaient, tous les fronts se découvraient sur leur passage, toutes les bouches semblaient leur adresser une bénédiction.

Au moment où la voiture s'engagea dans la vallée de Giziat, Pauline éprouvait un accès de gaieté folle, et ses éclats de rire dominaient le grincement continuel des roues sur les cailloux du chemin. Cette gaieté était si franche que nous croyons convenable d'en apprendre la cause au lecteur.

Mademoiselle de Savigny était promise à un jeune gentilhomme du voisinage, et le mariage devait avoir lieu quelques semaines plus tard. Le baron Léopold de Champ-Rosay, le fiancé de Pauline, appartenait à une des familles les plus nobles et les plus anciennes de la Bresse. Privé de sa mère dès son enfance, il avait été élevé par son père, homme de goût et de savoir, qui était mort peu de temps avant le jour où commence cette histoire.

Léopold avait vingt-quatre ans; il était docteur en droit et venait d'être nommé auditeur au conseil d'État. Sa vaste instruction, sa haute intelligence, ses qualités personnelles, le nom honorable qu'il portait faisaient présager pour lui les plus brillantes destinées.

Le mariage était donc parfaitement assorti, et, comme les deux jeunes gens s'aimaient, on ne pouvait attendre qu'un heureux résultat de l'union projetée. C'était pourtant bel et bien de son fiancé que mademoiselle de Savigny riait en ce moment de si bon cœur.

Léopold de Champ-Rosay habitait en ce moment le château de Balme, situé à moins de cent pas de la route de Giziat, vieux manoir qui, avec quelques terres attenantes, était tout ce qui restait au jeune baron de l'immense fortune possédée autrefois par sa famille dans la province. Or les dames venaient de passer devant Balme sans que personne au château eût paru s'en apercevoir.

— Vous verrez, chère maman, — disait Pauline en plaisantant, — de quelle façon je relancerai monsieur Léopold la première fois qu'il osera me parler de son « amour, » ce qui sans doute ne tardera guère. Comment! nous étions si près de sa maison et il ne s'en est pas douté! Son cœur n'a pas bondi dans sa poitrine! Sans doute en ce moment il était en train de fumer un cigare dans le parc de Balme ou de compulser des paperasses dans son cabinet; et le cigare ne s'est pas éteint, et les paperasses n'ont pas été jetées à tous les vents du ciel!... Ah! monsieur le baron, je vous revaudrai cela!

Et les rires continuaient de plus belle. Madame de Savigny profita du moment où la gentille enfant s'arrêtait, épuisée pour lui dire d'un ton d'indulgence:

— Allons, petite folle, est-ce fini? Comment monsieur de Champ-Rosay eût-il su que tu passais sur la route quand tu t'es efforcée toi-même de lui cacher le jour et l'heure où nous irions à Giziat? Le pauvre garçon était pourtant assez désireux de nous accompagner dans cette promenade, dont tu as parlé vaguement devant lui; il nous a proposé de nous suivre à cheval et tu as refusé sa compagnie.

— Ce n'est pas une raison... Mais vraiment, chère maman, aurais-tu souffrir qu'il nous accompagnât chez les *rabalas*, où nous allons?

— Et pourquoi non, ma Pauline?

— Dame! ce n'est pas beau chez les rabalas, et je compte habiller moi-même ces jeunes enfants avec les effets qui sont là dans la voiture. Monsieur de Champ-Rosay, qui a des instincts aristocratiques et délicats, eût pu prendre en dégoût ma besogne, et j'ai préféré qu'il me vît à tout autre moment.

— Chère petite! toi seule tu devrais éprouver du dégoût; mais rien ne t'arrête, rien ne te répugne quand il s'agit de secourir des malheureux... Tu serais bien attrapée si monsieur de Champ-Rosay venait nous retrouver ici. Il n'y aurait pourtant rien d'impossible à cela; car beaucoup de passants nous ont reconnues, et peut-être va-t-il apprendre...

— Qu'il se garde bien de venir... je lui ferais une moue affreuse pour m'avoir troublée dans mes occupations.

— Alors, espérons qu'il ne viendra pas.

— Au contraire, je lui ferai une moue bien plus affreuse encore la première fois que je le verrai pour n'avoir pas deviné ma présence dans le voisinage de Balme.

— Enfant! — dit madame de Savigny, — pourquoi es-tu si peu raisonnable?

— Eh! bonne mère, — répliqua Pauline d'un ton câlin en l'embrassant, — c'est parce que vous l'êtes trop.

— Ne faut-il pas que je le sois pour deux?

Pendant cette conversation entre la mère et la fille, la route devenait de plus en plus raide, tortueuse et escarpée; à chaque instant les roues de la voiture heurtaient de gros cailloux ou s'enfonçaient dans de profondes ornières; il en résultait pour les voyageuses des chocs et des soubresauts continuels, qui arrachaient à la petite chienne *Elfie* des gémissements. Pauline s'aperçut que *Belle-Biche*, la jument noire, était en nage.

— Maman, — reprit-elle, — cette pauvre bête n'en peut plus, et d'ailleurs la voiture ne saurait avancer jusqu'à la maison des rabalas, qui est tout près d'ici... voulez-vous que nous descendions?

— Volontiers, ma fille; la marche ne saurait être aussi fatigante que ces horribles cahots.

Sur l'ordre de sa maîtresse, Joseph, le cocher, arrêta la calèche. Aussitôt Pauline ouvrit elle-même la portière, sauta lestement à terre avec *Elfie*, puis elle aida sa mère à descendre.

— Joseph, — dit madame de Savigny, — attendez-nous avec la voiture au moulin Neuf; nous ne tarderons pas à vous rejoindre.

Joseph, qui avait tous les privilèges d'un vieux serviteur, regarda ses maîtresses d'un air d'inquiétude et leur demanda où elles allaient.

— Vous le savez bien, vieux grondeur, — répliqua Pauline, qui était en train de retirer les paquets de la voiture; — nous nous rendrons à pied chez les rabalas.

— Fort bien, mademoiselle; mais qui portera ces effets?

— Moi certainement, — répliqua Pauline, qui chargea ses deux bras d'un lourd fardeau.

— Mademoiselle va se fatiguer.

— Et si c'est mon plaisir d'être fatiguée!

— Ces dames ne craignent-elles pas que les rabalas, dont la réputation n'est pas des meilleures...

— Allons, Joseph, voudriez-vous que nous eussions peur d'une femme et de trois petites filles?

— Mademoiselle n'a peur de rien quand il s'agit de secourir les pauvres gens; cependant...

Pauline le menaça de son joli doigt, et, se tournant vers sa mère, elle dit:

— Renvoyez donc vite, chère maman, ce vilain sermonneur, ou nous n'arriverons pas avant la nuit.

Madame de Savigny congédia Joseph en l'assurant qu'elles ne seraient pas absentes longtemps, qu'elles se trouveraient presque aussitôt que lui au moulin Neuf. Force fut au domestique d'obéir, mais il grondait en faisant tourner la voiture, il grondait en revenant sur ses pas, il grondait encore quand les dames eurent disparu.

. . . .

La mère et la fille, précédées d'*Elfie*, s'éloignaient dans une direction opposée. Madame de Savigny avait absolument voulu se charger d'un des paquets de Pauline, qui, par obéissance, finit par lui confier le plus léger. Bientôt elles quittèrent le grand chemin et commencèrent à gravir un sentier raide et difficile qui serpentait sur une pente hérissée de buissons. Cette partie de la vallée était encore plus âpre et moins accessible que la première. Aussi madame de Savigny ne tarda-t-elle pas à s'apercevoir qu'elle avait trop présumé de ses forces. Après quelques minutes de cette pénible ascension, son pas se ralentit, l'haleine lui manqua, et enfin elle fut obligée de s'arrêter. Pauline accourut pour la soutenir et la débarrassa de son fardeau.

— Chère maman, — lui dit-elle, — reposez-vous; vous

savez que vous ne valez rien pour la marche... O mon Dieu! pourquoi vous ai-je exposée à une pareille fatigue?

— Ce n'est rien, ma fille, — répliqua madame de Savigny en souriant; — j'étais un peu essoufflée, mais me voilà remise. Continuons notre chemin.

Pauline y consentit, à condition qu'elle resterait chargée seule de tous les paquets, et encore, tout en marchant, pressait-elle sa mère de s'appuyer sur elle.

Enfin on aperçut la misérable habitation vers laquelle tendaient les deux dames bienfaisantes. Située sur un coteau très escarpé, elle était entourée de roches énormes t abritée par deux châtaigniers rabougris dont les racines ne semblaient devoir trouver aucun aliment dans ce sol pierreux.

Ce n'était guère qu'une hutte, fort délabrée et couverte en chaume. Jadis elle avait été occupée par un couple d'honnêtes paysans; mais la difficulté des abords ayant déterminé les anciens propriétaires à l'abandonner, elle tombait en ruines lorsque les habitants actuels, après y avoir fait quelques réparations très insuffisantes, étaient venus s'y établir à titre gratuit.

Ces nouveaux habitants appartenaient à une caste proscrite, analogue à celle des bohémiens et fort connue dans le Jura sous le nom de *rabalas*. Comme les bohémiens, les rabalas sont errants et exercent les plus infimes industries; mais ils ne forment pas de troupes nombreuses, et, sauf leurs goûts vagabonds, ils diffèrent peu des autres montagnards.

Une femme et trois petites filles de cette malheureuse race occupaient la hutte isolée. Les dames de Savigny, en parcourant le canton pour accomplir leurs bonnes œuvres ordinaires, les avaient rencontrées par hasard. La mère, qui était une veuve, allait travailler dans les fermes pendant la journée, et les enfants, livrées à elles-mêmes, s'élevaient à la garde de Dieu. Pauline, touchée de leur misère, leur avait promis quelques secours, et c'était cette promesse charitable que la mère et la fille venaient accomplir en ce moment.

La pente qu'il y avait à gravir pour atteindre la maison était si difficile que madame de Savigny se sentit de nouveau incapable d'avancer.

— Eh bien! chère maman, — dit Pauline, — voici une place charmante pour vous reposer à l'abri de ce buisson. Asseyez-vous sur l'herbe, et je ne tarderai pas à revenir.

— Quoi! tu veux que je te laisse aller seule?

— D'ici vous pouvez me suivre des yeux jusqu'à la maison des rabalas... Allons, prenez patience pendant quelques instants. — Elle obligea sa mère à s'asseoir, l'enveloppa dans son châle, lui donna un gros baiser; puis, reprenant ses paquets, elle se remit en marche. *Elfix*, en la voyant s'éloigner, ne savait si elle devait la suivre ou rester auprès de madame de Savigny. Elle finit par se décider en faveur de sa jeune maîtresse; mais celle-ci la repoussa : — Non, non, *Elfix*, — dit-elle, — reste auprès de maman et tiens-lui compagnie... D'ailleurs on est trop mal mis là-bas, et vous causeriez du scandale, mademoiselle l'orgueilleuse! Quand on aura fait sa toilette, on pourra se montrer à vous.

Pauline était si légère malgré son fardeau que peu de minutes lui suffirent pour arriver à la maison des rabalas; mais, avant d'y pénétrer, elle s'arrêta quelques secondes, autant pour reprendre haleine que pour échanger encore un regard avec madame de Savigny. Enfin, poussant la porte qui était entre-bâillée et derrière laquelle on entendait un bruit de voix, elle entra résolûment.

L'intérieur de la hutte tenait ce que promettait le dehors, c'est-à-dire que tout y attestait une profonde indigence. Il se composait d'une seule pièce, à laquelle le toit de chaume servait de plafond, la terre nue de plancher. Il y avait pour sièges des billots de bois, pour table une planche mal équarrie, pour lit une sorte de grand coffre garni de paille de maïs. Quelques pots de faïence ébréchés formaient la batterie de cuisine et les ustensiles de ménage. Quant à des armoires ou d'autres meubles propres à enfermer des effets, on n'en voyait d'aucune sorte.

Là se trouvaient trois petites filles, dont l'aînée paraissait âgée de douze ans environ, la cadette de huit et la plus jeune de cinq ans à peine. Elles étaient vêtues de la manière la plus incomplète, malgré la fraîcheur de la soirée. Les deux plus jeunes n'avaient qu'une chemise et un jupon en lambeaux; l'aînée portait de plus une espèce de casaquin tout rapiécé, qui soutenait sa taille souple et nerveuse; mais sa tête et ses jambes étaient nues comme celles de ses sœurs. Chose singulière! bien qu'elles eussent fréquemment à souffrir de la faim, du froid et des privations, leurs joues brunes brillaient des couleurs de la santé; leur carnation était ferme, leur chevelure abondante. Elles paraissaient pleines de sève et de vigueur, comme ces plantes sauvages qui prospèrent naturellement sur un sol ingrat où le jardinier le plus habile ne saurait faire germer une graine, faire croître même un brin d'herbe.

Toutes les trois étaient jolies; mais l'aînée mérite une mention particulière. Sa taille était haute et bien prise, quoique peut-être un peu grêle, comme il arrive à son âge, et elle avait une figure régulière, d'un ovale allongé, aux lignes pures, au teint transparent. Ses yeux étaient peut-être un peu trop grands, mais noirs, profonds et d'une expression étrange. On éprouvait à l'examiner un mélange d'admiration, de pitié et d'étonnement.

Quand Pauline entra, les filles de la veuve vaquaient aux soins du ménage. Les deux plus jeunes allumaient dans l'âtre un feu alimenté de toutes les bûchettes de bois mort qu'elles avaient pu ramasser sous les arbres du voisinage. L'aînée versait dans un pot de la farine de maïs, pour faire la bouillie appelée *gaude*, qui est la principale nourriture du paysan bressan. En voyant une belle et élégante demoiselle pénétrer ainsi sans façon dans leur triste demeure, elles interrompirent leur besogne et parurent alarmées.

Le sourire amical que leur adressa Pauline eût dû pourtant les rassurer.

— Bonjour, mes petites, — leur dit-elle en patois, en déposant ses paquets sur la table boiteuse; — est-ce que la Chizerotte, votre mère, n'est pas à la maison? — Personne ne répondit; les trois sœurs restèrent muettes et immobiles comme des statues. Pauline ne s'en inquiéta pas, et, s'asseyant sur un billot, elle poursuivit avec aisance : — Votre mère, j'imagine, ne peut tarder à rentrer... Eh bien ! mes chères petites, si vous voulez, nous lui ferons une surprise... Je vais vous habiller avec les jolies choses que je vous apporte... Tenez, tout cela est pour vous. — En même temps, mademoiselle de Savigny ouvrit les paquets et en étala le contenu sur la table. Il y avait des chemises, des robes, des jupons, adaptés à la taille de chaque enfant : trois trousseaux complets. Ces ajustements étaient d'étoffe grossière, mais neufs, solides, et Pauline avait travaillé plus de quinze jours à les confectionner, avec l'aide de sa femme de chambre. L'étalage de ces trésors ne produisit aucune impression sur les filles de la Chizerotte : les deux plus jeunes conservaient leur attitude inquiète; l'aînée, elle se tenait debout, en face de mademoiselle de Savigny, et ses yeux noirs, démesurément ouverts, reflétaient plus de défiance et de colère que d'admiration. Pauline finit par s'impatienter de ce mutisme obstiné. — Ah çà ! — dit-elle, n'avez-vous donc pas de langue ?... Allons ! toi, la grande, comment t'appelles-tu ?

— Je m'appelle Natha, — répondit l'aînée sèchement; — qu'est-ce que cela vous fait?

— Tu n'es pas polie, mon enfant, — reprit Pauline avec douceur; — je n'ai pourtant que de bonnes intentions à ton égard... Tiens, Natha, laisse-moi t'habiller avec cette robe qui t'est destinée ; je gage qu'elle t'ira parfaitement.

Et elle développa une robe de mérinos brun comme jamais la jeune rabala n'en avait porté depuis qu'elle était au monde. Natha ne daigna même pas regarder.

— Non, — répondit-elle sans hésitation. —Ces choses-là ne sont pas à moi, mais à vous, et je ne vous connais pas.

— Ah ! ah ! de la fierté ! — dit Pauline qui, pour la première fois en pareille circonstance, voyait refuser ses présents ; — si tu ne me connais pas, ta mère me connaît, et elle ne sera pas aussi difficile... Allons ! puisque tu ne veux rien entendre, je vais m'adresser à tes sœurs. Eh ! toi, ma mie, — ajouta-t-elle en se tournant vers la petite fille de cinq ans, — approche, et je vais te rendre si belle, si belle, que ta mère elle-même ne te reconnaîtra plus !

L'enfant ne bougea pas et se cacha le visage. Pauline, impatientée, se leva et la prit par la main, sans cesser de lui adresser des paroles caressantes ; alors la petite fille résista en trépignant et poussa des cris aigus. Natha s'approcha hardiment de mademoiselle de Savigny.

— Ne touchez pas à ma sœur, — dit-elle ; — ma mère en sortant me l'a donnée à garder. Parce que vous êtes bien habillée, croyez-vous être la maîtresse chez nous ? Allez-vous-en et emportez ces hardes, si cela vous plaît. Qui vous les a demandées ? Ah ça ! voulez-vous laisser ma sœur ? Tiens-toi près de moi, Marthe, — ajouta-elle en s'adressant à la cadette d'un ton impérieux. Aussitôt Marthe vint se placer à son côté, et Pauline vit les trois petites sauvages la menacer du geste et du regard. Elle ne put s'empêcher de sourire de la nouveauté de la situation ; cependant elle essaya d'arraisonner les révoltées en leur remontrant qu'elle n'avait que de bonnes intentions pour elles, et que leur mère les gronderait fort quand elle reviendrait des champs. A toutes ces représentations, Natha répondait d'un ton farouche : — Allez-vous-en !

— Allez-vous-en ! allez-vous-en ! — répétaient ses jeunes sœurs.

Réellement Pauline ne savait plus quelle contenance garder ; cette obstination stupide l'impatientait. Enfin elle crut devoir faire acte d'autorité, et elle annonça d'un ton ferme qu'elle allait habiller bon gré mal gré les deux petites avec les ajustements qu'elle avait apportés.

— Ah ! c'est comme ça ! — reprit Natha avec plus de force ; — Marthe, Julie, aidez-moi... Nous allons la battre.

Les deux fillettes ainsi appelées à la rescousse s'armèrent, l'une d'un vieux balai qui était dans un coin, l'autre d'une branche de fagot. Quant à Natha, le chef de la coalition, elle avait saisi un morceau de fer qui servait à attiser le feu, et elle le brandissait d'une manière belliqueuse. Mademoiselle de Savigny voulait d'abord soutenir bravement la charge de l'ennemi ; mais, en voyant l'aînée s'avancer d'un pas ferme et brandir son arme dangereuse, la peur s'empara d'elle, et, moitié riant, moitié menaçant, elle gagna la campagne.

Elle fut poursuivie par l'armée victorieuse, qui poussait de grands cris. Toutefois, les deux petites s'arrêtèrent au seuil de la chaumière ; Natha seule, avec un acharnement incroyable, s'attachait aux pas de la fugitive. Pauline, mettant de côté tout amour-propre, n'hésita pas à prendre sa course, et distança bientôt l'amazone aux pieds nus.

Alors Natha ramassa des pierres et les fit rouler sur le penchant de la montagne, dans l'espoir d'atteindre la fugitive, qui entendit plusieurs lourds projectiles rebondir autour d'elle. La jeune rabala, irritée de l'insuccès de son attaque, allait redoubler d'efforts, quand une voix nouvelle s'étant fait entendre derrière la maison, elle s'arrêta comme à regret et revint sur ses pas.

II

LA RENCONTRE.

Pauline atteignit rapidement l'endroit où elle avait laissé madame de Savigny. La bonne dame s'était assoupie en l'attendant, et ne soupçonnait rien de ce qui venait de se passer. Quand elle vit sa fille accourir rouge et haletante, elle la questionna d'un air d'inquiétude. Pauline lui raconta, non sans de nouveaux éclats de rire, comment elle avait été reçue par les enfants de la Chizerotte, et comment elle avait dû battre en retraite devant la vaillante Natha. Mais madame de Savigny ne songeait pas à rire.

— Sais-tu, — dit-elle avec un accent d'indignation, — que ces petites brutes auraient pu te porter un mauvais coup ? Je ne devrais pas te permettre de t'exposer ainsi... Du reste, ma fille, tu vois là une preuve de ce que je t'ai dit souvent : si, en exerçant ta bienfaisance, tu comptes sur la gratitude, tu seras cruellement déçue ; on sème les bienfaits, on ne récolte que la haine. Aussi est-ce en vue de Dieu seul qu'il faut exercer la charité.

— Vous avez raison, chère maman ; mais avais-je vraiment quelque chose à craindre de ces enfants ? L'aînée, je l'avoue, y allait d'un cœur... ! Ce sera une rude femme. Sans doute la Chizerotte, en rentrant, donnera une correction à mesdemoiselles ses filles quand elle apprendra comment elles m'ont traitée. Ma foi ! tant pis ! elles l'auront bien méritée, et je les abandonne à la justice de la rabala... Mais partons, car il est tard. — Elle passa son bras sous celui de madame de Savigny, et déjà elles se dirigeaient vers le grand chemin, quand Pauline se ravisa. — Pourquoi, — dit-elle, — au lieu de cette route pierreuse, ne prendrions-nous pas, pour revenir au moulin Neuf, le sentier qui longe le ruisseau ? Cela ne nous retarderait guère, et la promenade sera délicieuse là-bas, à cette heure de la soirée.

Madame de Savigny résistait rarement aux sollicitations de l'enfant gâtée ; cependant elle répondit :

— Il doit faire bien noir au fond de la vallée, et sans doute tu auras peur ?

— Peur ! — répliqua Pauline, — mais c'est précisément ce que je désire... Je ne demande qu'à avoir peur.

— Je croyais, ma fille, que l'aventure de tout à l'heure devait te suffire...

— Oh ! maman, ce n'est pas la même peur. Celle que je cherche résulte de la solitude, de la demi-obscurité, de la vue d'objets pittoresques, et cette peur-là fait plaisir.

— Folle !... Mais, allons, je le veux bien.

La mère et la fille se dirigèrent donc vers le fond de la vallée, suivies d'*Elfie* qui regardait d'un air de défiance l'abîme ténébreux où ses maîtresses allaient s'enfoncer. Mais elles n'eurent pas le temps de s'éloigner beaucoup ; des cris aigus qui s'élevaient du côté de la maison des rabalas attirèrent leur attention, et elles s'arrêtèrent de nouveau. Deux personnes venaient de sortir de la hutte et descendaient rapidement la montagne.

— Tiens ! c'est la Chizerotte ! — s'écria Pauline, — elle sera rentrée par le chemin d'en haut.

C'était en effet la Chizerotte, qui, arrivée à la maison une minute après le départ de mademoiselle de Savigny, avait appris de ses filles la réception qu'elles venaient de faire à leur bienfaitrice. Les cris que l'on avait entendus permettaient de deviner comment la mère avait manifesté son indignation : mais ce n'était pas tout. Maintenant elle essayait de rejoindre Pauline, et elle amenait avec elle Natha, sa fille aînée. Comme Natha refusait de marcher, elle l'avait saisie par ses longs cheveux et la traînait dans le sentier, en poussant des cris d'appel.

La Chizerotte était une grande femme maigre, hâlée, efflanquée, couverte de haillons sordides. Elle était nu-jambes et nu-pieds comme ses filles; elle avait sur la tête un chapeau bressan à double étage, qui rehaussait encore sa taille colossale. Mais dans quel état était ce chapeau! les barbes de dentelles en avaient été arrachées depuis longtemps, il ne restait plus qu'une carcasse noire, tachée, déchirée, ornement barbare qui convenait aux joues creuses, aux yeux caves, à l'air grossier de celle qui s'en parait.

Chizerotte, dans son impatience de rejoindre les dames de Savigny, faisait de grandes enjambées, et sa fille ne pouvant la suivre tombait à chaque instant. Alors la mère, qui avait entortillé les cheveux de Natha autour de son poignet, comme nous l'avons dit, la relevait avec fureur en l'accablant d'injures. Cependant la petite ne criait pas, ne pleurait pas; elle supportait ces mauvais traitements avec un stoïcisme opiniâtre. On eût pu voir parfois un éclair de colère dans ses yeux; mais elle ne prononçait pas une parole, et cette insensibilité apparente exaltait encore la rage de la rabala.

Madame de Savigny et Pauline furent révoltées.

— Regardez, maman, — disait Pauline, — c'est sa fille que la malheureuse traite ainsi!... Elle veut donc la tuer?... Ah! voilà la pauvre enfant qui tombe encore; elle la frappe... c'est horrible!

Aussitôt que la Chizerotte et Natha lui semblèrent être à portée d'entendre, elle s'écria de toute sa force :

— Arrêtez, la Chizerotte! Laissez cette petite ou vous ne me reverrez plus, vous n'obtiendrez plus rien de moi... Assez... je vous le défends!

Madame de Savigny elle-même joignit sa faible voix à celle de Pauline, mais la Chizerotte était trop animée pour écouter ces injonctions charitables. Semblable à une furie, les traits crispés, l'œil en feu, elle continuait à faire des bonds énormes sans lâcher sa victime impassible et muette. Enfin elle rejoignit les dames, et, sans les écouter, elle jeta Natha à leurs pieds, en lui disant d'une voix rauque :

— A genoux! et demande pardon à la bonne demoiselle, qui est comme une sainte Vierge descendue sur la terre... Demande-lui pardon... ou je te tue, je te déchire, je te coupe en morceaux! — Elle se releva et essaya d'écarter sa longue chevelure en désordre qui l'enveloppait comme un voile. Mais elle se taisait toujours; elle avait toujours l'œil sec, les lèvres serrées. Avant que la terrible mère eût pu s'abandonner à un nouvel accès de rage, madame de Savigny et Pauline lui reprochèrent avec chaleur la barbarie de ses procédés envers sa fille; elles lui signifièrent encore une fois que, si elle ne se montrait pas plus raisonnable, elles ne lui parleraient de la vie et ne lui apporteraient plus aucun secours. La Chizerotte les écoutait avec un étonnement farouche.

— Vous ne savez pas, — répondit-elle, — combien cette petite me cause d'ennui! Ce n'est pas qu'elle soit méchante; quand je suis dehors, elle tient le ménage et elle a grand soin de ses sœurs, mais elle a en horreur les bourgeois et tous ceux qui sont plus qu'elle. Si mademoiselle de Savigny, au lieu d'être une riche et belle demoiselle, avait été une mendiante, Natha lui eût donné la part de gaude qu'elle doit avoir pour son souper. Elle est vaillante à l'ouvrage, mais elle a *quelque chose en elle*. Ses idées sont si bizarres que du diable si je ne crois pas souvent qu'elle est folle... Il ne faut-il pas qu'elle lo soit, — continua la Chizerotte en s'animant, — pour avoir voulu battre la chère demoiselle qui lui apportait tant de belles choses, à elle et à ses sœurs; pour lui avoir jeté des pierres? Je vous dis qu'elle est folle... Mais, elle va demander pardon... A genoux, Natha! Drôlesse, m'obéiras-tu?

Et la Chizerotte, posant ses deux larges mains sur les épaules de sa fille, voulut encore l'obliger à s'agenouiller. Natha, incapable de résister à cette vigoureuse impulsion, tomba sur ses genoux; mais elle ne se soumit pas pour cela. Ses traits ne cessèrent d'exprimer une indomptable obstination, et elle répliqua deux fois d'une voix sourde :

— Non! non!

La mère, poussée à bout, allait la frapper de nouveau; Pauline retint le bras de la Chizerotte, et dit d'un ton d'autorité :

— Voyons, ma chère, je vous demande grâce pour cette enfant; c'est moi qui l'ai excitée là-haut, ou plutôt je n'ai pas su m'y prendre... Elle a pu se tromper sur mes intentions... Enfin seule j'aurais le droit de me plaindre d'elle, et je lui pardonne de tout mon cœur... Ne l'avez-vous pas traitée bien cruellement pour un simple malentendu? Et tenez, — ajouta-t-elle avec effroi, — elle a du sang sur la figure, elle est blessée! — En effet, Natha, pendant que sa mère la traînait dans le sentier rocailleux, était tombée sur une pierre qui lui avait ouvert le front à l'angle du sourcil. Pauline ne s'inquiéta pas de savoir si ses bons offices seraient bien ou mal accueillis, elle écarta les cheveux de la jeune rabala, et se mit à éponger le sang avec son propre mouchoir. Dans cette posture, leurs yeux se rencontrèrent; mais ceux de Natha n'avaient plus leur expression farouche; on y voyait je ne sais quoi de doux et d'humide qui annonçait un changement complet dans cette âme fière et hardie. Cependant elle se taisait toujours, et elle se contenta de permettre à mademoiselle de Savigny de bander la blessure avec son mouchoir. La vue du sang de sa fille parut aussi produire quelque impression sur la Chizerotte, qui était plus violente et plus grossière que méchante. Elle écouta donc docilement Pauline, qui lui disait : — Vous allez rentrer chez vous avec Natha, la Chizerotte : mais il faut que vous me promettiez de ne la plus maltraiter...

— Je n'ai rien à vous refuser, mademoiselle, — répliqua la rabala attendrie; — vous et votre excellente dame de mère, vous êtes la providence du pays, et voilà pourquoi j'étais si furieuse contre cette...

— Paix! la Chizerotte; déjà vous manquez à votre promesse. Écoutez-moi; avec la permission de maman, vous viendrez dimanche prochain chez nous, à la ville, en compagnie de vos trois filles, que vous aurez habillées de neuf. Peut-être alors pourrai-je ajouter quelque chose à nos petits cadeaux d'aujourd'hui, et je ferai la paix avec vos enfants. La Chizerotte se répandait en remercîments et en protestations; elle riait, elle pleurait, et ne pouvait contenir encore tout à fait certains transports de colère contre Natha. Pauline se hâta d'interrompre ce flux de paroles. — A dimanche donc! — reprit-elle. — Et toi, Natha, — ajouta-t-elle, en prenant la main de la fillette, — tu ne seras plus méchante avec moi, n'est-ce pas? Tu m'aimeras un jour... Je veux que tu m'aimes! — Natha se taisait toujours; mais une grosse larme, après avoir tremblé à l'extrémité de ses longs cils, tomba brûlante sur la main de Pauline. — Pauvre petite! — dit mademoiselle de Savigny. — Elle arrangea délicatement le bandeau de Natha, lui donna un baiser sur le front, puis elle se mit à descendre le coteau avec sa mère, tandis que les deux rabalas, immobiles, les suivaient du regard avec un mélange d'attendrissement et de respect. Les promeneuses ne tardèrent pas à s'engager sous les noyers qui ombrageaient le fond de la vallée, Pauline dit à madame de Savigny d'un air pensif : — Savez-vous que cette Natha n'est pas une enfant ordinaire? Avec quelle fermeté elle m'a tenu tête, quand elle a cru, dans sa naïve ignorance, que j'avais de mauvais desseins contre ses jeunes sœurs ou que je voulais attenter à sa propre dignité! Avez-vous vu avec quelle énergie elle a subi les traitements barbares de sa mère? Pas un cri, pas un soupir, quand on la traînait ainsi par les cheveux, et elle a refusé de s'humilier parce qu'elle s'imaginait avoir le bon droit pour elle!... Il me semble qu'il y a là une âme vigoureusement trempée, un *caractère*, comme on dit.

— Pour moi, ma fille, je ne vois dans ses actions et ses paroles que l'envie haineuse du pauvre contre le riche, un indomptable orgueil, une obstination aveugle...

— Eh! qui aurait dit à cette simple créature que certains sentiments coupables doivent être contenus, désavoués, arrachés de notre cœur? A-t-elle eu, comme moi, une bonne et intelligente mère pour l'éclairer, pour lui faire comprendre la différence du bien et du mal, pour l'engager à réprimer les instincts mauvais que l'on croit inhérents à la nature humaine? Voulez-vous donc que le sauvageon de la forêt produise des fruits aussi abondants, aussi savoureux que l'arbre du verger? Malgré ses défauts, que je n'oserais nier, cette petite a du cœur... N'ai-je pas aperçu cette larme de regret et de reconnaissance qui lui est échappée au dernier moment, quand elle a mieux compris mes intentions et quand nous l'avons protégée contre la brutalité de sa mère!... Le fond est bon, vous dis-je, et, si vous voulez bien me le permettre, je m'occuperai du sort de cette pauvre Natha.

— J'ai deviné dès les premières paroles où tu voulais en venir, — répliqua madame de Savigny doucement, — cependant, ma fille, peut-être devras-tu bientôt mettre des bornes à ta bienfaisance. Dans une quinzaine de jours, ce ne sera plus à ta mère que tu auras à demander la permission d'écouter les inspirations de ton cœur généreux; et, dès à présent par exemple, ne ferais-tu pas bien de consulter sur tes projets envers la jeune rabala une personne qui seule désormais aura le droit de contrôler tes actions et tes volontés?

— Je vous comprends, chère maman, — répliqua Pauline d'un petit air de suffisance, — mais je n'ai point d'inquiétude sur ce point... Je parlerai à Léopold... à monsieur le baron de Champ-Rosay, et je suis sûre d'avance... En vérité, je ne saurais vous dire combien cette enfant m'intéresse.

Pendant cette conversation, les dames de Savigny avaient descendu le sentier et atteint l'endroit le plus creux de l'abîme de Giziat. Elles se trouvaient maintenant dans une prairie fraîche et veloutée, au pied de roches cyclopéennes. Quoique la cime de ces roches fût encore en pleine lumière, le jour ne parvenait plus qu'avec peine au fond de la vallée, et il semblait y prendre des teintes verdâtres, comme tout ce qui se trouvait dans cette espèce de puits. Les arbres, la prairie, les pentes des montagnes présentaient toutes les nuances du vert, depuis le vert clair et printanier du gazon naissant jusqu'au vert noirâtre des pierres moussues. Seul, le torrent tranchait par la blancheur de son écume sur cette teinte uniforme en bondissant dans son lit rocailleux.

Les dames ne parlaient plus et subissaient l'influence mélancolique de ces solitudes. Elles marchaient toutes rêveuses l'une à côté de l'autre. *Elfie* elle-même ne courait plus en avant d'un air joyeux, et se tenait timidement auprès de ses maîtresses, l'œil attentif et les oreilles dressées. Pauline cessa bientôt de penser à ce qui la préoccupait si vivement tout à l'heure. Serrant contre sa poitrine le bras de sa mère, elle regardait les formes fantastiques qui apparaissaient çà et là sous les vieux arbres, elle écoutait le torrent qui avait des notes étranges ressemblant à des plaintes. Souvent elle tressaillait; une noix ou une châtaigne qui tombait tout à coup avec un bruit sourd, une rainette verte sautillant dans l'herbe, un mulot sortant brusquement de son trou pour aller à la picorée, suffisait pour lui donner des terreurs, bientôt terminées par un sourire. Du reste, cette partie de la vallée était déserte; aucune créature humaine, aucun animal domestique ne s'y montrait.

Madame de Savigny n'avait pas tardé à s'apercevoir de l'état de Pauline.

— Eh bien! ma fille, — lui dit-elle, — tu voulais avoir peur... il me semble que tu es servie à souhait?

Pauline ne répondit pas, soit que le bruit du torrent l'eût empêchée d'entendre l'observation de sa mère, soit que l'émotion ne lui permît pas de formuler sa pensée.

On atteignit enfin une place où la scène était plus paisible et plus douce. Le ruisseau, après tous ces bonds désordonnés, ralentissait sa course et ne faisait plus entendre qu'un faible bruissement. En revanche, on commençait à distinguer le tic-tac d'un moulin dans l'éloignement et le frémissement de la brise du soir à travers les arbres. Pauline regardait déjà sa mère d'un air triomphant, comme pour se glorifier d'avoir subi avec courage cette épreuve volontaire, quand un incident nouveau lui rendit ses terreurs.

La petite chienne *Elfie* s'arrêta tout à coup et poussa un léger aboiement. Une forme noire et mobile venait d'apparaître dans le sentier, à moins de vingt pas des dames de Savigny.

— Il y a quelqu'un dans le chemin! — dit Pauline d'une voix étouffée, en retenant sa mère.

— Eh! mon enfant, — répliqua madame de Savigny, — que nous importe? Tant mieux s'il y a du monde par ici, car cette solitude commençait à me peser.

Et elle voulut se remettre en marche; mais Pauline la retint de nouveau et fixa son regard sur le personnage inconnu qui se montrait à quelque distance.

Il ne semblait pas avoir encore remarqué les dames; il allait et venait d'un air irrésolu, et son attention se portait surtout vers le ruisseau, on eût dit qu'il observait les flocons d'écume qui couraient à la surface. Enfin il aperçut Pauline et sa mère, dont la forme devait être aussi confuse pour lui que la sienne l'était pour elles, et il se mit à son tour à les considérer. La chienne, qui jusqu'à ce moment s'était contentée de gronder tout bas, fit entendre des jappements sonores.

— *Elfie !* — cria-t-on avec un accent de surprise.

La bête courut en avant toute joyeuse.

— Il paraît que nous sommes en pays de connaissance, — dit madame de Savigny.

— Eh ! c'est Léopold !... c'est monsieur de Champ-Rosay ! — s'écria Pauline, — il nous cherche sans doute... Mais quelle frayeur il vient de nous causer !

En un instant, monsieur de Champ-Rosay fut auprès des dames, et il leur adressa des compliments empressés.

Le baron Léopold était âgé de vingt-six ans environ, et ses traits fins avaient encore plus d'intelligence et de distinction que de régularité. Cependant c'était un bel homme, aux formes bien prises, à la physionomie ouverte, aux manières avenantes. Dans les salons officiels, le jeune auditeur au conseil d'État montrait sans doute la gravité exigée par les hautes fonctions auxquelles il était appelé; mais en ce moment, avec son costume de fantaisie, c'était seulement un élégant bourgeois campagnard, plus fait pour inspirer la sympathie et les sentiments affectueux que le respect.

Il passait pour être fort amoureux de sa jolie fiancée, mademoiselle Pauline de Savigny, qui de son côté, tout en riant et plaisantant sans cesse, ne demeurait nullement indifférente à la passion qu'elle inspirait; aussi la satisfaction de se rencontrer fut-elle réciproque. Cependant le jeune baron, soit par l'effet de la surprise, soit pour tout autre motif, ne pouvait cacher en ce moment une gêne, une sorte d'embarras qui contrastait avec la franchise habituelle de ses manières.

— Voilà un singulier hasard ! — disait madame de Savigny pendant que les mains des deux jeunes gens s'oubliaient l'une dans l'autre ; — comment, monsieur de Champ-Rosay, vous trouvez-vous ici, à pareille heure, pour jouer sous ces arbres le rôle de fantôme? Savez-vous que vous avez fait grand'peur à Pauline?

— Ce n'est pas le sentiment que je désire lui inspirer, — répliqua Léopold — j'espérais, mesdames, vous rencontrer de ce côté.

— Et comment saviez-vous que nous y étions? — demanda Pauline, qui reprit son ton moqueur; — quand nous avons passé devant le château de Balme, il ressemblait à la classique demeure de la *Belle au bois dormant*, et à moins que, contre mon attente, une « secousse électrique, » des « effluves invisibles » ne vous aient averti de notre présence...

— La vérité, mademoiselle Pauline, — répliqua Léopold avec une gaieté peut-être un peu artificielle, — m'oblige de convenir que « l'électricité » et les « effluves » ne sont pour rien dans cette affaire. Vous avez été reconnues par un de mes fermiers, qui est venu m'avertir de votre visite à la vallée de Giziat. Je suis accouru sans prendre le temps de faire seller mon cheval...

— Avec l'espoir sans doute qu'on vous offrirait une place dans la calèche pour le retour, — répliqua malicieusement Pauline.

— Peut-être... Mais, à propos de la calèche, où donc est-elle? Comment vous trouvé-je ici seules et à pied ?

— Quoi! ignorez-vous que la voiture nous attend au moulin Neuf?

— Je l'ignorais.

— Mais alors, puisque vous nous supposiez encore dans la calèche, comment avez-vous eu l'idée de venir nous chercher dans ce sentier impraticable pour les voitures?

— Je connais peut-être le goût de mademoiselle Pauline pour les scènes de la nature sauvage, — répliqua Léopold en souriant ; — peut-être aussi un de ces instincts mystérieux dont elle se moque tant aura-t-il dirigé mes pas de ce côté ?

Mais, comme nous l'avons dit, il y avait quelque chose qui sonnait faux dans l'enjouement du baron, et Pauline s'en aperçut sans doute, car elle ne put s'empêcher de lui dire avec son étourderie habituelle :

— Monsieur de Champ-Rosay, vous êtes tout singulier ce soir !

Léopold se tut et on se mit en marche vers le moulin pendant que madame de Savigny racontait en peu de mots la visite chez les rabalas.

. . . .

On longeait maintenant un canal assez spacieux, qui servait de réservoir aux eaux de l'usine. Comme en cet endroit les arbres étaient peu nombreux, la surface du canal reflétait librement le ciel encore clair et ressemblait à un miroir poli sur le fond sombre du sol environnant.

En dépit du tic-tac du moulin, un silence lugubre régnait dans cette partie de la vallée.

Elfie continuait de précéder les promeneurs pour éclairer la route; tout à coup elle s'arrêta de nouveau, et, les yeux tournés vers une touffe de vergnes qui croissait au bord du canal, elle fit entendre quelques sons prolongés et plaintifs. Ce n'étaient pas de ces jappements que la colère ou la crainte arrachait parfois à la vigilante petite bête, mais de ces hurlements auxquels le vulgaire attache une signification sinistre.

— Mon Dieu! qu'a donc *Elfie ?* — demanda Pauline. On fit halte et on regarda de tous côtés en prêtant l'oreille. La chienne ne bougeait pas et ne cessait de pousser son hurlement lamentable. — Qu'y a-t-il, *Elfie ?* — répéta Pauline d'une voix altérée.

— Bah ! ce n'est rien, — répliqua monsieur de Champ-Rosay avec précipitation ; — elle aura vu quelque rat d'eau s'ébattre dans l'écluse et elle l'injurie à sa manière... Allons, venez, mesdames, la nuit approche et l'humidité commence à se faire sentir.

— Cependant j'aurais voulu savoir...

— Encore une fois, *Elfie* radote... Il n'y a rien.

— Mais si, mais si ! — s'écria Pauline avec agitation ; — qu'aperçois-je donc là, sur l'eau, au pied de cette touffe d'arbustes? Grand Dieu ! on dirait...

La voix lui manqua.

— En effet, — reprit madame de Savigny à peine moins émue, — c'est une femme... couchée sur l'eau... sans mouvement... Que le ciel ait pitié de nous!

Léopold ne jeta qu'un regard dans la direction indiquée, et il se plaça devant les dames.

— De grâce! éloignez-vous, — leur dit-il, — un pareil spectacle pourrait être dangereux pour mademoiselle Pauline... Courez bien vite au moulin et envoyez-moi du monde.

— Le plus pressé est de secourir cette femme! — s'écria Pauline avec courage.

— C'est inutile, tout est fini, — répliqua monsieur de Champ-Rosay en essayant de la retenir, — voyez, elle ne bouge plus.

— Eh! que savez-vous s'il ne lui reste pas une étincelle de vie que l'on pourrait ranimer. Je veux *la* voir... je vous dis que je le veux!

Et, échappant avec agilité à sa mère et à Léopold, qui lui barraient passage, Pauline s'élança vers le canal.

Autant que permettaient de le reconnaître les faibles lueurs du crépuscule, c'était une jeune femme, pauvrement vêtue, dont on voyait le corps arrêté au pied de la touffe de vergnes. L'eau, très peu profonde en cet endroit, ne recouvrait qu'en partie la malheureuse créature; son visage pâle, aux yeux demi-clos, flottait à la surface doucement balancé par le courant.

Dans ce mouvement presque insensible, Pauline crut voir un reste d'existence ; sans hésitation elle surmonta l'indicible horreur qu'elle éprouvait, saisit la noyée par ses vêtements et l'attira vers le rivage. Léopold, qui venait de la rejoindre, aida mademoiselle de Savigny à retirer le corps de l'eau et à le déposer sur le gazon.

Cette femme était belle encore, quoique ses traits fussent flétris par le chagrin et la misère. Ses vêtements, vieux et usés, n'appartenaient pas à une paysanne; ils annonçaient plutôt, par l'étoffe et la coupe, une petite ouvrière de quelque ville voisine. Ses mains crispées étaient pleines de cailloux qu'elles avaient sans doute saisi au fond de l'eau dans les dernières convulsions de l'agonie; et, circonstance remarquable, un fort mouchoir qui attachait ses jambes avait dû lui rendre impossible toute tentative pour échapper à la mort.

Mais Pauline ne remarqua pas ces détails ; elle s'était agenouillée sur l'herbe, auprès de la jeune femme, et, écartant les mèches de cheveux qui recouvraient en partie le visage, elle lui frictionnait les tempes avec un vinaigre parfumé dont elle était toujours munie dans ses promenades. Madame de Savigny, de son côté, avait desserré les misérables vêtements de l'inconnue afin de faciliter autant que possible la circulation du sang. La mère et la fille, par la pratique continuelle de la bienfaisance, avaient acquis une expérience spéciale qui eût fait d'elles d'excellentes sœurs de charité. Aussi donnèrent-elles à la noyée les soins les plus intelligents; mais leurs efforts demeurèrent sans résultat. Le baron de Champ-Rosay, qui les regardait tristement, reprit à demi-voix :

— Je vous le disais bien, il n'y a rien à faire... Le corps est froid depuis longtemps et la mort doit remonter à plusieurs heures. Cette femme n'a plus besoin que de prières.

Pauline, en acquérant cette douloureuse certitude, recula d'un air d'effroi ; cependant elle contemplait toujours la morte.

— Je la connais, — dit-elle enfin ; — maman, n'est-ce pas Clarisse Menot, notre ancienne couturière?

— Oui, c'est bien Clarisse Menot, — répondit madame de Savigny en se relevant à son tour ; — la pauvre fille, autrefois si honnête et si laborieuse, devait-elle finir ainsi?

— C'est Clarisse Menot, — répéta machinalement le baron Léopold.

III

L'ENQUÊTE.

L'histoire de la pauvre créature qui avait péri dans cet endroit désert était bien connue dans le pays. Clarisse Menot, orpheline de père et de mère, avait été élevée fort durement par une de ses tantes, couturière à Cuiseaux. En grandissant, elle avait appris le métier de sa tante et était devenue, disait-on, une ouvrière habile. Clarisse était jolie, vive, spirituelle; on la savait malheureuse chez sa parente; les séductions ne lui manquèrent pas. Cependant elle demeura longtemps sage, résistant courageusement à toutes les influences mauvaises, lorsqu'un jour une fâcheuse nouvelle se répandit dans la ville : Clarisse avait failli, et sa faute ne pouvait plus se cacher. La couturière irritée l'avait chassée de chez elle sans se demander si elle n'était pas elle-même pour quelque chose dans la chute de sa nièce. Clarisse disparut du pays pendant quelques mois, et on ignora ce qu'elle était devenue.

Elle reparut pourtant, mais faible, pâle, amaigrie et portant dans ses bras un chétif enfant qu'elle nourrissait de son lait. N'osant s'établir à Cuiseaux, où l'on connaissait sa faute, elle avait loué une petite chambre à Cousance, à quelques kilomètres de là, et avait voulu reprendre son état de couturière. Mais la réprobation qui la poursuivait dans sa ville natale s'était attachée à elle dans sa nouvelle résidence; peu de personnes avaient voulu lui confier de l'ouvrage, et la pauvre fille était notoirement dans un état voisin de la misère lors de la catastrophe qui venait de terminer sa vie.

Maintenant, qui était le séducteur de Clarisse? Nul ne le savait; elle-même n'avait jamais prononcé une parole qui pût mettre sur la voie des découvertes. Parmi les beaux fils de Cuiseaux et des bourgades voisines, il n'en était pas un qui n'eût tenté, peu ou prou, de se faire aimer de la jolie grisette, dont les allures un peu légères semblaient annoncer une conquête facile. Dans cette foule de soupirants, quel était le favorisé? L'opinion publique en avait désigné successivement plusieurs; mais les uns s'en étaient défendu avec une grande énergie, les autres avec une mollesse qui prouvait seulement combien leur stupide amour-propre trouvait son compte à cette supposition. L'énigme demeurait donc inexpliquée, puisque Clarisse ne consentait pas à en donner l'explication. Un seul fait semblait certain, c'était que le séducteur devait être bien pauvre ou bien dur pour laisser l'enfant et la mère dans cet état de dénûment.

Les dames de Savigny n'ignoraient pas ces détails, car, ainsi que nous l'avons dit, l'histoire de Clarisse Menot était depuis deux ans un sujet de conversation ordinaire dans tout le pays, et on comprenait facilement que la fille séduite eût pu mettre fin elle-même à sa déplorable existence.

— Ah! chère maman, — dit Pauline en pleurant, — pourquoi ne m'avez-vous pas permis de donner du travail à cette pauvre Clarisse, qui s'est trouvée plusieurs fois sur mon chemin? Certainement la misère l'a poussée à cet acte de désespoir... Si nous lui avions tendu une main secourable, elle vivrait peut-être encore.

— Eh! que sais-tu, ma fille, si elle eût accepté ton aumône? Clarisse était fière, et peut-être... Quant à lui donner de l'ouvrage, n'eût-ce pas été encourager le vice et l'inconduite?

Pauline ne répondit pas et des larmes silencieuses continuèrent à couler de ses yeux. Elle reprit tout à coup :

— Mais son enfant... ce pauvre petit être innocent que j'ai vu une fois me sourire et me tendre les bras, qu'est-il devenu? qu'en a-t-elle fait? Elle n'a pu avoir le cœur assez dur pour vouloir que son enfant pérît avec elle?

— Certainement, certainement, — répliqua le baron de Champ-Rosay; — une femme, si bas qu'elle soit tombée, reste toujours mère. Celle-ci aura sans doute confié son enfant à des personnes charitables avant d'exécuter son affreux suicide.

— Est-ce bien un suicide, monsieur de Champ-Rosay?— dit madame de Savigny; — regardez ceci.

Et elle montrait les deux jambes de Clarisse fortement liées avec un mouchoir.

— Elle aura pu s'attacher elle-même, — répliqua Léopold; — un désir bien arrêté de mourir inspire parfois de pareilles précautions.

— En effet, — reprit Pauline, — il serait trop horrible de penser... Cependant, voyez donc, monsieur Léopold, il n'y a pas plus d'un pied d'eau à l'endroit où se trouvait le corps, et elle n'a pu se noyer à cette place.

— Peut-être se sera-t-elle jetée dans un endroit plus profond, et le courant de l'eau l'aura transportée là.

— Mais, dans sa partie supérieure, le ruisseau, malgré sa rapidité, a encore moins de profondeur.

— C'est sans doute à cause du peu de profondeur de l'eau que Clarisse, se défiant d'elle-même, s'est attachée les pieds. Encore une fois, quand on est bien énergiquement déterminé à mourir, on emploie des moyens de cette nature... Mais pardon, mesdames, — ajouta Léopold d'un ton indifférent, — ce qui reste à faire est l'œuvre de la justice. Allez bien vite au moulin Neuf et envoyez-moi du monde pendant que je resterai auprès du corps pour le garder. Ayez aussi la complaisance de faire prévenir l'autorité compétente à Cousance... Adieu donc, mesdames, votre place n'est plus ici, et je crains que cette funeste rencontre n'ait des suites fâcheuses pour ma chère Pauline.

— Oui, oui, — dit madame de Savigny, — nous sommes déjà trop restées... Pauline est pâle et tremblante... Elle va être malade de cette terrible secousse... Partons, ma fille.

Mademoiselle de Savigny, avant de se laisser entraîner, se pencha encore vers la morte pour s'assurer qu'il ne lui restait aucun souffle de vie. L'ayant trouvée toujours inerte et glacée, elle se redressa et dit à monsieur de Champ-Rosay :

— Nous allons nous rendre au moulin, puisqu'il le faut; mais je ne veux pas partir sans savoir tout ce qu'on découvrira au sujet de ce douloureux événement... Nous vous ramènerons à Balme, monsieur Léopold. — Et elle s'éloigna lentement avec sa mère, en murmurant avec tristesse : — Pauvre, pauvre femme!

Quand elles furent à quelque distance, elles crurent entendre des sanglots qui partaient de la même place où elles avaient laissé Léopold. Elles se retournèrent, mais un gros bouquet d'arbres leur cachait maintenant le lieu de cette lugubre scène, et le bruit avait cessé. Convaincues qu'elles avaient été trompées par le grondement plaintif des eaux, elles se hâtèrent d'arriver à l'habitation.

Une heure plus tard, la grande salle du moulin Neuf contenait une nombreuse réunion. Outre les dames de Savigny et le baron, qui n'avaient pas voulu partir sans connaître le résultat de l'enquête, et dont d'ailleurs le témoignage était nécessaire, il y avait là le juge de paix de Cousance et son greffier, puis tous les gens de la maison, reconnaissables à leurs vêtements enfarinés; puis enfin quelques curieux attirés par la nouvelle de l'événement, sans oublier un vieux boiteux affublé d'un sabre rouillé, qui représentait la force publique à Giziat. Par respect pour tant de personnages éminents on venait d'arrêter la roue du moulin, dont le bruit eût troublé les investigations de la justice, et l'on avait allumé tout ce que la maison possédait de chandelles et de lampes en fer-blanc.

Après les constatations d'usage, le corps de Clarisse Menot avait été transporté dans une pièce voisine en attendant qu'il fût inhumé; le juge de paix, monsieur Rousselot, avait interrogé toutes les personnes présentes sur les faits qui étaient à leur connaissance, et maintenant il s'agissait de dresser procès-verbal de la levée du cadavre.

Monsieur Rousselot, le principal magistrat de Cousance, était un vieillard sec, à la voix brève, aux formes cassantes. Il avait à peine quatre pieds de haut, et sa figure était sillonnée de mille rides qui se croisaient en tous sens; mais il était toujours fraîchement rasé. Il portait une cravate bien blanche, et sa redingote bleue, d'une propreté rigoureuse, ne faisait pas le moindre pli sur son torse grêle. Grâce à cette mise soignée, il avait au premier abord une mine assez avenante. En revanche, son ton tranchant, sa voix aigre, ses manières impérieuses faisaient de lui l'homme le plus rêche et le moins aimable qu'il y eût à vingt lieues à la ronde.

Ce n'était pas seulement dans l'exercice de ses fonctions judiciaires que monsieur Rousselot montrait cet esprit impérieux et peu sociable. Son despotisme s'étendait sur tous ceux qui l'approchaient: sur ses inférieurs, sur son greffier et surtout sur son fils, jeune homme de vingt-deux ans, qui n'osait ni parler ni remuer en sa présence, qu'il avait enfin réduit à une sorte d'îlotisme. Une seule chose pouvait faire excuser les défauts de monsieur Rousselot: il passait pour un fort honnête homme, de vertu rigide et de bon conseil, malgré cet absolutisme qui éloignait de lui beaucoup de gens.

En ce moment, le vieux juge de paix, bien qu'il crût devoir s'observer devant les dames de Savigny et le baron de Champ-Rosay, les personnes les plus considérables du pays, s'abandonnait à sa mauvaise humeur habituelle et ne s'occupait qu'avec distraction de la besogne, fort grave pourtant, dont il avait à s'acquitter. C'était contre son fils absent qu'était dirigée sa colère, et tandis que le greffier se préparait à écrire sous sa dictée, il lui disait à demi-voix:

— Voyez si ce vaurien de Charles viendra nous joindre! C'eût été pourtant l'occasion pour lui de prendre une leçon de procédure criminelle; nous n'avons pas souvent occasion de constater un décès dans des circonstances aussi graves. Savez-vous, monsieur Bernard, que l'acte que nous allons dresser passera peut-être sous les yeux d'une cour d'assises?... Mais ce beau monsieur, à son retour, apprendra de quel bois je me chauffe! — Le greffier, qui était témoin chaque jour des humiliations et des souffrances du pauvre Charles, et qui éprouvait pour lui une véritable pitié, essaya de rappeler à monsieur Rousselot que, deux heures auparavant, il avait permis à son fils d'aller faire une promenade aux ruines de l'abbaye du Miroir, à une lieue de là. Le juge de paix campagnard ne lui laissa pas le temps d'achever. — Il suffit, monsieur, — dit-il avec brusquerie; — prétendez-vous m'enseigner comment je dois diriger mon fils? Suis-je donc de ces pères déraisonnables qui exigent plus que leur droit? Si l'on n'en agissait pas rigoureusement avec la jeunesse... Mais ceci n'est pas votre affaire, monsieur Bernard; dressons vite notre procès-verbal, car il ne faut pas abuser de la patience des honorables personnes qui doivent le signer en qualité de témoins... Êtes-vous prêt? — Le greffier s'empressa de saisir sa plume et il se mit à écrire sous la dictée de son chef. Rousselot n'omit aucun détail concernant la découverte du corps de Clarisse; il relata les plus minutieuses circonstances de l'événement, soit qu'il les eût observées par lui-même, soit qu'elles lui eussent été dénoncées par les dames de Savigny et par monsieur de Champ-Rosay. Comme ce travail tirait à sa fin, quelqu'un entra d'un pas furtif et sans bruit. C'était un jeune homme modestement vêtu, à figure douce et presque imberbe. Il était de grande taille; mais l'habitude de porter la tête baissée le faisait paraître un peu voûté, et il avait constamment les yeux tournés vers la terre. On a deviné Charles Rousselot, le fils du juge de paix. Après avoir salué les dames de Savigny et donné une poignée de main à Léopold, qu'il connaissait depuis l'enfance, il s'approcha de son père. Il était si tremblant que ses jambes flageolaient d'une manière visible. Sans rien dire, il se plaça devant la table où était le juge de paix et attendit, presque courbé en deux, qu'on lui adressât la parole. Rousselot parut enfin remarquer sa présence. — Ah! vous voici, monsieur? — dit-il avec dureté; — il est bien temps! Plus tard, vous aurez à me rendre compte de votre conduite.

— Mon père, — balbutia Charles d'une voix à peine distincte, — vous aviez eu la bonté de me permettre...

— Assez, monsieur, — interrompit le colérique vieillard, — allez-vous me contredire, et devant le monde encore? Je ne le souffrirai pas... Mais asseyez-vous et écoutez le procès-verbal dont monsieur Bernard va donner lecture.

— Mon père, — reprit Charles avec un accent de terreur, — je ne saurais écouter cet horrible récit... je crains...

Rousselot fit un geste impérieux, et le pauvre Charles, se jetant d'un air accablé sur un siège, se cacha le visage dans ses mains.

Pauline, qui était assise dans un coin de la salle entre sa mère et son fiancé, se pencha vers madame de Savigny:

— Je crois, — lui dit-elle, — que j'aimerais mieux mourir que de vous offenser; mais si vous me parliez comme ce monsieur Rousselot parle à son fils, je m'enfuirais si loin que vous n'entendriez plus jamais parler de moi.

Pour toute réponse, madame de Savigny embrassa sa fille, et on écouta le procès-verbal dont le greffier venait de commencer la lecture. Comme nous l'avons dit, cet acte n'omettait aucun détail, et parmi ces détails il en était qui firent frissonner les assistants. Cependant toutes les personnes présentes durent le signer, et, les formalités accomplies, on quitta le moulin Neuf.

Les dames ne purent faire autrement que d'offrir au juge de paix une place dans leur voiture jusqu'à la sortie de la vallée, et il s'assit à côté du baron de Champ-Rosay.

La nuit était noire, et, quoique les lanternes de la voiture fussent allumées, on ne pouvait aller qu'au petit pas dans ces chemins pierreux pleins d'ornières, où l'on avait peine à éviter les accidents, même en plein jour. Pendant que l'on avançait ainsi avec prudence, on causait du tragique événement qui avait nécessité la présence du juge de paix à Giziat. Pauline, qui boudait monsieur Rousselot à cause de sa sévérité excessive envers son fils, se décida pourtant à lui demander s'il considérait réellement la mort de Clarisse Menot comme le résultat d'un crime.

Le petit juge de paix essaya de donner à sa voix des inflexions caressantes, et répondit d'un air de galanterie surannée:

— Si toute autre personne que mademoiselle de Savigny m'adressait une pareille question, peut-être devrais-je garder le silence; mais Thémis elle-même s'incline devant la beauté... Je dirai donc à ma belle interrogatrice que, pour moi, le fait n'est pas l'objet d'un doute. Oui, Clarisse Menot est morte victime d'un attentat.

— Grand Dieu! et qui donc a été assez cruel, assez féroce...?

— Voilà ce que le parquet du procureur général pourra rechercher, s'il en a la fantaisie, lorsque je lui aurai transmis mon procès-verbal. Quant à moi, ma tâche est finie, du moins pour le moment.

— Quoi! monsieur Rousselot, — dit Léopold de Champ-Rosay avec chaleur, — persistez-vous à croire que la mort de cette pauvre fille n'a pas été volontaire? Les circonstances que vous avez relevées avec tant d'habileté s'expliquent pourtant d'une manière complète par l'hypothèse d'un suicide. Clarisse Menot, poussée sans doute par un grand désespoir, a dû chercher une place favorable à son triste projet, et elle ne s'est pas précipitée dans l'endroit le plus profond de l'écluse parce que de là elle eût pu être vue des habitants du moulin. L'endroit qu'elle a choisi était beaucoup plus solitaire, mais l'eau manquait de profondeur, et Clarisse, se défiant d'elle-même, a pris la précaution de s'attacher les jambes avant de s'y jeter. Ainsi s'expliquent ses mains crispées pleines de cailloux et de sable ; la pauvre créature se cramponnait pour ainsi dire au fond de l'eau, afin de résister à l'instinct de la conservation...

— Fort bien, monsieur le baron, — dit Rousselot, — mais monsieur votre père, qui daignait parfois me consulter sur ses affaires litigieuses, avait une certaine confiance dans ma vieille expérience ; et, quoique vous soyez docteur en droit tandis que je suis simple avocat, je vous demanderai humblement la permission de persister dans mon sentiment.

Il va sans dire que, malgré les formes respectueuses de cette réponse, le petit vieillard semblait avoir autant d'estime pour sa propre expérience que de dédain pour l'opinion du docteur en droit. Aussi Champ-Rosay ouvrait-il déjà la bouche pour riposter vertement ; mais la réflexion l'arrêta, et il se contenta de faire un haussement d'épaules qui ne fut pas remarqué dans l'obscurité.

Rousselot crut avoir réduit son adversaire au silence, et il triomphait à part lui ; quand Pauline, suivant son idée avec obstination, demanda brusquement :

— Mais enfin, monsieur, quel motif aurait-on eu de tuer avec tant de barbarie une pauvre créature inoffensive ?

— Il est assez difficile de faire comprendre ceci à une délicate et honnête demoiselle telle que vous, — répliqua le juge de paix ; — cependant peut-être y a-t-il de par le monde quelqu'un qui avait à craindre les indiscrétions de Clarisse Menot, ou qui voulait se débarrasser d'elle parce qu'elle lui était à charge, ou enfin qui, désirait épouser une autre femme...

— Oh ! c'est horrible... c'est horrible ! — interrompit Pauline. — Existe-t-il vraiment des hommes aussi odieux ?

— Il en existe, mademoiselle, et de plus odieux encore. — Rousselot poursuivit après un moment de silence : — Un point reste à éclaircir ; c'est de savoir ce qu'est devenu l'enfant de Clarisse. A-t-il péri avec elle et a-t-il été entraîné par le courant, ou bien... Je prendrai des informations au domicile de la victime.

On venait de sortir de la vallée, et la voiture s'arrêta pour permettre au juge de paix de descendre. Rousselot remercia les dames de leur obligeance, et, comme il allait s'éloigner, Léopold se penchant hors de la voiture, lui dit à l'oreille :

— Croyez-moi, voisin Rousselot, n'insistez pas pour trouver un crime où il ne saurait y en avoir. Vous pourriez vous repentir de votre opiniâtreté.

— Monsieur le baron, je ferai mon devoir, — répliqua le juge de paix d'un ton rogue et à voix haute.

Puis il salua prétentieusement, et rentra à Cousance pendant que la voiture continuait sa route vers Cuiseaux.

Nous devons dire dès à présent que les investigations du petit juge de paix n'eurent pas le résultat qu'il en attendait. Il fut constaté que, deux jours avant la catastrophe, Clarisse Menot s'était rendue à une ville voisine, où elle avait fait admettre son enfant à l'hospice. C'était à son retour de ce voyage qu'elle avait trouvé la mort dans le ruisseau de Giziat, et tout prouvait que cette mort avait été volontaire. Aussi ce lugubre événement, après avoir beaucoup occupé le pays, ne tarda-t-il pas à être oublié.

IV

LA DORMEUSE.

Le château de Balme, propriété du baron de Champ-Rosay, était situé dans la plaine, comme nous l'avons dit, et à quelque distance du Giziat, dont on apercevait du seuil de la porte les cimes majestueuses. Cette habitation d'une ancienne famille n'avait pourtant ni les vastes dimensions, ni l'architecture d'une demeure féodale. Constituité sur les frontières de la Franche-Comté, elle ne pouvait remonter au delà de la fin du règne de Louis XIV, époque relativement calme, où les partisans et les seigneurs pillards n'étaient plus à redouter. Aussi ne voyait-on à Balme ni tours, ni fossés, ni créneaux. C'était un assemblage de bâtiments noirs, irréguliers, élevés successivement et à de longs intervalles. En effet, Balme avait été d'abord un simple rendez-vous de chasse pour les seigneurs de Champ-Rosay, qui possédaient dans la Bresse bien d'autres terres et d'autres manoirs. Plus tard seulement, le rendez-vous de chasse était devenu une demeure permanente ; ses propriétaires y avaient fait ajouter tantôt une aile, tantôt un pavillon, selon leur goût ou leurs besoins. De là résultait pour ces constructions le défaut d'ensemble et de symétrie qui choquait le regard. Leurs derniers maîtres, en affectant à l'exploitation rurale et au logement des fermiers une partie des bâtiments restés sans emploi, n'avaient pas peu contribué à enlever au château son caractère aristocratique.

Lors de la révolution, la famille de Champ-Rosay, suivant l'exemple de tant d'autres familles nobles, avait cru devoir émigrer, et la plupart de ses propriétés avaient été vendues comme biens nationaux. Quand les temps devinrent plus tranquilles et quand les émigrés purent rentrer sans danger dans la mère patrie, les Champ-Rosay ne trouvèrent plus de leurs anciens domaines que la terre de Balme qui n'eût pas été aliénée. Le château fut restitué au baron, le père de Léopold, qui y vécut modestement pendant l'empire et la restauration. C'était là que Léopold était né, c'était là qu'il avait vu son père et sa mère mourir pleins de jours, dans le calme et l'obscurité. Aussi tenait-il à cette habitation, malgré son peu d'importance, car elle résumait toutes ses traditions de famille, tous ses souvenirs de jeunesse, toutes ses affections présentes et passées.

D'ailleurs, si la maison avait un air un peu renfrogné, en revanche sa situation était pittoresque et riante. Une de ses façades avait vue sur la plaine, l'autre sur la montagne. De la première le regard pouvait glisser sur une province presque tout entière, avec ses bourgs, ses villes, ses rivières et ses forêts. A l'opposite se dressaient les premiers contre-forts du Jura, représentés sur ce point par une belle montagne qu'on appelle la Chalantine. En avant de la Chalantine apparaissaient, sur un mamelon escarpé, les ruines sinistres et les tours éventrées de l'ancien château fort de Chevrot, repaire de brigands féroces au temps de la domination espagnole. Enfin, sur la droite, parmi les cimes qui dominent la ville de Cuiseaux, on apercevait le rocher de Courban, du haut duquel le célèbre partisan Lacuson faisait précipiter les malheureux qui ne pouvaient lui payer de rançon. Ces souvenirs d'une sombre histoire contrastaient avec le délicieux aspect des montagnes, dont les premières assises étaient chargées de vignes luxuriantes, et dont les sommets se couronnaient de sapins.

Le château, qu'une petite avenue de chênes reliait à la route voisine, était encadré dans un parc rempli d'arbres épais. Cette espèce de bocage au sol montueux et accidenté était percé d'allées pittoresques, et à l'extrémité de chacune d'elles se déroulait un nouveau paysage sur la campagne environnante. Des blocs de pierre se dressaient çà et là, empanachés de fougères, égayés par des festons de polypodes et des touffes de scolopendres. Mais la curiosité naturelle la plus importante du parc était la grotte ou *balme* de laquelle le château tirait son nom. Cette grotte, dont l'entrée était basse et tourmentée, s'enfonçait sous un rocher hérissé de coudriers et de sureaux. Il en sortait en tout temps une eau abondante, limpide, glaciale, qui s'épanchait sans bruit dans un étang situé un peu plus bas. Là elle disparaissait en partie sous une couche verdoyante de joncs, de flûteaux et d'iris, pour ressortir de l'enclos par un conduit souterrain, et sans bruit comme elle y était entrée. Rien de gracieux comme cette grotte sombre et fraîche dont l'œil sondait avec curiosité les mystérieux détours, comme ce paisible étang où se jouaient de nombreux oiseaux d'eau : castagneux pétulants qui grignottaient les pousses tendres des herbes aquatiques, râles-marouettes au corps svelte qui couraient avec leurs larges pattes sur les feuilles rondes des nénuphars, et, dans la saison des passages, bécassines au ventre blanc, avec leur bec démesuré, ou chevaliers aux pieds de corail.

C'est dans cette partie solitaire du parc, à quelques pas seulement de la fontaine de la Balme, que nous retrouverons un des personnages principaux de cette histoire.

Plusieurs années se sont écoulées depuis les événements de la vallée de Giziat. Mademoiselle Pauline de Savigny est devenue madame la baronne de Champ-Rosay, et une mignonne petite fille, aujourd'hui âgée de quatre ans, a été le fruit de cette heureuse union. Monsieur et madame de Champ-Rosay habitent ordinairement Paris, où Léopold, nommé depuis peu maître des requêtes, suit les travaux du conseil d'État. Cependant, dès le commencement de l'été 184., le baron, ayant obtenu un congé, était venu avec sa famille passer à Balme la belle saison.

Donc, un jour de juin que la campagne était pleine de soleil, de papillons, de fleurs, de bourdonnements, une jeune fille, âgée de seize à dix-sept ans, reposait sur le gazon, en face de la grotte, à l'ombre d'un charme centenaire planté par un des ancêtres du baron de Champ-Rosay. Cette jeune fille, qui paraissait appartenir au château, avait sans doute cherché de l'ombre et du silence en cet endroit pour travailler à un ouvrage d'aiguille ; mais, vaincue par la chaleur, elle avait laissé échapper sa broderie, et le sommeil s'était insensiblement emparé d'elle.

Le costume fort simple de l'inconnue attestait néanmoins une innocente coquetterie. Elle était vêtue d'une robe d'indienne de couleur claire, presque blanche, qui permettait à peine d'entrevoir l'extrémité de ses bottines encore humides de rosée. Une collerette de linon entourait son cou, sur lequel se détachait une croix d'or. Son chapeau de paille avait roulé à ses pieds, et elle n'avait plus pour coiffure que d'abondants cheveux noirs lissés en bandeaux sur son front virginal. Quoique ses yeux fussent clos, on n'eût pu se défendre d'admirer le galbe délicieux de ce visage aux tons dorés, aux petites narines roses, à la bouche vermeille. Tout cela avait comme un parfum de chasteté et de candeur, un rayonnement de beauté qui s'ignore elle-même ; et si quelque poëte eût contemplé cette belle enfant endormie, il n'eût osé la comparer ni à la naïade de la fontaine ni à la nymphe des bois ; il lui eût fallu, pour trouver un terme de comparaison, redescendre d'âge en âge jusqu'aux vierges chrétiennes de Lamartine ou de Chateaubriand.

Nous ne saurions dire depuis combien de temps cette jolie créature était là, couchée sur les pâquerettes et les boutons d'or, quand un bruit léger se fit dans un chemin qui longeait le mur du parc, à une centaine de pas de la dormeuse. De ce côté se trouvait une petite porte qui donnait sur la campagne et que l'on ne fermait jamais à clef. Bientôt une main ferme souleva le loquet, la porte s'ouvrit, et un homme tirant un cheval par la bride entra dans le parc. Il promena d'abord autour de lui un regard d'hésitation, comme s'il eût cherché à s'orienter dans un lieu nouveau ou qui avait subi des modifications récentes ; puis, après avoir refermé la porte, il s'avança dans un sentier qui, longeant le marais, passait près de la jeune fille endormie.

Or, le visiteur qui venait de s'introduire avec si peu de cérémonie dans le parc de Balme était un jeune officier de cavalerie, dont l'uniforme de petite tenue faisait ressortir les élégantes proportions. Il avait une figure brune et fine, aux moustaches fièrement relevées ; mais son œil bleu ne manquait pas de douceur, et sa physionomie ouverte exprimait une imperturbable gaieté. Le cheval, tout surpris de cette nouvelle manière d'avancer derrière son maître, était une bête fine et de formes sveltes, qui ne paraissait pas indigne de servir de monture à ce charmant cavalier.

L'officier marchait avec lenteur, en cadençant son pas du bruit de ses éperons. A son approche, les pies et les geais s'envolaient en poussant un cri d'alarme, les oiseaux aquatiques se renfonçaient dans les roseaux, les écureuils qui s'étaient hasardés à descendre le long du tronc des châtaigniers regagnaient lestement la cime des arbres. Cependant la belle dormeuse ne s'éveillait pas et conservait son immobilité au milieu de la verdure et des fleurs.

Toute l'attention de l'officier se concentrait sur le paysage, dont la vue semblait éveiller en lui de vifs et joyeux souvenirs. Sa physionomie trahissait une vague émotion pendant qu'il contemplait le marais silencieux et le bois touffu qui lui cachait le château ; mais quand il arriva en face du rocher dans lequel se creusait la grotte, il s'arrêta brusquement et ses idées parurent changer de caractère. A quatre pas de lui, sous l'ombre épaisse du charme centenaire qui est le plus bel arbre du parc, il venait enfin d'apercevoir l'inconnue.

— Tiens ! tiens ! — dit-il à demi-voix avec jovialité, — sommes-nous donc en pleine mythologie ?

Mais il se tut aussitôt et se mit à examiner la charmante fille que le hasard plaçait ainsi sur son chemin. Elle reposait toujours dans une attitude gracieuse, la tête appuyée sur un de ses bras. Le peigne d'argent chargé de contenir son abondante chevelure s'était détaché et ses cheveux se déroulaient en boucles onduleuses sur le gazon. Sa large manche, un peu relevée, permettait de voir son bras, d'une forme parfaite, auquel s'attachait une petite main aux doigts blancs et effilés. Un souffle léger soulevait régulièrement sa poitrine, et sa personne avait un calme, une harmonie, une suavité qui faisaient à peine regretter que ses yeux fussent clos.

L'officier se pencha vers elle et il lui sembla qu'elle souriait ; puis les lèvres remuèrent, et quelques mots inarticulés sortirent de cette bouche entr'ouverte comme une grenade mûre. Enfin il distingua les paroles suivantes :

— Il est venu !... Je savais bien qu'il viendrait !... Dieu soit loué ! et pourtant...

Le reste était inintelligible.

— Hum ! — pensa l'officier, — on attend quelqu'un à ce qu'il paraît... Malheureusement il est certain que ce n'est pas moi... Ah ça ! qui est donc cette belle enfant ? Je la trouve ravissante, ma parole d'honneur ! Oui, ravissante.. délicieuse... divine... Et la rencontrer seule, endormie, dans ce lieu solitaire...—Il hésita quelques secondes ; puis, prenant son parti tout à coup : — Bah ! — reprit-il, — la tentation est trop forte... un baiser est élémentaire, classique, en pareil cas... advienne que pourra !

—Et il déposa rapidement un baiser sur le front de la jeune fille. L'effet de cette action fut magique. La dormeuse tressaillit, ouvrit deux grands yeux pleins de feu et se releva d'un bond ; puis elle demeura debout, chancelant sur ses pieds, mais fière, irritée, presque menaçante. L'officier, en voyant ce changement inattendu, avait reculé d'un pas, quoiqu'il fût d'un caractère très-peu timide. — Pardon, mademoiselle, — dit-il avec une certaine gaucherie; — je crois que j'ai commis une sottise... que voulez-vous? un sentiment plus fort que moi m'a emporté. Cependant, si je vous avais vue me regarder comme vous me regardez maintenant, peut-être n'aurais-je pas eu le courage de mon insolence. — L'inconnue recouvra rapidement toute sa présence d'esprit, obscurcie un moment par les dernières atteintes du sommeil. Une vive rougeur envahit ses joues, et ses paupières s'abaissèrent modestement sur ses yeux. Elle se mit à ramasser sans rien dire son chapeau et son ouvrage qui étaient à ses pieds. L'officier observait avec complaisance chacun de ses mouvements, et il reprit avec douceur : — Voyons, chère enfant, vous aurais-je offensée? Parlez-moi, de grâce...! Je ne vous quitte pas que vous ne m'ayez pardonné! — Et comme la petite gardait toujours le silence, il ajouta d'un ton moitié gai, moitié sérieux : — Morbleu! si vous êtes muette, savez-vous que je suis capable de recommencer?

Et il s'avança avec l'intention réelle ou simulée de l'embrasser de nouveau; mais elle l'évita si lestement que les lèvres et les bras du jeune militaire ne rencontrèrent que le vide. L'officier s'étant retourné pour calmer son cheval que ce brusque mouvement avait effrayé, l'inconnue prit sa course vers l'intérieur du parc et disparut.

Le voyageur ne songea pas à la poursuivre et s'engagea dans une allée de sapins qui conduisait au château et que l'on appelait l'allée des arbres verts. Cependant il était pensif et retournait la tête à droite et à gauche, comme s'il eût été encore occupé de la charmante enfant; bientôt il fit une nouvelle rencontre de nature un peu moins poétique.

C'était une fille de ferme, qui ressemblait à la jolie dormeuse comme Maritorne ressemblait à Suzanne. Elle avait les bras et les jambes nus; son costume, très-sommaire, ne se distinguait ni par la fraîcheur ni par la propreté; son visage maigre, hâlé, était criblé de taches de rousseur, et ses cheveux d'un blond douteux, massés sur le sommet de sa tête, semblaient n'avoir d'autre utilité que de soutenir le baquet de bois qu'elle allait en ce moment remplir à la fontaine de la Balme.

L'allée des arbres verts était si étroite que l'officier et son cheval en occupaient toute la largeur. Aussi la canéphore en jupon court dut-elle se ranger au bord du chemin pour leur livrer passage. Tout à coup elle rougit jusqu'aux oreilles et s'écria :

— Sainte Vierge! c'est monsieur Valentin... je veux dire le capitaine de Champ-Rosay.

Et son étonnement était tel que le baquet en équilibre sur sa tête fût tombé si elle n'y eût vivement porté la main.

L'officier s'arrêta.

— Tiens, — dit-il avec familiarité, — c'est la petite Fanchette, la fille du métayer. — Quand je dis *petite*, ma chère, — poursuivit-il, — cette qualification ne vous convient plus, car vous avez fièrement monté en graine depuis cinq ans que je ne suis venu à Balme.

Fanchette se mit à rire d'un air niais.

— Ça, c'est vrai, monsieur Valentin, — répliqua-t-elle, — il a bien fallu que je grandisse puisque je vais me marier dans un mois... Ah! mais oui... j'épouse le fils à Bruchard, le vigneron... vous savez... celui qu'on appelle Bruchard le *riche*.

Valentin de Champ-Rosay, qui était lo nom de l'officier, ne parut nullement ébloui par la haute alliance qu'allait contracter la fille du métayer, et il demanda distraitement :

— Savez-vous, Fanchette, si mon cousin et ma cousine de Champ-Rosay sont à cette heure au château?

— Oui, oui, monsieur le capitaine, et ils vont être bien contents de vous voir.

— En êtes-vous sûre? — dit Valentin; — quant à moi je crains le contraire... A tout hasard, j'arrive modestement par cette petite porte, que je prenais autrefois, quand j'étais enfant, pour aller picorer du raisin dans les vignes du voisinage... Mais je ne me reconnais plus ici, Fanchette, — continua le capitaine en regardant autour de lui; — pendant mon absence on a fait des plantations, on a percé de nouvelles allées... Conduisez-moi donc au château par le plus court.

— A votre service, monsieur, — répliqua Fanchette en exécutant sa plus belle révérence.

Elle fit volte-face et marcha en avant, toute glorieuse de la tâche qu'on lui donnait. Valentin de Champ-Rosay crut devoir profiter de l'occasion pour s'informer de la jeune fille qui depuis quelques instants occupait sa pensée.

— Pourriez-vous m'apprendre, Fanchette, — demanda-t-il en affectant l'indifférence, — qui est la personne que j'ai trouvée endormie là-bas, près de l'étang?

— Endormie! — répéta Fanchette en riant de son rire niais; — eh bien! si vous l'avez trouvez endormie, je n'ai pas de peine à deviner... c'est mademoiselle Natha, la protégée de madame la baronne... une paresseuse! Elle passe une partie de la journée à dormir et le reste à ne rien faire.

En parodiant ainsi sans s'en douter l'épitaphe du bon La Fontaine, la jeune paysanne avait un air de rancune contre la personne dont elle parlait; mais cette nuance fut inaperçue pour Valentin.

— Enfin quelle est au château la position de cette Natha... ou Nathalie? — reprit-il; — puisce n'est là qu'un prénom; quel est son nom de famille?

— On ne l'appelle que Natha, monsieur; sa mère s'appelle la Chizerotte, et elle est fille d'un rabala... Madame la baronne, lorsqu'elle était encore demoiselle, se prit d'amitié pour Natha et la demanda à sa mère, qui n'eut garde de la refuser, comme vous pouvez croire, car on ne mangeait pas tous les jours dans la maison. Depuis lors, la Chizerotte et ses autres enfants sont allés demeurer au loin, mais Natha est restée à Balme. Madame a voulu qu'on l'élevât comme une demoiselle; elle lui a fait apprendre à lire, à écrire, à broder, à travailler à toutes sortes de beaux ouvrages... Pour cela, il faut l'avouer, Natha s'y entend... mois elle est si fainéante que son habileté ne lui sert pas à grand'chose. Elle perd son temps à courir dans le parc, en parlant toute seule, ou à dormir sur l'herbe, et la besogne va comme elle peut. Ensuite, madame a l'air de trouver cela bien, et vous sentez que nous autres nous n'osons pas critiquer devant le monde...

— Sauf à prendre votre revanche quand vous êtes seule vous, — répliqua l'officier avec ironie; — mais tout cela ne m'apprend pas, douce et charitable Fanchette, quelle est la position de Natha au château.

— Mon Dieu! monsieur Valentin, c'est comme qui dirait la femme de chambre de madame... Mais, quoiqu'elle ait l'air d'adorer sa maîtresse, elle ne se donne pas beaucoup de mal pour la servir; c'est Adèle qui fait tout l'ouvrage. Ensuite mademoiselle Natha lit des livres à madame la baronne ou bien elle promène la petite demoiselle Marie; enfin elle coud parfois des effets pour les pauvres ou elle brode des cols et des manches que c'est *tout plein* joli... Mais demandez-lui tant seulement de traire une vache ou de battre le beurre, et vous verrez comme elle s'en tirera! Aussi n'est-ce pas elle qui trouvera dans le pays un beau et riche garçon pour l'épouser.

Le capitaine Valentin écoutait d'un air un peu déconfit ce bavardage malveillant.

— Une femme de chambre! — murmurait-il; — eh bien! tant mieux! — ajouta-t-il avec un sourire, après réflexion. On approchait du château, dont les vieux toits et les girouettes rouillées commençaient à se montrer au-dessus des arbres. — Ah çà! Fanchette, — reprit l'officier, — puisque cette Natha, comme vous l'appelez, a tant de défauts, comment est-elle parvenue à capter l'affection de madame de Champ-Rosay?

— Je vais vous dire, monsieur, — répliqua la fille de

ferme en prenant un air mystérieux; — mademoiselle Natha est donc une rabaia, et, vous le savez, tous ces rabalas sont des sorciers qui jettent des sorts au monde. Véritablement elle ne ressemble à aucune autre fille du pays; elle est bizarre, cherchant la solitude, pleurant sans motif, parlant toute seule, comme je vous ai dit, et souvent elle vous regarde avec des yeux... quels yeux !... le frisson me prend rien que d'y penser. On croit donc qu'elle a jeté un sort sur madame la baronne, sur mademoiselle Marie... un sort pour se faire aimer. Ne riez pas; si j'avais le temps, je vous conterais d'elle des choses effrayantes !... Oui, elle a ensorcelé madame la baronne. Quand elle a l'*idée* sur quelqu'un, il n'y a pas à résister, il faut qu'on l'aime... Et, tenez, vous qui ne l'avez vue qu'un instant, si elle le voulait, vous ne pourriez vous empêcher de l'aimer.

— Fichtre ! — dit le capitaine avec une colère comique, — elle est capable d'avoir voulu... Bah ! laissons-la faire; je me risque.

On entrait en ce moment dans la cour qui précédait l'habitation. Un vieux domestique en livrée s'approcha de Valentin, qu'il regardait avec un étonnement mal dissimulé. Fanchette dit bas à l'officier :

— De grâce, monsieur, ne répétez pas à monsieur Pierre ce que je vous ai conté de mademoiselle Natha... Il est toqué pour elle, il serait capable... Mais vous voici au château; vous n'avez plus besoin de moi.

Elle fit une révérence et s'enfuit, tandis que le capitaine la remerciait d'un signe amical.

Le domestique, son chapeau à la main, venait d'aborder le visiteur.

— Bonjour, mon vieux Pierre, — lui dit Valentin de Champ-Rosay d'un ton familier ; —voilà diablement longtemps que je ne suis venu à Balme, n'est-ce pas ? Mais il vaut mieux tard que jamais ; hier seulement je suis arrivé dans le pays. Ah çà ! puis-je voir Léopold et ma cousine... que je ne connais pas encore?

— Monsieur le baron et madame la baronne sont là dans la bibliothèque, — répondit Pierre respectueusement ; — mais...

Il s'arrêta court.

— Mais vous craignez qu'on ne me fasse mauvais visage, n'est-ce pas ? — acheva Valentin. — Ma foi ! dans l'état actuel de nos relations de famille, votre crainte pourrait se trouver fondée. N'importe, je tenterai l'épreuve. Mettez mon cheval à l'écurie, mais ne vous hâtez pas de le desseller ; peut-être en aurai-je besoin plus tôt que je ne pense.

Et il se dirigeait vers la maison.

— Monsieur le capitaine,—dit Pierre avec embarras,— il n'y a personne pour vous annoncer. Attendez du moins que je sois revenu de l'écurie, et j'irai moi-même.

— Je n'ai pas besoin que l'on m'annonce, je connais parfaitement le chemin de la bibliothèque, dont, Léopold et moi, nous nous sommes si souvent lancés les livres à la tête... Je me présenterai tout seul.

Et il entra dans le château pendant que le vieux Pierre, tout inquiet, conduisait le cheval à l'écurie.

V

LA FAMILLE DE CHAMP-ROSAY.

Il importe, pour l'intelligence des faits qui vont suivre, que nous donnions ici au lecteur quelques détails rétrospectifs sur les possesseurs du château de Balme.

En 1792, quand les événements politiques avaient déterminé les Champ-Rosay à quitter la France, cette famille se composait, outre le baron Urbain IV de Champ-Rosay, mort en Allemagne pendant l'émigration, de deux fils qui avaient été la souche des deux branches actuelles. L'aîné, le baron Charles-Antoine de Champ-Rosay, seigneur de Balme, était le père de Léopold ; le cadet, encore vivant au moment où nous sommes, et connu dans le pays sous le nom de chevalier de Champ-Rosay, était le père du capitaine Valentin. Les deux frères, à leur rentrée dans la mère patrie, avaient recueilli les faibles débris de leur fortune passée, et, plus tard, l'indemnité accordée par la restauration à la noblesse dépossédée leur avait rendu, sinon leur grande opulence d'autrefois, du moins les moyens de tenir un rang à peu près convenable dans la province.

Cependant il était notoire qu'une certaine mésintelligence, basée sur des motifs d'intérêt, existait de longue date entre les deux frères. Le chevalier de Champ-Rosay, le cadet, avait étudié autrefois pour occuper un poste dans la magistrature, et ces premières études semblaient lui avoir donné un goût particulier pour la chicane. Il s'était retiré à Cuiseaux, dans un vieux logis ayant appartenu à sa famille et qu'il avait racheté des deniers de sa femme. Familier avec les codes nouveaux comme avec le droit coutumier où le droit écrit de l'ancien régime, il passait le temps à faire des procès à ses voisins ou bien à poursuivre le recouvrement d'anciennes créances. Or, le chevalier se croyait lésé dans ses partages avec son frère, et il prétendait avoir particulièrement des droits sur le domaine de Balme, qui avait été dévolu sans contestation à son aîné, à leur retour de l'émigration.

Cependant cette prétention ne s'était manifestée, dans les commencements, que sous une forme assez timide, et, tant qu'avait vécu sa femme, le chevalier s'était contenté de remplir de temps en temps certaines formalités judiciaires pour ne pas laisser prescrire ses droits. Ainsi, pendant l'enfance de Léopold et de Valentin, les deux branches de la famille avaient vécu sur le pied d'une apparente intimité, et les jeunes cousins avaient pu prendre l'un pour l'autre une vive affection. Mais le chevalier devint veuf, les jeunes gens furent séparés ; tandis que Léopold faisait son droit à Paris, Valentin, après avoir passé par l'école de Saumur, courait les garnisons en qualité de sous-lieutenant. Alors le chevalier parla de nouveau de revendication. Une froideur croissante, puis une brouille complète se déclara entre les deux frères. Toutefois, le vieux chicaneur de Cuiseaux avait eu la pudeur de ne pas intenter franchement un procès à son aîné, et c'était seulement depuis la mort du baron, depuis le mariage de Léopold avec la riche demoiselle de Savigny, qu'il avait présenté résolument ses réclamations au sujet de la propriété de Balme.

Pendant cette longue période, les deux cousins ne s'étaient vus que rarement et toujours en cachette de leurs pères. A peine avaient-ils échangé quelques lettres dans les occasions graves. D'ailleurs Valentin, devenu capitaine de cavalerie, avait passé plusieurs années en Afrique. Arrivé à Cuiseaux la veille au soir seulement, il avait voulu, en dépit de l'hostilité existant entre son père et son cousin, se rendre au château, et nous avons vu qu'il n'était pas lui-même très-rassuré sur l'accueil qui l'y attendait.

Or, par l'effet du hasard, peut-être aussi par quelque combinaison machiavélique du vieux chicaneur, Léopold avait reçu le matin même la visite de l'huissier de son oncle. Cet huissier était porteur d'une sommation qui enjoignait « au soi-disant baron de Balme » d'avoir à restituer immédiatement au chevalier de Champ-Rosay, requérant, le château et les terres de Balme, «sous peine de s'y voir contraint par toutes les voies de droit. »

On peut croire que cette demande, renouvelée avec tant d'obstination, et cette fois sous une forme menaçante, avait fort irrité Léopold ; d'ailleurs, comme le procès allait probablement suivre son cours, il devenait urgent de se préparer à la défense. Aussi le baron avait-il mandé au château le juge de paix Rousselot, qui, malgré son despotisme, était fort expérimenté en matière de droit ancien et nouveau ; et, au moment où le capitaine Champ-Rosay se disposait à pénétrer chez son cousin, celui-ci discutait avec le vieux praticien, dans la bibliothèque, sur les moyens de mettre à néant les prétentions du chevalier.

Cette bibliothèque était une vaste pièce du rez-de-chaussée. Les livres, disposés sur de massifs rayons de chêne, couvraient presque entièrement les murailles. Des bustes en plâtre, des globes terrestres, quelques trophées d'armes, égayaient cet intérieur morose en rompant la monotonie des lignes. Deux grandes fenêtres ouvertes, qui laissaient librement entrer le soleil, y réussissaient mieux encore.

Léopold et le juge de paix étaient assis devant une lourde table, à demeure au milieu de la salle et recouverte d'un tapis vert. Sur cette table on voyait, outre plusieurs ouvrages de jurisprudence, de nombreux papiers, les uns jaunes et usés, les autres neufs et de mine tout à fait moderne, parmi lesquels on distinguait facilement l'assignation arrivée le matin. Le baron Léopold de Champ-Rosay avait peu changé pendant les quatre ou cinq années qui venaient de s'écouler. Seulement, l'habitude des études sérieuses lui avait donné un degré de gravité de plus. Quant au petit juge de paix, toujours gourmé dans sa redingote bleue bien brossée et dans sa cravate blanche, il ne paraissait ni plus vieux ni plus cassé que le soir où nous l'avons vu dresser un procès-verbal au moulin de Giziat ; et la confiance que lui montrait en ce moment le maître des requêtes, en le consultant sur une importante affaire de famille, n'était pas de nature à le rendre moins dogmatique et moins tranchant que par le passé.

Madame de Champ-Rosay travaillait, dans l'embrasure d'une fenêtre, à un ouvrage de tapisserie. C'était toujours la jolie Pauline de Savigny, mais la vivacité de la jeune fille avait fait place à la douce dignité de la jeune mère. Son attitude, ses manières, son langage avaient maintenant quelque chose de posé qui séyait à ses traits plus mûrs, à ses contours plus accusés. Toutefois les amis de la baronne soupçonnaient que les changements étaient seulement superficiels, et que, à la moindre cause d'émotion, sa nature généreuse, mais ardente, pouvait faire explosion comme au temps de sa première jeunesse.

Léopold, qui aimait à la consulter, même sur les matières les plus étrangères à une femme, avait désiré qu'elle assistât à cette conférence. Nous devons convenir pourtant que Pauline se montrait fort inattentive ; elle s'occupait exclusivement d'une ravissante petite fille, vêtue de blanc et de bleu, qui, à demi couchée sur le tapis à ses pieds, jouait avec un jeune chat et une poupée.

A la vérité, le petit vieux monsieur Rousselot avait entamé sur les lois féodales une longue et savante dissertation qui ne pouvait avoir aucun charme pour elle. Aussi donnerons-nous seulement la conclusion de ce morceau d'éloquence.

— Il résulte de tous ces comptes, monsieur le baron, — disait-il, — que, dans le partage des biens de la famille entre feu monsieur le baron, votre père, et monsieur le chevalier, votre oncle, feu votre père aurait possédé en plus la terre de Balme, sur laquelle pourtant le chevalier aurait eu des droits égaux, d'après le code civil. A cela vous répondez que Balme, d'après une charte ancienne, est un fief transmissible de mâle en mâle dans votre famille par ordre de primogéniture ; d'où feu le baron avait pris le titre de seigneur de Balme avant même son départ pour l'émigration. Il était donc en droit, à son retour, de réclamer la propriété de Balme à l'exclusion de son frère. Seulement, pour mettre à néant les prétentions du chevalier, il faudrait pouvoir présenter aux juges la charte qui, avant l'existence du code civil, avait attribué ce fief au défunt baron votre père, et je ne la trouve pas dans les pièces que vous m'avez confiées.

— Malheureusement, mon cher Rousselot, — réplique Léopold, — j'ai tout lieu de craindre que cette charte et beaucoup d'autres titres, autrefois importants pour notre maison, n'aient été détruits ou perdus pendant la tourmente révolutionnaire. Vous avez sous les yeux tous les papiers de famille que m'a laissés mon père, et qu'il tenait lui-même de mon aïeul, le baron Urbain IV. J'ai vainement bouleversé ces dossiers poudreux ; la charte qui constitue la terre de Balme en fief ne se retrouve pas.

— C'est fâcheux, monsieur le baron, c'est bien fâcheux, — dit le juge de paix en hochant la tête ; — si vous ne pouvez produire le titre en vertu duquel monsieur votre père était bien et dûment propriétaire de Balme avant la promulgation du code civil, le chevalier paraît fondé d'assigner la succession de votre père en partage de cette terre, comme des autres biens de votre aïeul. Or, comme il aurait droit à la moitié de la propriété d'après la nouvelle loi, et comme il pourrait revendiquer, ce qu'il revendique en effet, la moitié des revenus pendant trente ou quarante ans, il en résulterait que ce que vous avez de mieux à faire serait de lui abandonner purement et simplement la possession de ce domaine.

— Est-ce là votre avis, monsieur Rousselot ? — dit Léopold avec inquiétude. — Ah ! mon oncle, en m'intentant un procès inique, connaissait sans doute la perte de ce titre précieux... Il y a donc là un odieux calcul de sa part. Cependant je ne me laisserai pas ainsi dépouiller de mon bien légitime... Que cette charte se retrouve ou non, je soutiendrai mes droits jusqu'à la dernière extrémité.

— Soit ; mais je ne dois pas vous dissimuler, monsieur le baron, que votre cause me paraît... douteuse.

— N'importe ! je la défendrai à outrance.

— Mon ami, — dit la baronne à son mari, en intervenant avec douceur dans ce débat, — allez-vous bien soutenir un procès contre votre vieil oncle ? Ne vaudrait-il pas mieux arranger cette affaire en famille et sans scandale ? Peut-être le chevalier de Champ-Rosay accepterait-il un dédommagement en argent, et, grâce au ciel, nous sommes en mesure de pouvoir lui en offrir. D'ailleurs, quand même vous seriez dans la nécessité de lui faire l'abandon de Balme, n'avons-nous pas d'autres propriétés plus belles, plus productives, plus agréables à habiter que celle-ci ?

— Je connais votre désintéressement, ma Pauline, — reprit le baron ; — mais je n'entends pas donner une prime à la rapacité de mon parent... Et puis cette propriété m'est chère à trop de titres pour que je consente à en faire l'abandon. La maison où nous sommes est celle de mon père ; j'y suis né et je veux y mourir... Je vous le répète, le chevalier de Champ-Rosay élève des réclamations injustes et de mauvaise foi... Je ne lui pardonnerai jamais... jamais !

Et, dans l'excès de son indignation, le baron frappa la table du poing. La petite fille, terrifiée, se jeta tout en larmes dans les bras de sa mère.

— Mon Dieu ! Léopold, — dit madame de Champ-Rosay, — vous avez effrayé Marie... cela est-il raisonnable ? — Le baron, un peu confus, donna un baiser à l'enfant, lui adressa des paroles caressantes, et la calma si bien qu'elle finit par sourire.

— Voilà beaucoup de bruit pour rien, — dit Pauline ; — pouvez-vous prendre au sérieux les attaques judiciaires de votre oncle ? Il est là-bas tout seul, dans sa grande maison de Cuiseaux, et l'ennui le ronge. Jusqu'ici son unique occupation, je dirai même son unique plaisir, a été de faire des procès à tort et à travers ; la fantaisie lui est venue de vous en faire un qu'il croit fondé, sinon en équité, du moins selon les règles de la chicane, est-ce une raison pour tant s'alarmer ? Il s'agit d'un pauvre vieillard fort peu redoutable ; il joue au procès comme cette chère petite joue à la poupée... Prenez patience, et nous arriverons à un accommodement qui rétablira la bonne harmonie dans la famille.

— Bien dit, chère cousine, — s'écria tout à coup une voix sonore, — et merci pour ces bonnes paroles ! — En même temps, le capitaine Valentin de Champ-Rosay entra dans la bibliothèque. Son apparition subite causa une surprise mêlée d'embarras à tous les assistants. La baronne ne put retenir un léger cri, tandis que Marie, intimidée, cherchait encore un refuge auprès d'elle. Rousselot, qui n'aimait pas les militaires en général, et le capitaine de Champ-Rosay en particulier, avait pris un air rogue. Quant au maître du logis, il s'était levé précipitamment et demeurait debout, en face de son cousin, ne sachant trop quelle contenance garder. Valentin ne lui laissa pas le temps de la réflexion et courut à lui les bras ouverts : — Bonjour, Léopold, — s'écria-t-il ; — morbleu ! est-ce que tu ne me reconnais pas? En effet, voilà joliment longtemps que nous ne nous sommes vus!

Et avant que le baron eût pu s'en défendre, il lui appliqua sur les joues deux robustes baisers.

Léopold, d'abord interdit par cette impétuosité, ne tarda pas à recouvrer sa présence d'esprit.

— Je vous reconnais fort bien, capitaine Champ-Rosay, — dit-il avec roideur ; — mais aux termes où j'en suis avec votre père, vous devez comprendre...

— Te moques-tu de moi? Est-ce que ce qui se passe entre ton oncle et toi me regarde? Brouillez-vous, plaidez l'un contre l'autre si vous voulez: moi, je n'entends ni me brouiller ni plaider avec mon cousin et ma cousine, et j'embrasse tout le monde... Voyons, Léopold, présente-moi donc à la charmante femme... Dis-lui que je ne suis pas aussi malappris que j'en ai l'air; car, vraiment, je suis entré chez elle comme dans un corps de garde. — Léopold, toujours hésitant, ne se hâtait pas de se rendre à cette invitation ; alors Valentin s'approcha de la baronne, son képi à la main. — Madame ma cousine, — lui dit-il avec sa rondeur habituelle, — si votre mari vous a dit du mal de moi, ne le croyez pas ; je l'ai toujours aimé et je l'aime encore, quoi qu'il arrive. Quant à vous, vous êtes bonne autant que belle ; et, si j'en juge par quelques mots que je viens de vous entendre prononcer, vous avez plus de raison à vous seule que tout le reste de la famille ensemble. Je me sens donc tout prêt à vous aimer aussi..., qu'on me le permette ou non... Mais vous me le permettrez, n'est-ce pas? — Il avait tant d'entrain et de gaieté en débitant ce compliment, que Pauline partit d'un éclat de rire, et le baron lui-même ne tarda pas à se mettre de la partie. — A la bonne heure donc !... Ville gagnée! — s'écria Valentin radieux ; — c'est cela, rions tous, soyons tous heureux et contents... voilà ce que je demande. — Et il donna deux baisers à Pauline, qui n'en rit que plus fort. Puis il saisit la petite Marie, l'éleva deux ou trois fois au-dessus de sa tête avec impétuosité, et enfin il brossa de ses grosses moustaches les joues roses de l'enfant, en lui disant avec jovialité : — Et toi aussi, ma mignonne, il faut bien m'aimer, parce que je suis ton cousin. Nous ferons bon ménage ensemble, va! Et, pour commencer, je te promets une poupée superbe, comme tu n'en as jamais vu... une poupée à cheval!

— Une poupée... à cheval! — répéta Marie en ouvrant de grands yeux.

— Pardieu ! puisque je suis dans la cavalerie.

L'embarras causé par l'arrivée du capitaine Champ-Rosay s'était dissipé comme par enchantement.

— Ah çà ! mon cousin, — dit la baronne, — vous nous restez à dîner, n'est-ce pas?

— Je crois bien ? A moins qu'on ne me mette à la porte... ce dont Léopold semble avoir grande envie... Mais si j'ai pour moi ma gracieuse cousine, je ne sortirai d'ici que par la force des baïonnettes.

— Étourdi ! — reprit le baron d'un ton presque amical, — toujours le même ! Son caractère n'a pas changé depuis le temps où nous allions ensemble dénicher des pies dans le parc... Ah çà ! Valentin, ton père sait-il que tu es à Balme?

— Ai-je besoin, à mon âge de demander une permission?

— Dans tous les cas, il ne peut manquer d'apprendre ta visite ici, et il ne t'en saura pas bon gré.

— Ma foi ! je me risque, — répliqua l'officier qui semblait affectionner ce mot. Il poursuivit après une courte pause : — Réellement, Léopold, vas-tu te mettre l'esprit à l'envers pour les misérables taquineries d'un vieillard? Ma cousine m'a semblé beaucoup mieux comprendre la valeur de ces attaques... Le fait est que, en arrivant au pays après une longue absence, j'ai trouvé mon pauvre père si faible, si cassé, que je n'ai pas eu le courage de lui parler avec la fermeté nécessaire de ses procédés envers toi.

— Si ton père est souffrant, Valentin, — répondit le baron avec amertume, — son huissier en revanche se porte à merveille, et ses assignations sont parfaitement libellées... Sais-tu qu'il s'agit de la propriété de Balme?

— Oui, oui, l'ancienne *toquade* du bonhomme... voilà trente années qu'il est question de cela !

— Mais, cette fois, la revendication est sérieuse et le procès imminent. Nous sommes assignés à bref délai. Monsieur Rousselot te dira comme moi qu'il ne s'agit plus de plaisanteries.

— L'affaire prend en effet une tournure très-sérieuse, — reprit le juge de paix de son ton dogmatique ; — et si monsieur le baron n'était pas en mesure de produire certains titres... qu'il produira certainement.

— Vous pouvez bien, à vous deux, inventer des chicanes pour traîner la chose en longueur. Laissez mon père se divertir avec du papier timbré, puisque telle est son humeur. Quand il en coûterait quelques centaines de francs qui entreraient dans la poche des gens de loi, en serons-nous plus pauvres les uns et les autres?

— Bon ! — reprit le baron d'un ton moitié gai, moitié sérieux, — on voit que tu es l'unique héritier de ton père et que tu courrais volontiers certaines chances.

L'officier le regarda, hésitant à se fâcher ou à rire de cette observation.

— Ah ! Léopold, — dit la baronne d'un ton de reproche, — pouvez-vous avoir de pareilles idées?

— Attendez, ma cousine, — reprit Valentin avec une gravité comique, — je vais faire rougir de ses soupçons ce parent dénaturé.

Il prit sur la table une plume et du papier ; puis, sans s'asseoir, il écrivit rapidement :

« Je, soussigné, déclare devoir à mon cousin Léopold
» de Champ-Rosay la propriété de Balme, ensemble le
» château, le parc et les terres qui en dépendent, m'en-
» gageant à lui restituer ladite propriété aussitôt que je
» l'aurai... si je l'ai jamais.

» En foi de quoi j'ai signé le présent,

» VALENTIN DE CHAMP-ROSAY. »

Et il présenta le papier, tout humide encore, à Léopold.

— Pardieu ! voilà un acte joliment légal, — dit le baron en riant.

— Comment ! — s'écria Valentin, — n'est-il pas rédigé comme il faut et selon les règles?

— Eh ! eh ! il pourrait servir au besoin, — dit le juge de paix en examinant l'écrit à son tour.

— Mais il ne servira pas, — dit la baronne en saisissant le papier et en le froissant entre ses doigts ; — êtes-vous fous tous les deux ?... Allons ! c'est assez causé d'affaires pour aujourd'hui... Mon cousin, je vous prends sous ma protection spéciale, et, si l'on ose vous parler des faits et gestes de votre père tant que vous serez à Balme, vous me porterez vos plaintes.

— Bravo ! ma cousine, — s'écria Valentin tout joyeux ; — si je vous ai pour alliée, je ne crains les attaques de personne.

— Voilà l'heure de la promenade de Marie, voulez-vous, capitaine, venir avec nous dans le parc? Le baron y a fait faire de grands embellissements pendant votre absence.

— J'en ai vu déjà quelque chose en passant; mais j'accepte avec plaisir.

— Je vous rejoindrai dans un moment, — dit Léopold; — j'ai à terminer mon travail avec monsieur Rousselot.

— Oh! ne te presse pas,—répliqua Valentin; — tu n'es pas déjà si tendre à mon égard, et je t'attendrai très-patiemment.

Il prit sur un de ses bras la petite Marie, dont la gentille tête blonde contrastait avec sa brune figure militaire, et il offrit galamment l'autre bras à Pauline.

— Monsieur Rousselot,—dit la baronne avant de sortir, — vous nous restez aussi à dîner, n'est-ce pas? Mais ce n'est pas assez; vous nous amènerez monsieur Charles, votre fils, que nous n'avons pas vu depuis longtemps.

— Madame la baronne,—répondit le juge de paix avec sa roideur habituelle, — Charles est encore si jeune... si timide...

— Jeune! mais il a plus de vingt-six ans... Timide! c'est vous qui l'intimidez par votre excessive sévérité... D'ailleurs, s'il est timide, il faut vaincre ce défaut en le conduisant dans le monde ; je compte sur vous et sur lui.

Et elle sortit avec Valentin de Champ-Rosay, qui disait en ricanant :

— Si votre fils est timide, papa Rousselot, confiez-le-moi... je le formerai, et promptement, je vous le promets.

Le juge de paix se montra piqué de cette plaisanterie. Demeuré seul avec Léopold, il lui dit d'un air mystérieux :

— Monsieur le baron, l'habitude des affaires et le long exercice de la magistrature donnent parfois des défiances extrêmes... La visite imprévue de cet évaporé ne me semble pas naturelle. Ne serait-il pas possible que son père, un vieux rusé, comme vous savez, l'eût envoyé pour nous endormir, peut-être même pour pénétrer nos moyens de défense dans le procès qu'il vous intente?

— Lui! Valentin? — répliqua Léopold avec vivacité, — vous ne le connaissez guère, mon cher Rousselot. Il a été toujours étourdi, quoique cette étourderie semble encore s'être accrue au régiment; mais c'est un véritable Champ-Rosay, et vous ne trouverez pas un homme plus franc, plus loyal, plus désintéressé que lui.

Le juge de paix se tut; mais son sourcil froncé et ses lèvres serrées témoignaient que, selon son habitude, il demeurait obstinément attaché à son opinion.

VI

LES PRESSENTIMENTS.

Valentin s'était engagé, avec la baronne et la petite Marie, dans les allées sinueuses du parc, et, tout en marchant sous les hautes futaies, il racontait avec une verve entraînante les aventures de son enfance, dont ces lieux lui rappelaient le souvenir. Ici les deux cousins, armés de fusils de chasse, avaient l'habitude de guetter les geais et les merles; là ils s'étaient construit une hutte de feuillage avec l'intention bien arrêtée de se faire ermites et de renoncer aux vanités du monde, plus loin existait un trou dans le rocher où ils s'étaient cachés bien des fois quand monsieur Limaillard, le précepteur de Léopold, les cherchait à l'heure de la leçon. Le capitaine avait une anecdote pour chaque coin du parc, et ces détails dont il assaisonnait son récit faisaient rire aux larmes la baronne de Champ-Rosay.

La petite Marie n'était pas moins enchantée de son cousin. Toute préoccupée de sa « poupée à cheval, » elle ne se gênait pas, en véritable enfant gâtée, pour interrompre la conversation et demander à Valentin d'interminables explications sur la poupée en question, sur le nombre de ses robes, sur le cheval, sur le moment précis où poupée et monture devaient arriver à Balme.

Le militaire, sans montrer d'embarras et sans hésiter un instant, répondait que la poupée aurait une « robe de soleil » et une « robe de lune » pour le jour, une camisole faite « avec un morceau de bleu du firmament constellé d'étoiles » pour la nuit ; que le cheval serait en or avec des yeux de diamant, et que sa queue serait en gutta-percha, « pour plus de solidité, » ajoutait-il. Du reste, le tout devait arriver d'un moment à l'autre par le télégraphe aérien.

La naïve enfant écoutait avec attention ces balivernes, et n'avait pas l'ombre d'un doute tant le capitaine parlait sérieusement. Transportée d'aise, elle se haussait sur la pointe de ses bottines bleues pour se faire embrasser, et elle disait en battant des mains :

— Ah! mon cousin l'officier, comme tu es gentil et comme je vais t'aimer!

Valentin de Champ-Rosay se trouvait donc dans les meilleurs termes avec la mère et avec la fille. Il semblait avoir complétement oublié la jolie dormeuse de la fontaine quand, en poursuivant sa promenade, il crut entendre un léger frôlement dans le feuillage, non loin de lui.

Le bruit se répéta tantôt à droite, tantôt à gauche; on eût dit d'une personne qui s'enfuyait précipitamment; mais on ne voyait rien, et il était facile de s'imaginer qu'on avait été trompé par un frémissement de la brise dans le taillis.

Aussi le capitaine n'avait-il accordé qu'une attention très superficielle à cette circonstance. Comme il continuait de divertir sa compagne par ses joyeux récits, il aperçut tout à coup, en levant les yeux par hasard, la jeune fille de la fontaine arrêtée à vingt pas de lui. Elle était haletante et comme frappée de terreur. La main qui soutenait son chapeau tremblait visiblement ; elle avait les yeux égarés. L'apparition ne dura que quelques secondes : bientôt la jeune fille se jeta dans le bois par un mouvement brusque, et s'enfuit comme une biche effarouchée.

Cependant Valentin cette fois ne pouvait s'y tromper, et il avait reconnu Natha. Sans interrompre le récit commencé, il dirigea la promenade vers l'allée où venait de se montrer cette singulière créature. Comme cette partie du parc formait une sorte d'impasse, il se croyait sûr de rejoindre bientôt la fugitive.

En effet, au détour de l'allée, il revit Natha, qui, avec un effroi croissant, les regardait venir ; mais comment les éviter? Derrière elle s'élevait la clôture du parc, grande haie de sureaux et d'aubépines; à sa gauche était un fourré impénétrable de houx et de groseilliers épineux; à droite un rocher, haut de cinq ou six pieds, surplombait un sentier étroit qui conduisait à la grotte. La pauvre enfant ne pouvait donc échapper aux promeneurs qu'en passant au milieu d'eux, et c'était là ce qu'elle semblait surtout redouter.

Valentin s'amusait de cette terreur dont il ne devinait pas la cause quand la baronne et Marie aperçurent à leur tour la jeune fille, qui, un pied en l'air, le cou tendu, semblait mesurer du regard l'espace qui les séparait d'elle.

— Eh! c'est ma bonne Natha! — s'écria l'enfant.

— Allons, Natha, petite sauvage, — dit Pauline d'un ton affectueux, — approche donc... Ne t'habitueras-tu jamais à voir du monde?

Natha parut se rassurer un peu. Valentin lui dit à son tour :

— Ah çà! ma belle enfant, est-ce donc moi qui vous fais peur?

La voix de l'officier était douce et caressante; cependant Natha, en l'écoutant, retomba dans ses angoisses. Elle tourna deux ou trois fois sur elle-même, cherchant à fuir de nouveau. Elle était vraiment comme folle et frappée de vertige. Ne trouvant pas d'autre issue, elle saisit une branche de chêne qui pendait à la portée de sa main et sauta du haut de la roche dans le sentier.

Elle avait disparu tout à coup et l'on pouvait croire qu'elle s'était tuée ou du moins grièvement blessée. Aussi la baronne, Valentin et la petite se mirent-ils à courir, s'attendant à la voir brisée au pied du rocher. Il n'en était rien heureusement, et, quand ils arrivèrent, ils la virent s'élancer avec légèreté vers la grotte.

— Bon Dieu! qu'a-t-elle donc aujourd'hui? — dit madame de Champ-Rosay pâle d'inquiétude; — Natha est toujours un peu bizarre, mais je ne l'avais jamais vue ainsi. Serait-ce vous, capitaine, qui l'effrayez à ce point? L'auriez-vous rencontrée déjà?

Valentin, avec un certain embarras, raconta comment, à son arrivée dans le parc, il avait trouvé Natha près de la grotte, comment il l'avait éveillée par un baiser, comment enfin elle s'était échappée sans vouloir répondre un mot à ses questions.

Malgré la sincérité de cet aveu, la baronne dit d'un ton un peu sec :

— J'espère, monsieur de Champ-Rosay, que vous voudrez bien, tant que vous serez à Balme, faire trêve à certaines habitudes galantes et... militaires qui seraient peu goûtées chez moi.

— Chère cousine, je vous assure...

— Passons... Je désire seulement que pareille chose n'arrive plus... Maintenant, cousin Valentin, — poursuivit Pauline en reprenant son accent d'aménité, — quoique votre hardiesse ait été de nature à effaroucher une simple et honnête enfant, je ne comprends rien au trouble extraordinaire de Natha. Tout à l'heure elle a été jusqu'à risquer sa vie pour ne pas se trouver sur votre passage!

— Hum! je ne suis pas habitué à causer tant d'effroi, — dit l'officier avec un grain de fatuité; — et ce trouble ne s'accorde guère avec ce qu'on m'a dit de votre protégée, car on me l'a dépeinte comme une créature paresseuse et somnolente.

— Qui donc vous l'a dépeinte ainsi, capitaine?

— Fanchette, la fille du fermier, que j'ai rencontrée dans le parc un moment après Natha.

— Ah ça! dans l'espace d'une centaine de pas, vous avez donc rencontré toutes les jeunes filles de la maison?... Mais si vous avez questionné cette bonne langue de Fanchette, vous avez dû en entendre de belles sur la pauvre petite. Tous les gens du château et de la ferme là jalousent et débitent sur son compte des histoires à n'en plus finir.

— On prétend qu'elle a employé des sortilèges, la magie, que sais-je? pour capter votre affection.

— Voilà bien une opinion de cette sotte Fanchette. Pour se faire aimer de moi, Natha n'a employé d'autre sortilège que sa douceur, sa faiblesse, son dévouement entier à ma personne... Cependant, je l'avoue, on trouve en elle des bizarreries bien capables de frapper des esprits plus éclairés que ceux de nos fermiers et de nos domestiques. Ainsi les accès de sommeil qu'on lui reproche tant et dont vous avez vu vous-même un exemple sont des symptômes maladifs qui, au dire du docteur, annoncent de graves perturbations dans la santé de la pauvre enfant. Ce sommeil, en effet, est rarement réparateur; il est accompagné d'hallucinations étranges, parfois même de phénomènes qui confondent la raison. La nuit, on est obligé d'enfermer Natha de peur que dans un de ses accès de somnambulisme elle ne s'expose à quelque accident fâcheux. Le jour même, quand elle tombe dans un engourdissement irrésistible, il lui arrive de prononcer tout haut des paroles singulières...

— J'ai entendu quelque chose de pareil, ma cousine, pendant qu'elle dormait là-bas près de la grotte. Elle a parlé haut et j'ai eu l'indélicatesse, j'en conviens, de prêter l'oreille.

— Que disait-elle donc?

— Je ne sais trop; mon indiscrétion a été déçue. Cependant elle avait l'air d'attendre quelqu'un ou quelque chose...

— Eh! qui attendrait-elle, la chère petite? elle ne voit et ne connaît personne. Souvent ses paroles, comme sans doute celles que vous avez entendues, sont uniquement inspirées par un rêve; mais d'autres fois elles se rapportent à des événements passés, présents ou futurs, dont Natha n'avait pu avoir connaissance par aucun moyen.

— Ah! Fanchette m'a dit aussi quelques mots de cela. Ainsi, ma cousine, votre Natha est décidément un peu visionnaire?

— Visionnaire! — répéta Pauline, fort mécontente qu'on traitât ainsi sa protégée; — vos expressions sont dures, monsieur de Champ-Rosay... J'ai voulu dire seulement que Natha était douée à certains moments de perceptions merveilleuses... Et tenez, écoutez ceci, monsieur le railleur :

« C'était pas plus tard qu'aux vendanges dernières. Nos vignes avaient produit beaucoup, et les deux grandes cuves du pressoir étaient pleines de vin en fermentation. Un jour qu'il faisait très chaud, je me trouvais avec Natha dans ma chambre, située à l'opposite du bâtiment qui contient le pressoir. Nous travaillions l'une et l'autre à des ouvrages d'aiguille quand je m'aperçus que Natha s'était endormie sur sa chaise. Comme alors déjà je commençais à avoir des inquiétudes au sujet de ma protégée, je ne voulus pas l'éveiller et je redoublai d'activité pour faire sa tâche et la mienne. Cela durait depuis près d'une heure quand tout à coup Natha, que j'avais oubliée, me dit d'une voix claire et distincte :

» Bonne maîtresse (c'est ainsi qu'elle m'appelle), un malheur est sur le point d'arriver chez vous.

» Je me retournai brusquement et je regardai Natha. Bien qu'elle me parlât, elle continuait de dormir et ses yeux étaient fermés.

» — Que dis-tu, ma fille? — demandai-je toute troublée.

» — Vous croyez que je rêve? — reprit-elle du même ton, — il n'en est rien. Envoyez bien vite au pressoir pour porter secours à Pierre, le valet de chambre de monsieur le baron. Pierre a voulu se désaltérer avec du vin doux, et il ne s'est pas aperçu que, le vigneron ayant fermé les fenêtres et les portes, le gaz mortel qui s'échappe de la vendange en ébullition s'est accumulé dans le cellier. Le pauvre homme est tombé comme foudroyé sans pouvoir pousser un cri. Je le vois couché sur le sol, la tête appuyée contre une cuve. Il n'est pas mort encore, mais il faut se hâter de le tirer de là, car dans quelques minutes il sera trop tard... Allons! vite... vite! il n'y a pas de temps à perdre.

» Sans réfléchir à la singularité de cet avertissement, je m'empressai de sortir et je donnai l'alarme dans le château. On courut au pressoir et on trouva les choses telles que l'avait dit Natha : les fenêtres closes, le gaz méphitique répandu dans tout le cellier et Pierre étendu sans connaissance au pied de la grande cuve... On le secourut, on le sauva. C'est Pierre que vous avez vu ce matin, monsieur de Champ-Rosay, il pourra confirmer mon récit... Et mon mari lui-même, — ajouta la baronne en désignant Léopold qui les rejoignait en ce moment, — va me prêter son témoignage... si toutefois il est d'humeur à y consentir... »

— Ma foi! ma cousine, — reprit l'officier, — jusqu'ici je n'ai pas cru à toutes ces histoires de magnétisme et de somnambulisme dont on remplit les journaux; et si ce n'était vous qui affirmiez un pareil événement... Eh bien! qu'en dis-tu, toi? — poursuivit Valentin en se tournant vers le baron.

— Je ne sais de quoi vous parlez, — répondit évasivement Léopold.

— Vous le savez fort bien au contraire! — s'écria la baronne avec impatience; — mais c'est un parti pris chez vous de contester certains faits qui sont incontestables.

— Ne vous fâchez pas, chère Pauline, — dit Léopold en souriant et en cherchant à lui prendre la main, — je croirai tout ce que vous voudrez.

Mais la baronne se retira brusquement.

— Ce n'est pas ainsi que je l'entends, — reprit-elle; — je vous somme, Léopold, de répondre sans détours : est-il vrai, oui ou non, que Pierre, votre valet de chambre, a été sauvé par une révélation de Natha, révélation accompagnée de circonstances tout à fait inconcevables?

— Allons, je l'avoue; mais...

— Ne dis rien de plus ou je te battrai, — interrompit la baronne en posant sur la bouche de son mari ses jolis doigts qui furent baisés au passage. Pauline rougit, et elle ajouta en s'adressant à Valentin : — Vous voyez, cousin Champ-Rosay, combien j'ai de peine à le faire convenir de choses qu'il sait aussi bien que moi ; mais, en sa qualité d'homme grave, de haut magistrat, il se croit obligé... Tenez, puisque vous êtes ensemble, je vais vous quitter pour me mettre à la recherche de ma pauvre Natha; elle m'inquiète véritablement, et Dieu veuille, monsieur Valentin, que, avant de quitter la maison, vous ne soyez pas témoin de quelqu'un de ces faits merveilleux dont je vous ai parlé!

Elle laissa la petite Marie à la garde de son père, et descendit d'un pas rapide l'allée qu'avait suivie Natha.

Quand elle se fut éloignée, les deux cousins marchèrent un moment côte à côte sans prononcer une parole. Valentin, malgré la légèreté de son caractère, était pensif, et Léopold ne pouvait cacher un certain embarras. L'officier, le premier, rompit le silence.

— Ah çà! Léopold, — dit-il en essayant de reprendre son ton de gaieté ordinaire, — depuis quand ta maison est-elle une officine de prodiges, un temple d'oracles? Depuis quand la grotte de Balme est-elle devenue l'antre de la sibylle? J'ai vu cette petite Natha et je l'ai trouvée fort séduisante ; mais du moment qu'on la présente comme une devineresse, une prophétesse, une voyante... Allons! la, entre hommes, que dois-je penser de tout ceci?

— Penses-en ce que tu voudras.

— Est-ce que la baronne a voulu se moquer de moi?

— La baronne n'a pu te dire que la vérité.

— Ainsi ces révélations, ces prophéties...

— Tout cela est bien réel.

— Mais alors qu'en conclus-tu, toi, homme incrédule?

— Je n'en conclus rien. Certains faits peuvent s'expliquer par le hasard, par un concours de circonstances plus ou moins bizarres, mais d'autres échappent à toute interprétation raisonnable. Je ne nie pas plus les uns que les autres; seulement je m'abstiens de tirer des derniers une déduction qui serait certainement fort hasardée. Laissons donc ce sujet, je te prie.

Et il remit Valentin sur le chapitre de leurs souvenirs de jeunesse.

Cependant la baronne, comme elle l'avait annoncée, s'était mise à la recherche de Natha. Elle parcourait le parc à grands pas, s'attendant à rencontrer la jeune fille au détour de chaque allée, au bout de chaque sentier; mais Natha demeurait invisible. Madame de Champ-Rosay supposa que sa protégée avait regagné le château ; toutefois, avant de se diriger de ce côté, elle crut devoir pousser une reconnaissance dans le voisinage de la grotte.

Au premier aspect, tout lui parut paisible et solitaire, comme d'habitude, autour de la fontaine. Les oiseaux aquatiques jouaient dans la cressonnière, les rossignols et les fauvettes chantaient dans le taillis ; les insectes bourdonnaient, les papillons voltigeaient au soleil, l'eau de la source continuait de s'épancher en nappe de cristal ; mais aucun être humain n'animait ce petit paysage, et personne ne semblait être venu là depuis Valentin. La baronne, sans se laisser décourager par cette solitude apparente, promena lentement les yeux autour d'elle, et elle entrevit dans un fourré de sapins les plis flottants d'une robe, comme si la personne à qui cette robe appartenait se fût tenue cachée au milieu des arbustes. Elle comprit que Natha était là.

— Ah çà! petite sotte, à quel jeu jouons-nous? — s'écria-t-elle d'un ton grondeur où perçaient pourtant encore la bonté et l'indulgence, — pourquoi te caches-tu? Crois-tu que je ne te vois pas?

Le feuillage s'écarta doucement et les yeux noirs de Natha brillèrent entre deux branches de sapin. Elle examina la baronne avec inquiétude et demanda d'une voix étouffée :

— Bonne maîtresse, êtes-vous seule... bien seule?

— Certainement je suis seule... Ah çà! folle, à qui en as-tu donc?

Natha consentit enfin à sortir de sa cachette, mais avec lenteur et d'un pas chancelant, en regardant toujours à droite et à gauche. Elle paraissait épuisée par ses courses frénétiques, ses terreurs insensées. Quand elle fut auprès de Pauline, elle lui dit avec un accent dont rien ne saurait rendre l'anxiété douloureuse:

— Bonne maîtresse, êtes-vous sûre qu'il ne va pas revenir?

— De qui parles-tu? — demanda la baronne avec étonnement.

— De lui... l'officier.

— Tu le connais donc?

— Je ne l'avais jamais vu

— Alors qui t'a dit...?

— On ne m'a rien dit et pourtant... Oh! maîtresse, chère maîtresse, — continua-t-elle avec une détresse toujours croissante et en fondant en larmes, — vous ma protectrice, ma seconde mère, aidez-moi, secourez-moi ! Empêchez-le de me parler, de m'approcher, de me voir même... ou je suis perdue!

Elle s'était jetée au cou de la baronne et elle l'étreignait avec force en poussant des sanglots convulsifs. Pauline était profondément émue elle-même.

— Allons, mon enfant, tranquillise-toi, — lui dit-elle affectueusement; — asseyons-nous là, sous le vieux charme, et causons comme de bonnes amies.— En même temps elle obligea Natha de s'asseoir sur le gazon, et, pour plus de sûreté, elle retint dans ses mains les mains frémissantes de la petite, qui continuait de trembler de tous ses membres. — Ecoute, ma mignonne, — reprit-elle d'un ton caressant, — je sais d'où vient ta colère et je ne vois pas qu'il y ait de quoi faire si grand bruit. Tu dormais tout à l'heure sous cet arbre quand notre parent, le capitaine de Champ-Rosay, a passé, et il t'a éveillée par un baiser. Le procédé est un peu leste, et j'ai engagé le capitaine à mieux respecter ma maison à l'avenir. Mais toi qui es une gentille enfant, sans pruderie et sans affectation, vas-tu donner à la portée de cette étourderie? Valentin de Champ-Rosay n'y reviendra plus, je te le promets, ou sinon...

— Ce n'est pas cela, madame la baronne, ma chère maîtresse, — répondit Natha dans un nouveau transport de douleur: — je ne comprends rien à ce qui se passe en moi, mais je sens que sa présence m'annonce les plus grands malheurs...

— Encore une fois comment le sais-tu ? Tu reconnais toi-même que tu n'as jamais vu le capitaine Champ-Rosay avant aujourd'hui.

— C'est vrai; cependant je suis certaine de ne pas me tromper... Comment je l'ai appris, qui me l'a dit, je l'ignore... Par moments, des images passent devant mes yeux, si nettes et si distinctes... Ne m'interrogez pas, bonne maîtresse, car je serais dans l'impuissance de vous répondre. Seulement, depuis que ce jeune homme s'est montré à moi, je suis bouleversée jusqu'au fond de l'âme. Mon cœur palpite, la tête me tourne, mes tempes se soulèvent et j'ai peur! oh! j'ai peur!... Natha, pauvre Natha, est-ce donc la mort qui vient?

Pauline ne put s'empêcher de frissonner elle-même.

— Veux-tu bien te taire! — reprit-elle; — tu vas me rendre aussi sotte que toi... et tiens... écoute : si la présence du capitaine Champ-Rosay te cause de pareilles souffrances, tu te réfugieras dans ta chambre ou dans la mienne à chacune de ses visites, tu n'en sortiras que lorsqu'il aura quitté le château. D'ailleurs, monsieur Valentin ne saurait venir souvent ici; tu sais en quels termes nous sommes avec son père, et mon mari, ce me semble, lui fait assez froide mine. Rassure-toi donc; on s'arrangera pour que tu n'aies plus aucune occasion de le rencontrer... Et, pour commencer, veux-tu que je te ramène moi-même à la maison?

— Oui, oui, ma chère maîtresse, — répondit Natha en couvrant de baisers convulsifs les mains de Pauline; — partons... Avec vous je ne peux plus rien craindre.

— A la bonne heure! viens donc, chère petite, et quand tu seras bien enfermée dans ta chambre, tu te calmeras, j'en ai la conviction. — La baronne la souleva doucement, et, passant son bras sous celui de Natha, elle l'entraîna vers l'allée des arbres verts qui conduisait au château. Elles étaient parvenues à la moitié de l'allée quand tout à coup Pauline, qui avait recouvré sa sécurité, sentit le bras de sa compagne serrer le sien et Natha demeurer immobile. La baronne leva les yeux et aperçut à vingt pas de là Léopold et le capitaine qui s'avançaient vers elles. Elle leur fit des signes pour les engager à changer de route, mais ils ne la comprirent pas et continuèrent d'avancer. Natha s'était remise à trembler comme la feuille agitée par le vent. Une pâleur mortelle envahissait de nouveau son visage, et ses yeux demeuraient fixés sur Valentin. — Passez, messieurs, laissez-nous! — s'écria la baronne; — cette enfant est souffrante... Ne nous retenez pas.

Mais Valentin, devinant qu'il était la cause du malaise de Natha, ne put résister à la tentation d'adresser à la pauvre fille quelques mots affectueux.

— Mademoiselle, — dit-il sans cesser d'approcher, — vous m'en voulez donc encore? — Natha essaya de répondre, mais il ne sortit de sa bouche que des sons inarticulés. — Allons, faisons la paix et soyons bons amis! — ajouta le capitaine Champ-Rosay doucement.

Et il voulut prendre la main de Natha; mais, au premier contact, la jeune fille poussa un cri et tomba sur le gazon en proie à une violente attaque de nerfs.

Aussitôt la baronne, fort experte, comme on sait, en pareille matière, lui donna les soins les plus assidus; mais rien ne put ranimer Natha.

Cette défaillance, à vrai dire, n'avait pas tardé à prendre un caractère nouveau et tout à fait remarquable. A la suite des spasmes qui avaient d'abord agité ses membres, Natha était restée dans une immobilité absolue. Elle avait la blancheur de l'albâtre et ses yeux étaient clos. Mais on voyait sur ses traits rigides une expression étrange, puissante, presque surnaturelle. Les personnes auxquelles sa figure était la plus familière auraient eu de la peine à la reconnaître en ce moment. Sa figure s'étaient idéalisée; quelque chose rayonnait autour d'elle et lui formait comme une auréole. Elle était si étonnamment belle qu'aucun des assistants, malgré l'inquiétude que causait l'état de la malade, ne put cacher son admiration.

— Voyez, — murmurait la baronne en joignant les mains, — ne dirait-on pas d'un ange endormi?

— C'est à confondre l'imagination, — balbutia Valentin.

— Je ne m'étais pas aperçu jusqu'ici, — dit Léopold à son tour, — combien cette enfant avait la physionomie régulière et expressive.

Mais cette admiration dut faire place bientôt à d'autres sentiments.

— Tous nos soins sont inutiles, — dit la baronne avec tristesse; — il faut la porter à la maison et mander le docteur... Messieurs, courez au château et envoyez-moi mes femmes. Surtout, Léopold, prenez garde que Marie ne se trouve sur notre chemin, car la vue de son amie inanimée pourrait l'impressionner trop fortement... Allons, partez, messieurs, moi je reste ici pour garder Natha. — Léopold et Valentin remontèrent rapidement l'allée; le capitaine Champ-Rosay était fort pâle lui-même et se taisait. La baronne s'assit sur l'herbe à côté de Natha. — Serait-ce là, — dit-elle tout haut comme à elle-même, — le commencement des malheurs que la chère enfant avait prévus?

— Oui, — répliqua une voix faible et d'un timbre tout à fait inconnu à la baronne.

Pauline tressaillit; quoiqu'elle eût cru voir s'agiter légèrement les lèvres de Natha, elle ne pouvait s'imaginer que cette pauvre créature étendue à ses pieds eût été capable de l'entendre et de lui répondre.

VII

LE DINER.

Quelques heures plus tard on se mettait à table dans la vieille salle à manger boisée en chêne du château de Balme. La compagnie, outre les maîtres du logis et le capitaine de Champ-Rosay, se composait, comme nous l'avons dit, des deux Rousselot père et fils, qui venaient d'arriver, ornés de leur habit le plus noir et de leur cravate blanche la plus empesée.

La baronne faisait avec sa grâce habituelle les honneurs du dîner; cependant elle ne pouvait cacher complètement une grande préoccupation. Le médecin n'arrivait pas et Natha n'avait pas encore repris connaissance. Pauline, bourrelée par cette pensée, éprouvait des distractions fréquentes, et de temps en temps elle échangeait tout bas avec le domestique Pierre, qui allait et venait pour le service, des paroles inquiètes.

Peut-être, au fond, le capitaine Valentin n'était-il pas plus tranquille : on le voyait tressaillir chaque fois que la porte s'ouvrait, et souvent ses yeux se fixaient sur madame de Champ-Rosay comme s'il eût voulu l'interroger. Mais soit qu'il eût honte de laisser deviner son anxiété, soit que sa situation délicate chez son cousin ne lui permit pas en ce moment d'être taciturne, il redoublait de gaieté; souvent même il devenait agressif, et les deux Rousselot étaient surtout l'objet de ses plaisanteries.

Charles Rousselot, que nous avons seulement entrevu jusqu'ici, avait toutes les apparences d'un homme fait. Un collier de barbe encadrait sa figure douce; son regard exprimait une certaine fermeté quand il ne le baissait pas vers la terre, et sa haute taille eût dû lui donner de la confiance dans sa vigueur corporelle, sinon dans son énergie morale. D'autre part il avait passé quelques années à Paris, il était avocat; on assurait qu'il possédait des connaissances étendues, et qu'au besoin il faisait preuve d'une belle et solide intelligence. Par malheur, toutes ces qualités se trouvaient subitement annihilées quand il était en présence de son père, qui affectait de le traiter toujours comme un enfant. Si le pauvre Charles, en parlant, laissait l'œil gris du petit vieillard se fixer sur lui, il balbutiait, se troublait et pouvait rarement achever d'exprimer sa pensée; il subissait donc une véritable fascination à laquelle tous ses efforts ne pouvaient le soustraire.

Cependant il avait un appui dans la baronne, protectrice née de tous les opprimés, et habituellement il prenait un peu courage quand Pauline était là pour le soutenir. Mais en ce moment Pauline, rêveuse et distraite, ne songeait pas à lui prêter le secours ordinaire, et le capitaine Valentin, en harcelant sans cesse le père et le fils, redoublait le malaise de Charles. Aussi parlait-il fort peu, et uniquement lorsqu'il y était forcé par une interpellation directe de quelqu'un des assistants.

Le juge de paix, qui se piquait d'érudition sur l'histoire et les anciens usages du pays, tenait donc à peu près seul le dé de la conversation.

— Voilà, madame la baronne, — disait-il en dégustant le blanc d'une volaille que l'on venait de servir, — une poularde qui fait honneur à la basse-cour de Balme aussi bien qu'à notre vieux et bon pays. Savez-vous que la réputation de nos poulardes de Bresse remonte assez haut déjà ? Elle date du prince de Condé, celui qu'on a appelé le grand Condé, qui était seigneur de Cuiseaux. Il prisait fort les poulardes de sa seigneurie, le grand homme! aussi est-ce lui, dit-on, qui a commencé à les mettre en renom.

— La science est une belle chose ! — dit le capitaine Champ-Rosay ; — cette cuisse de volaille me semble meilleure depuis que je sais que le grand Condé avait les mêmes goûts que moi.

— Eh bien ! capitaine, — poursuivit Rousselot, évidemment flatté de ce douteux compliment, — si j'en crois un manuscrit de famille dont l'on m'a donné communication, le grand Condé ne serait pas le premier personnage illustre qui aurait manifesté un goût particulier pour nos volailles bressanes. Déjà le roi Henri IV, qui passa à Cuiseaux en 1594 ou 1595, et qui logea, comme vous savez, dans la maison du baron de Champ-Rosay, votre trisaïeul, avait fait fête, lui aussi, à nos succulentes poulardes ; car, d'après un témoin oculaire, il en mangea trois cuisses et quatre ailes à son dîner.

— Diable ! En ce cas la poularde de ce pays a singulièrement dégénéré ; elle n'a plus autant de cuisses et d'ailes que dans ce bon vieux temps.

— La chronique ne dit pas qu'on n'ait servi au roi qu'une poularde, — répliqua Rousselot avec sa majesté ordinaire. — Mais à ce dîner une circonstance scandalisa toutes les personnes présentes, surtout votre très-honorable trisaïeul : ce fut qu'au dessert le roi, dédaignant les meilleurs crûs du pays qu'on lui offrait à l'envi, envoya prendre dans un de ses fourgons une bouteille de vin de Jurançon et la but lestement à la barbe de ses hôtes. Boire du Jurançon en Bourgogne ! Tous les vignerons de la province en furent indignés... Mais toi, Charles, rappelle-moi donc la date exacte de ce voyage : Etait-ce en 1594 ou 1595 ?... Je crois être sûr que c'était en 1594.

— Une année de plus ou de moins importe peu, mon père, — répliqua Charles ; — mais c'était bien en 1595. Le roi précédait le duc de Guise et le maréchal de Biron, qui...

— Ah ! monsieur, — interrompit Rousselot en fronçant le sourcil, — prétendriez-vous me donner un démenti et une leçon ? Une année de plus ou de moins importe toujours en histoire, sachez-le bien... Et comment osez-vous soutenir que le voyage de Henri IV a eu lieu en 1595, quand j'affirme qu'il a eu lieu une année auparavant ?

— Mon père, — balbutia Charles, — vous aviez exprimé un doute... Pardonnez-moi, je n'avais pas l'intention...

— Il ne manquerait plus que vous eussiez l'intention de m'offenser ! Si je ne tenais compte de votre jeunesse... Mais nous reviendrons sur ce point quand nous serons rentrés chez moi.

— Bon ! — dit la baronne avec impatience, — allez-vous encore malmener votre fils, monsieur Rousselot ? Cette bagatelle ne vaut pas la peine d'être relevée.

— Permettez, ma cousine, — reprit Valentin d'un air sérieux, — je trouve la question fort grave, moi. Et puis que monsieur Charles m'excuse de lui dire ma pensée avec la franchise d'un soldat, mais il est allé peut-être un peu loin envers son digne père. Il a exprimé son opinion avec une hardiesse, une verdeur... Car enfin monsieur Rousselot lui avait posé nettement une question, c'est vrai ; mais était-ce une raison pour y répondre ? Il faut du respect, que diable ! je ne connais que cela.

Le juge de paix semblait prendre pour argent comptant les paroles de l'impitoyable railleur ; mais il n'en fut pas ainsi de Charles Rousselot: Sa longue échine se redressa ; ses yeux, tout à l'heure humblement baissés, lancèrent un éclair.

— Capitaine Champ-Rosay, — dit-il d'un ton ferme, — j'accepte volontiers les remontrances de ceux qui ont autorité sur moi ; mais je ne souffre d'aucune autre personne ni les admonitions ni l'ironie.

Valentin demeurait aussi surpris que s'il eût entendu parler un muet.

— Bien touché ! — s'écria le baron en riant, — tu n'as que ce que tu mérites ; Valentin, tu es taquin comme autrefois !

Le capitaine se tourna vers madame de Champ-Rosay.

— Ah çà ! ma cousine, — reprit-il avec un étonnement affecté, — que parle-t-on de la timidité de monsieur Charles Rousselot? Malgré son extrême jeunesse, il ne demande qu'à aller, ce me semble ! Vrai Dieu ! si j'interprétais sa réponse comme au régiment...

— Vous l'interpréterez à votre guise, monsieur, — interrompit Charles.

— Eh bien ! eh bien ! qu'est ceci ?—s'écria la baronne ; — une querelle chez moi, en ma présence ! A quoi pensez-vous donc, messieurs? Cousin de Champ-Rosay, vous débutez mal à Balme ; et monsieur Charles, de son côté, a eu tort de relever quelques plaisanteries sans importance... Allons, messieurs, pour l'amour de moi, vous oublierez l'un et l'autre ces enfantillages... Est-ce entendu ? est-ce fini, et bien fini ?

Les deux jeunes gens se taisaient.

— Valentin, cerveau brûlé, — dit le vieux Rousselot avec sa gravité majestueuse, — osez-vous bien vous mettre en colère sans mon aveu ? Vous manquez à madame la baronne, vous me manquez à moi-même.

Charles baissa de nouveau la tête en entendant cette voix toujours si respectée, mais il continua de garder le silence.

— Bah ! — dit tout à coup Valentin d'un ton insouciant, — je ne veux pas pour si peu de chose donner de moi une mauvaise opinion à ma chère cousine... Je n'ai ni haine ni colère contre personne ici.

— Et moi je réponds pour cet enfant, — dit le vieux juge de paix avec dignité.

— A la bonne heure, — reprit Pauline ; — ah ! messieurs, pouvez-vous me tourmenter quand j'ai déjà tant d'autres soucis ? — La contestation ainsi terminée, le dîner continua sur de nouveaux frais. Toutefois, Charles Rousselot demeurait sombre et taciturne, quand le domestique vint parler bas à la baronne ; elle se leva. — C'est le médecin, — dit-elle ; — messieurs, excusez-moi un instant... Je veux assister à la visite ; puis, je vous ramènerai sans doute le docteur Philibert, notre ami et le vôtre.

Et elle sortit précipitamment.

Pendant son absence, qui fut assez longue, la conversation devint languissante ; seuls, le juge de paix et Léopold y prenaient part. Le vif et remuant officier se montrait à son tour silencieux, inattentif ; la préoccupation qu'il avait essayé de dissimuler sous un excès de loquacité était visible maintenant, et l'on eût dit qu'il cherchait à écouter les bruits vagues qui s'élevaient parfois à l'autre extrémité de la maison.

Comme le dîner touchait à sa fin, la baronne rentra ; elle était triste, et l'on voyait sur ses joues des traces de larmes. Un homme encore jeune, à figure ouverte et intelligente, l'accompagnait. Il portait un costume demi-bourgeois, demi-campagnard : longue redingote et chapeau à larges bords couvrant un front déjà chauve. C'était le docteur Philibert, le médecin du pays.

Léopold et les deux Rousselot vinrent lui serrer la main.

Quant à Valentin de Champ-Rosay, après avoir adressé à Philibert une salutation polie, il promena anxieusement son regard de la figure du médecin à celle de la baronne.

— Eh bien! docteur, — demanda Léopold, — que pensez-vous de la petite malade? Je vois à la mine de ma chère Pauline que vous n'avez rien de bon à nous annoncer.

— En effet, monsieur le baron, — répliqua Philibert en s'asseyant; — les perturbations singulières qui jusqu'ici se sont manifestées d'une manière vague chez mademoiselle Natha, et que je considérais comme des cas de magnétisme et de somnambulisme naturels, viennent de prendre une forme nouvelle et plus accentuée.

— Et quelle est la maladie nouvelle que vous avez reconnue, docteur?

— Je serais assez embarrassé pour lui donner un nom, car elle présente les symptômes de plusieurs affections différentes. L'immobilité et l'insensibilité absolues de la jeune fille permettraient de penser qu'il s'agit d'une *catalepsie;* mais la faculté de parler, que mademoiselle Natha conserve pendant l'accès, et d'autres signes psychiques, caractérisent la rare et mystérieuse maladie que l'on appelle *l'extase.* C'était la maladie de sainte Thérèse, de Jeanne Darc, de madame de Chantal, de madame Guyon, de mademoiselle Cadière et d'une foule d'autres femmes célèbres. Aussi doit-on s'attendre à voir se multiplier ici les faits bizarres d'exaltation spirituelle, de double vue, d'intuition magnétique dont le *sujet* a fourni déjà des exemples, quoique d'une manière incomplète et à des intervalles irréguliers.

— Et l'extase, — demanda le capitaine Valentin, — est-elle une maladie dangereuse, monsieur le docteur?

— J'avouerai que, dans l'état actuel de la science, nous ne pouvons pas grand'chose pour la guérir, car elle a surtout des causes morales. Cependant l'extase, qui attaque plus spécialement les femmes, et qui parfois même prend chez elles un caractère épidémique, comme on l'a constaté dans certains couvents de Suède, de Suisse, et parmi les jeunes filles convulsionnaires de Paris, ne semble pas abréger la vie de celles qui en sont atteintes. Madame de Chantal a vécu soixante-dix ans, madame Guyon soixante-neuf, sainte Thérèse soixante-sept, malgré les macérations ascétiques. Si donc aucune affection nouvelle ne venait compliquer la première, si les crises de mademoiselle Natha n'étaient ni trop fortes ni trop rapprochées...

— Ah! docteur, — interrompit la baronne en sanglotant, — cette chère enfant ne vous a-t-elle pas dit tout à l'heure que ses jours étaient comptés?

— Permettez-moi, madame, — répliqua Philibert avec un sourire, — de m'en rapporter plutôt à mon expérience médicale qu'aux affirmations de la malade elle-même. Attendez-vous à ce que mademoiselle Natha, quand elle sera en état d'extase, affirmera certaines choses avec une énergie extrême; mais n'accordez pas une confiance trop absolue à ses affirmations, je vous en avertis.

— Il est certain, — dit le vieux Rousselot, — qu'on n'a jamais voulu admettre en justice le témoignage des somnambules.

— Et, en ce qui concerne cette pauvre fille, — reprit le baron, — si quelquefois elle nous a annoncé les événements réels, souvent aussi elle s'est livrée à des divagations dépourvues de sens.

— Cependant, messieurs, — dit Pauline avec vivacité, — tout à l'heure Natha, qui est couchée sans mouvement à l'autre extrémité du château, voyait distinctement ce qui se passait au milieu de vous. Elle nous a annoncé qu'une querelle avait éclaté entre deux jeunes gens, et que l'un d'eux conservait contre l'autre une violente rancune.

Charles Rousselot et le capitaine se regardèrent.

— Elle parle donc? — demanda Valentin.

— Oui, — répliqua le docteur, — et elle est ce qu'un certain jargon moderne appelle *lucide.* Quant à nous,

dans les maladies de ce genre, où les sens et les facultés intellectuelles paraissent sortir de leurs fonctions ordinaires, nous devons nous déclarer incompétents. En dehors des symptômes purement physiques, nous ne saurions plus rien affirmer.

— Si la science retire ainsi son épingle du jeu, — reprit le baron, — qui nous apprendra ce que nous avons à faire et à penser?... Cependant je parie que déjà ces messieurs grillent d'envie de voir Natha, de lui adresser des questions sur le passé, le présent et l'avenir.

— Vraiment, Léopold, — dit le capitaine, — si l'on pouvait sans inconvénient pour elle...

— Hum! — ajouta le vieux Rousselot, — quoique je ne croie guère aux prodiges, je ne serais pas fâché de vérifier par moi-même l'exactitude de certaines assertions.

— Non, non, messieurs, — s'écria la baronne en pleurant toujours, — je ne donnerai pas en spectacle, à la suite d'un dîner, cette pauvre et innocente créature. Son mal est beaucoup plus dangereux qu'on ne le suppose... Ne m'a-t-elle pas dit tout à l'heure qu'elle en mourrait?

— Encore une fois, madame la baronne, — reprit le docteur Philibert, — mademoiselle Natha n'est pas bon juge en pareille matière; j'ai confiance dans les ressources de mon art, dans les efforts d'une riche et vigoureuse nature pour réagir contre le mal. Quant à visiter la malade en ce moment, comme ces messieurs paraissent le souhaiter, je n'y vois pour ma part aucune difficulté ni aucun danger. La science, comme la curiosité, peut trouver son compte à certaines épreuves.

La baronne voulut encore résister, mais monsieur de Champ Rosay se mit à lui parler bas, et sans doute il fut bien persuasif, car Pauline finit par dire en soupirant:

— Soit, Léopold, puisque vous le tenez. Aussi bien votre incrédulité à propos de certaines choses mérite une leçon... Je vais donc vous conduire à la chambre de Natha.

— Allons, partons vite, — dit Valentin en se levant brusquement.

Le baron lui-même laissait voir une vive curiosité, tandis que le petit vieux juge de paix cachait son impatience réelle sous un redoublement de gravité majestueuse. Comme l'on sortait de la salle à manger, Léopold dit à Charles Rousselot, qui restait en arrière:

— Eh bien! Charles, ne souhaitez-vous pas aussi interroger Natha sur le passé ou sur l'avenir?

— Non, non, — répliqua Charles avec une espèce d'effroi. Il ajouta les yeux baissés: — Si madame la baronne et mon père y consentent, je préfère me promener dans le parc en attendant leur retour.

— Je permets, — répliqua le juge de paix.

— A votre aise, monsieur Charles, — dit Pauline distraitement.

Dans le vestibule, le jeune Rousselot, au moment de se séparer du reste de la compagnie, se trouva, soit par hasard, soit à dessein, auprès de Valentin de Champ-Rosay.

— Capitaine, — lui dit-il à voix basse, — puis-je espérer qu'avant de quitter Balme vous voudrez bien m'accorder cinq minutes de conversation particulière?

— Très-volontiers, monsieur, — répondit l'officier de même.

Ils se saluèrent, puis Charles s'empressa de gagner le parc, tandis que Valentin montait, avec les autres visiteurs de Natha, le grand escalier du château.

VIII

L'EXTASE.

A mesure que l'on approchait de la chambre où se trouvait la malade, on éprouvait une impression qui ressemblait à du recueillement. Il ne s'agissait pas en effet d'une de ces somnambules de profession que le curieux n'aborde pas sans une défiance souvent fort légitime, mais d'une simple et douce jeune fille qui n'avait pas même l'idée d'une supercherie en pareille matière, et qui, sans le savoir, offrait l'exemple d'une des plus étonnantes affections dont l'espèce humaine puisse être atteinte.

La chambre de Natha était proprette et comfortable, comme il convenait pour la protégée de la baronne de Champ-Rosay. Des rideaux de calicot blanc, tirés devant les fenêtres, n'y laissaient pénétrer qu'un demi-jour. D'autres rideaux de même étoffe se drapaient autour du petit lit virginal, et un crucifix d'ivoire était suspendu au fond de l'alcôve. Des vases de fleurs ornaient la commode et la cheminée. Deux petits oiseaux, un bouvreuil rouge et un chardonneret, les favoris de Natha, sautillaient dans une cage, auprès d'une fenêtre. Sur la table étaient déposés des livres empruntés à la bibliothèque du château et plusieurs broderies commencées.

Natha était tout habillée sur son lit. Un léger couvre-pieds enveloppait la partie inférieure de son corps; la tête et le buste reposaient sur un oreiller; elle ne semblait pas avoir fait un mouvement depuis qu'on l'avait transportée dans sa chambre.

Elle n'annonça non plus par aucun signe qu'elle eût remarqué la présence de ses nombreux visiteurs. La baronne congédia la femme de chambre Adèle, qui gardait la malade, et vint s'asseoir sur un fauteuil à la tête du lit, pendant que le docteur Philibert consultait le pouls de Natha. Les autres s'assirent en silence autour de l'alcôve.

— Eh bien! docteur? — demanda Pauline à voix basse.

— Toujours le même état, — répondit le médecin.

— Et vous ne pouvez expliquer...

— Rien. Je sais que la sensibilité est complétement supprimée en ce moment, vous pourriez tailleder la malade sans qu'elle eût l'air de s'en apercevoir; je sais que la circulation... Mais cela vous importe peu; ce sont d'autres phénomènes qui vous occupent.

— Et cet accès doit-il être de longue durée?

— Je l'ignore; il peut cesser d'un moment à l'autre ou persister pendant vingt-quatre heures, et même pendant plusieurs jours. Dans tous les cas, je suis frappé d'impuissance et il faut laisser agir la nature.

En même temps, le docteur alla s'asseoir dans un coin de la chambre.

Personne n'osait rompre le silence. Tous les yeux étaient attachés sur la figure blanche et impassible de Natha. Enfin Pauline se pencha vers elle:

— Petite, — dit-elle affectueusement, — m'entends-tu?

— Oui, chère et bien-aimée maîtresse, — répondit aussitôt la jeune fille avec cet accent particulier, mais doux et harmonieux, dont nous avons parlé déjà.

— Souffres-tu?

— Aucunement; mais je regrette de vous affliger, car je vois combien vous regretterez votre pauvre Natha... Que pouvons-nous contre les décrets de Dieu?

— Laissons cela; tu t'es trompée, j'en suis sûre... Sais-tu où tu es en ce moment et quelles sont les personnes qui t'entourent?

— Oui... Il est là, il me regarde, il m'écoute, et peut-être...

Elle se tut tout à tout.

— De qui parles-tu donc, Natha? — demanda la baronne.

— Il est là, vous dis-je, — poursuivit la jeune fille, — et ses pensées me font peur... Ah! il a beau être fort, courageux, railleur, ami du plaisir et du bruit, quand le moment viendra, il se montrera faible comme un enfant.

Ces paroles étaient trop obscures pour être comprises; néanmoins personne n'osa en demander l'explication.

On n'entendit pendant quelques instants dans la chambre que le bourdonnement des moucherons et les oiseaux qui sautillaient dans leur cage.

Léopold dit à l'oreille du vieux Rousselot:

— Eh bien! et la question que vous vouliez poser à Natha?

— J'y songe, — répliqua le juge de paix de même; — mais il s'agit de votre procès, et je ne sais si je dois, en présence de monsieur Valentin...

— Valentin, je vous le répète, ne partage pas les vues de son père, et il est digne de toute ma confiance.

— Allons, puisque vous le désirez, véritablement je ne suis pas fâché, pour mon compte, de tenter l'épreuve. — Puis, se tournant vers la malade, il reprit tout haut: — Mademoiselle, vous savez peut-être qu'il existe entre monsieur le baron de Champ-Rosay, ici présent, et monsieur le chevalier de Champ-Rosay, son oncle, un procès qui a pour objet la propriété de la terre et du château de Balme. Les droits de monsieur le baron sont clairs et indubitables, mais à la condition que l'on retrouvera un certain titre de famille qui les établira sans conteste devant la justice. Pouvez-vous me dire si ce titre existe encore, et, s'il existe, où il faut le chercher?

Tout le monde était attentif; mais Natha se taisait.

— Parlez-lui, Pauline, — dit Léopold à la baronne; — elle vous répondra sans doute plus volontiers qu'à nous.

La baronne répéta donc la question du vieux Rousselot et elle ajouta:

— Tu vois, chère Natha, qu'il s'agit pour nous d'un intérêt capital, et le capitaine Valentin, aussi bien que mon mari, désire loyalement être éclairé sur nos droits respectifs. Peux-tu nous fournir quelques renseignements au sujet de cette affaire?

Natha tarda encore à répondre; puis elle répliqua distinctement:

— Oui, je le peux.

— Quoi? — demanda madame de Champ-Rosay, — tu sais où est ce papier précieux?

— Attendez... je le cherche — dit Natha en scindant ses phrases comme si chacune de ses paroles eût été accompagnée de l'action qu'elles exprimaient; — ah! le voici enfin... c'est un parchemin confondu avec un grand nombre d'autres papiers... Je voudrais le lire; mais l'endroit où il se trouve est noir, humide et froid!... Je vais essayer pourtant... Les caractères sont anciens et criblés d'abréviations de chancellerie; cependant je vois que cet acte est une charte royale qui constitue Balme en fief noble, successif de mâle en mâle dans la famille de Champ-Rosay, par ordre de primogéniture. Il est concédé par le roi Louis XIV à Urbain Ier de Champ-Rosay, et il commence ainsi: « Louis, par la » grâce de Dieu, roi de France et de Navarre, savoir fai- » sons par ces présentes.... » J'ai peine à lire certains passages altérés par l'humidité; mais le parchemin est scellé du grand sceau de l'État et du sceau de l'archevêque de Lyon.

Rien ne saurait rendre la stupéfaction des assistants en écoutant Natha.

— C'est bien cela, — murmura Léopold.

— Et vous n'avez jamais parlé devant cette jeune fille, — demanda Rousselot, — de l'acte qu'elle vient de décrire avec tant de netteté?

— Jamais je n'en ai dit un mot à personne ici... même à la baronne.

Pauline, sans montrer la même surprise, poursuivit d'une voix un peu tremblante :

— Eh bien ! Natha, où se trouve ce parchemin ?

— Dans une grande et vieille maison située non loin d'ici, — répondit la jeune fille avec lenteur. — La construction de ce bâtiment remonte au temps du roi Louis XI, bien que l'architecture primitive ait été défigurée par des additions et des réparations moins anciennes. Plusieurs pièces sont voûtées, les fenêtres sont à meneaux croisés, et les immenses cheminées de pierre portent, sculptées sur leur manteau, les armoiries d'une noble famille.

— Mais c'est notre maison de Cuiseaux qu'elle nous décrit là ! — interrompit le capitaine Champ-Rosay ; — c'est la maison que mon père occupe encore aujourd'hui. Mademoiselle Natha y est entré sans doute ?

— Non pas, que je sache, — répliqua la baronne.— Depuis que Natha est à Balme, nous n'avons pas été en assez bons termes avec le chevalier de Champ-Rosay pour qu'une personne de notre maison osât pénétrer chez lui... Mais de grâce ! monsieur Valentin, permettez-nous d'achever. — L'officier s'inclina et redevint attentif. En entendant la voix de Valentin, qui paraissait exercer sur elle une vive impression, Natha s'était tue brusquement. Pauline reprit après une courte pause : — Nous connaissons la maison dont tu veux parler, mon enfant ; mais continue... Quelqu'un sait-il l'existence de ce papier ?

— Personne ; celui qui l'a caché à la place où je vois est mort en pays étranger depuis longtemps ; écoutez-moi donc : Après avoir traversé la cour de cette vieille demeure, on monte un escalier tournant qui conduit au premier étage ; on entre dans une vaste pièce, aux fenêtres coupées en croix, et dont la cheminée béante a douze pieds de large. A l'extrémité de cette espèce de vestibule, on monte encore trois marches et on se trouve dans une salle plus grande que la première, dont les murs sont recouverts de tapisseries à personnages. Enfin, cette salle franchie, on entre dans une troisième, qui a été jadis la chapelle de la maison, mais qui sert aujourd'hui de chambre à coucher...

— C'est la chambre de mon père, — murmure encore Valentin.

Mais cette observation ne fut pas entendue.

— Cette chambre, — poursuivit Natha, — est aussi tendue en tapisseries de haute lisse ; mais si, dans l'enfoncement qui sert aujourd'hui d'alcôve, à l'endroit où est suspendu un grand christ de bronze, on soulève la draperie, on reconnaîtra sans peine que, dans la muraille blanchie à la chaux se dessine le cintre d'une porte murée depuis bien des années. C'est cette bâtisse de la porte qu'il s'agit de démolir, et comme elle n'a pas beaucoup d'épaisseur, un ouvrier en viendra facilement à bout.

La malade s'arrêta, comme pour prendre un moment de repos.

— Eh bien ! chère Natha, — reprit la baronne, — supposons cette bâtisse démolie, où se trouve-t-on ?

— A l'entrée des prisons et des souterrains de cette ancienne habitation féodale... La porte franchie, on rencontre un escalier, en colimaçon comme le premier, mais qui paraît s'enfoncer dans les entrailles de la terre. Il est noir, humide, les degrés en sont rongés par le salpêtre. Quand on a descendu vingt marches, on aperçoit, à gauche, une petite porte en chêne bardée de fer. Elle cèdera au moindre effort, car le bois est pourri et les ferrures sont corrodées par la rouille ; alors on pénétrera dans un caveau situé précisément au-dessous de l'ancienne chapelle. Un coffre vermoulu occupe un coin de ce réduit, et contient le titre qui doit assurer à monsieur le baron la propriété de Balme.

Natha se tut, et les assistants, qui avaient écouté, retenant leur haleine, se regardèrent avec un étonnement mêlé d'un véritable effroi. Nul n'osait exprimer une opinion.

— Sur mon âme ! — reprit enfin le vieux Rousselot à demi-voix, — si tout ce qu'on vient de dire était exact (et il est facile de s'en assurer), ce serait à douter de sa propre raison.

— Tout se trouvera exact, monsieur Rousselot, — répliqua la baronne, — oui, tout se trouvera exact ; je m'en porte garante, si l'on fait les recherches indiquées par Natha.

— Et elles se feront, je vous l'affirme, — dit Valentin avec énergie.

— Bah ! crois-tu, — demanda le baron, — que ton père consente à se déranger et à bouleverser sa maison uniquement dans le but de découvrir un titre qui mettrait à néant ses prétentions obstinées sur les terres et le château de Balme ?

— Il y consentira, Léopold, quand je devrais... Mais il importe de s'assurer si mademoiselle Natha est bien ferme dans ses affirmations, afin de nous épargner des démarches inutiles.

La baronne, de son côté, n'était pas fâchée de continuer ses questions ; malgré son amitié pour sa protégée, elle avait le goût du merveilleux, comme toutes les femmes, et une ardente curiosité s'était emparée d'elle.

— Eh bien ! Natha, — reprit-elle, — j'ai entendu dire souvent qu'il existait des souterrains immenses sous la maison de Cuiseaux, qui appartient encore aujourd'hui à des membres de la famille de Champ-Rosay ; cette supposition est-elle fondée ?

— Oui ; mais au delà du réduit dont j'ai parlé l'escalier et la galerie sont obstrués par des éboulements considérables.

— Ne pourrais-tu traverser ces éboulements et nous dire ce qu'il y a de l'autre côté ?

— Je vais essayer (1).

Natha se tut encore pendant quelques secondes ; tout à coup elle poussa un cri si déchirant, si plein d'épouvante, que tous ceux qui l'entendirent en furent émus jusqu'au fond de l'âme. Elle conservait son immobilité absolue ; aucun des muscles de son visage ne bougeait ; cependant ses traits exprimaient une indicible angoisse.

— Qu'est-ce donc, chère Natha ? — demanda Pauline.

— Bonne maîtresse, — balbutia la jeune fille d'une voix haletante, — n'exigez pas que j'entre dans le caveau auquel aboutit la galerie. Il a été autrefois le théâtre de crimes horribles dont le récit ferait dresser les cheveux sur la tête... Les restes de plusieurs malheureux qui y furent enfermés gisent encore sur le sol, privés de sépulture, et leurs âmes sont errantes dans ce lieu funèbre, en attendant le moment de leur rédemption.

Il n'y avait pas à se tromper sur la réalité des souffrances de Natha. Cependant Léopold et le juge de paix n'en parurent nullement touchés.

— Hum ! — murmura le voltairien Rousselot, — des âmes en peine... voilà qui gâte tout !

— Décidément elle rêve, — ajouta le baron.

En revanche, Pauline et Valentin étaient tout absorbés par l'intérêt puissant de cette scène. La curiosité croissante de la baronne dominait tous ses autres sentiments et imposait maintenant silence à ses scrupules.

— Natha, — reprit-elle, — que vois-tu dans ce caveau ? Je veux le savoir.

— Non, non, ma bonne maîtresse ; ne me forcez pas d'entrer là... Ce serait tenter Dieu ! Je ne pourrai jamais... Ma généreuse protectrice, ayez pitié de moi !

— Eh bien ! — s'écria Valentin en intervenant presque à son insu dans cette étrange contestation, — pourquo

---

(1) Nous devons prévenir le lecteur que certains faits de cette histoire sont vrais en beaucoup de points. C'est à une jeune fille en état d'extase que l'on doit des découvertes fort singulières opérées dans une vieille maison de Cuiseaux, et dont se sont occupés les journaux du temps. Nous avons reproduit avec exactitude plusieurs détails qui nous ont été transmis par des témoins oculaires dignes de toute notre confiance.

E. B.

mademoiselle Natha ne traverserait-elle pas sans s'y arrêter l'endroit qui lui semble si redoutable ?

La jeune fille hésita un peu.

— Allons ! reprit-elle enfin : *il* le désire, *elle* le commande... je vais essayer. — Après une nouvelle pause, elle poussa encore un cri, mais cette fois il exprimait une grande joie. — J'ai passé, — dit-elle.

— Où es-tu maintenant, Natha ? — demanda la baronne.

— Dans un caveau voisin du *caveau des morts* ; il est plus vaste, mieux conservé... Oh ! que de richesses !— poursuivit-elle avec l'accent de l'admiration ; — le temps et l'humidité ont détruit les sacs, des pièces d'or et d'argent couvrent le sol... Il y a des ornements d'église, des candélabres d'argent, des croix enrichies de pierreries... puis de la vaisselle d'argent, des vases précieux... Un pareil trésor est-il perdu pour les hommes ?

— Bon ! le trésor obligé à présent ! — murmura l'incrédule Rousselot ; — les somnambules ne manquent jamais de faire de pareilles découvertes.

Mais on ne l'écoutait pas.

— Et sait-on, — reprit Pauline, — d'où proviennent ces richesses ?

— Oui. Dans ce temps-là tout le pays était désolé par des guerres affreuses. Le gouverneur de Cuiseaux, voyant des Espagnols nombreux et féroces menacer la ville, leur avait fait fermer les portes ; mais les habitants, trompés par les prédications artificieuses d'un capucin, obligèrent le gouverneur, qui était un sire de Champ-Rosay, à ne tenter aucune résistance. Toutefois, comme certains d'entre eux se défiaient des Espagnols, ils apportèrent leurs effets les plus précieux au gouverneur, avec prière de les leur garder jusqu'après le départ de l'ennemi, et plusieurs couvents et églises de la ville les imitèrent. Bien leur en prit, car le chef des Espagnols, après avoir été admis à Cuiseaux, ne tint pas sa parole ; il se mit à piller, à rançonner les habitants. Monsieur de Champ-Rosay aima mieux se laisser massacrer par les impériaux que d'avouer où il avait caché les trésors à lui confiés; et depuis lors ces richesses sont restées dans le caveau dont on avait muré la porte.

Le vieux Rousselot, si sceptique et si dénigrant tout à l'heure, recouvra subitement son enthousiasme.

— Je dois reconnaître que ce récit concorde parfaitement avec l'histoire, — s'écria-t-il ; — cette occupation de Cuiseaux par les Espagnols remonte à l'année 1636. Le chef des impériaux était le baron de Glinchant, accompagné du capitaine Lacuson et de son lieutenant Pille-Muguet, les deux terribles partisans qui plus tard ravagèrent tout le canton. On suppose même que le capucin qui détermina les bourgeois à faire cette folie, en dépit de leur brave gouverneur monsieur de Champ-Rosay, était Pille-Muguet lui-même, qui avait endossé le froc pour leur jouer ce méchant tour... Aussi ai-je souvenir que, dans mon enfance, quand on faisait la prière du soir, on ne manquait jamais d'ajouter aux litanies : « De Lacuson et de Pille-Muguet délivrez-nous, Seigneur ! » Quoiqu'il en soit, je ne puis m'expliquer comment cette jeune fille a pu apprendre des événements historiques connus seulement des hommes spéciaux, et je reviens à croire qu'il y a dans tout ceci quelque chose d'incompréhensible.

Cette opinion paraissait être l'opinion commune ; Valentin surtout était profondément rêveur, et ses yeux ne quittaient pas la blanche et poétique figure de Natha.

— Il y a un moyen bien simple de s'assurer si ces assertions sont exactes, — reprit le baron, — c'est d'obtenir de mon oncle que l'on opère immédiatement les recherches chez lui. Pour ma part, je contribuerais volontiers à la dépense que ces recherches occasionneront, car j'ai un violent désir de savoir à quoi m'en tenir sur ces incroyables récits.

— Tu n'auras pas besoin de contribuer, Léopold, — dit le capitaine Champ-Rosay avec chaleur ; — mon père consentira sans difficulté à tout ce que nous voudrons. Quand je devrais moi-même m'armer d'une pioche, dès demain les travaux commenceront dans notre demeure de Cuiseaux. Cependant je désirerais que la chère baronne pût demander encore...

— Chut ! — fit le docteur Philibert en se levant et en s'approchant de Natha. Un changement remarquable se manifestait dans la malade. Le visage perdait son expression extatique, les muscles n'avaient plus la rigidité du marbre. Des spasmes légers soulevaient sa poitrine et elle éprouvait des bâillements convulsifs. — Vous n'obtiendrez plus rien d'elle aujourd'hui, — dit le médecin ; — la crise va finir, j'en ai la certitude.

— Nous avons peut-être déjà poussé trop loin nos expériences, — répliqua Pauline un peu confuse ; — on se laisse aller et l'on devient cruel... Chère enfant, — ajouta-t-elle en se penchant vers Natha et en lui donnant un baiser sur le front, — pardonne-moi !

Natha ne répondit pas ; elle continuait de s'agiter faiblement. La souplesse et la chaleur commençaient à revenir dans ses membres, et une teinte rosée reparaissait sur ses joues.

Tout le monde quitta la chambre en laissant la malade à la garde d'Adèle. Du reste, le docteur avait annoncé que Natha allait probablement tomber dans un sommeil profond et réparateur à la suite de l'accès, et on apprit bientôt que ces prévisions s'étaient réalisées.

Quand on fut rentré au salon, on s'entretint encore avec intérêt des choses étonnantes que l'on venait d'entendre.

La baronne et Valentin ne doutaient nullement que Natha n'eût dit vrai; Rousselot lui-même, sans avoir une certitude aussi complète, était fort ébranlé ; « car, » disait-il, » si cette jeune fille connaît si bien la teneur et la forme d'un vieux titre qu'elle n'a jamais vu, si elle expose si nettement l'histoire qu'elle n'a jamais apprise, on est en droit de supposer que ses merveilleuses assertions, vraies déjà sur plusieurs points, sont vraies de même sur tous les autres.

Léopold seul montrait quelque incrédulité.

— On me permettra d'attendre l'événement pour me former une opinion sur tout ceci, — conclut-il. — En définitive, Natha, qui est la lectrice de ma femme et qui lit beaucoup pour son compte personnel, a fort bien pu, en rôdant dans la bibliothèque, découvrir quelque histoire de la province, et essayer de déchiffrer quelques vieux titres semblables à celui qu'elle a dépeint. De plus, elle a pu entendre conter, soit par nous, soit par de vieux serviteurs, soit même par des gens de ce pays où nous sommes si connus, certaines circonstances concernant notre famille. Tous ces éléments, en se combinant dans son esprit, ont produit peut-être une série de rêves... Je n'affirme rien ; mais, encore une fois, je crois bon d'attendre jusqu'à plus ample informé.

— Autrement dit, — répliqua la baronne avec ironie, — vous agirez à la manière de saint Thomas et vous croirez seulement quand vous aurez vu... Mais que pense le docteur Philibert ?

— Je pense, — répondit le médecin en se levant pour se retirer, — que le diagnostic de l'extase est parfaitement indiqué ; et, après une seconde crise, j'écrirai à mon ancien professeur à l'école de médecine, le célèbre X..., pour le consulter sur un cas aussi intéressant et aussi curieux.

— Du moins, docteur, nous ne négligerez pas cette pauvre Natha, n'est-ce pas ? vous viendrez la visiter souvent ?

— Tous les jours, et plutôt deux fois qu'une. Ne m'en sachez pas trop de gré, madame la baronne ; les maladies de ce genre sont de véritables bonnes fortunes pour les médecins, et je veux étudier celle-ci avec un soin particulier.

Il indiqua rapidement le régime à suivre et partit.

Le soir approchait ; Valentin et le juge de paix se disposèrent à se retirer aussi ; mais quand on chercha

Charles Rousselot, qui devait accompagner son père à Gouzance, Charles ne se retrouva pas.

— Où peut-il être? — dit le vieux Rousselot avec colère; — aurait-il eu l'audace de partir sans moi? Si cela était... Vous le voyez, madame la baronne, j'ai été trop bon, trop indulgent pour cet enfant, et il s'habitue à me manquer de respect... Mais cette fois je sévirai... Oui, je sévirai, je vous le jure!

Pendant que le vieillard exhalait ainsi sa mauvaise humeur, on était sorti du château et Pierre venait d'amener le cheval de Valentin. Le jeune officier, avant de se mettre en selle, s'approcha du baron et de la baronne.

— Mon cousin, ma chère cousine, — dit-il avec un accent de cordialité, — votre accueil a été plus amical que je n'étais en droit de l'attendre eu égard à nos dissensions de famille, et je vous en remercie. Il ne tiendra pas à moi que les légers nuages qui existent encore entre vous et mon père ne soient promptement dissipés. Je vais y travailler, et, si Natha ne s'est pas trompée, demain le titre qui est cause de ce malentendu sera en votre possession.

Il pressa la main de Léopold, déposa un baiser sur celle de Pauline, et embrassa la petite Marie, qui lui dit au moment où il partait:

— Mon cousin l'officier, n'oublie pas ma poupée à cheval!

Tout absorbé par les choses singulières qu'il avait vues et entendues au château de Balme, Valentin avait tout à fait oublié le rendez-vous pris avec Charles Rousselot. Il venait de s'engager dans l'avenue et se proposait de parcourir rapidement les trois ou quatre kilomètres qui le séparaient de la ville; mais comme il allait passer la barrière qui marquait l'entrée de l'avenue, un homme se dressa tout à coup devant lui et dit en le saluant avec politesse:

— Pour des motifs que vous comprendrez, capitaine de Champ-Rosay, je suis venu vous attendre à cette place, hors de l'enceinte de la maison hospitalière où nous nous trouvions tout à l'heure l'un et l'autre.

L'officier reconnut alors Charles Rousselot. Mais telle était sa préoccupation, qu'il ne songea pas encore à la contestation survenue entre eux pendant le dîner, et il répliqua:

— Ah! monsieur Charles, pourquoi ne nous avez-vous pas accompagnés dans la chambre de mademoiselle Natha? nous avons été témoins de choses si extraordinaires, si merveilleuses...!

— Le merveilleux n'a pas de charmes pour moi, — répondit Charles mélancoliquement, — et la réalité me semble bien assez douloureuse, assez poignante... Mais pardon, monsieur, la conversation entre un cavalier et un piéton présente certaines difficultés; surtout, — ajouta-t-il en baissant la voix, — quand on tient à ne pas être entendu par les passants.

— C'est juste, — dit le capitaine, qui se souvint enfin de quoi il s'agissait. Il sauta lestement à bas de son cheval, enroula la bride autour du poteau de la barrière, et attendit que son interlocuteur s'expliquât. Mais Charles était devenu rêveur et se taisait. Après un moment d'attente, Valentin reprit avec un peu de brusquerie: — Je suis pressé, monsieur; d'autre part, je dois vous prévenir que votre père vous cherchait tout à l'heure et se montrait fort irrité de votre absence. Je vous engage donc, dans votre intérêt même, à me faire connaître au plus vite...

— M'y voici, monsieur, — répliqua Charles en relevant la tête. — C'est précisément au sujet de mon père que j'ai désiré avoir un entretien avec vous, capitaine de Champ-Rosay; vous vous êtes exprimé aujourd'hui en sa présence avec une malveillance, une ironie, que je pourrais considérer comme une insulte et pour lui et pour moi.

Cette ouverture ne produisit pas sur le bouillant officier l'effet qu'on devait en attendre.

— Voilà donc, — reprit-il avec réflexion, — ce que voulait dire Natha en affirmant que l'un de nous conservait une violente rancune contre l'autre! Je croyais, — poursuivit-il d'un ton différent, — que, grâce à l'intervention de ma cousine, la baronne de Champ-Rosay, tout était fini concernant cette affaire; mais puisqu'il n'en est pas ainsi, voyons, monsieur Rousselot, que souhaitez-vous de moi?

— Je vous le répète? j'ai vu une intention offensante dans les propos que vous avez tenus à table aujourd'hui, et, si vous n'êtes pas disposé à les rétracter....

— Eh bien?

— Eh bien! dans ce cas, monsieur, je vous prierai de me nommer ceux de vos amis qui règleront avec les miens les conditions d'une rencontre.

Valentin était stupéfait; cependant il y avait dans le ton et les manières de Charles quelque chose de ferme et de triste à la fois qui piquait sa curiosité.

— Tenez, — monsieur Rousselot, — reprit-il tranquillement, — je suis capitaine de lanciers, je me suis battu plus de vingt fois, soit en duel, soit contre les ennemis du pays, et nul ne saurait me soupçonner de couardise... Je puis donc avouer que j'aurais une extrême répugnance à accepter votre proposition. Vous ne m'inspirez aucun sentiment de colère, et j'aurais plus de tendance à vous plaindre qu'à vous haïr. D'ailleurs, la partie entre nous ne serait pas égale; j'ai passé ma vie dans l'exercice des armes, tandis que votre existence paisible dans ce pays écarté pourrait faire supposer...

— Que vous importe, capitaine? — répliqua Charles avec une sombre détermination; — vous me tuerez, n'est-ce pas? Soit! la vie m'est à charge, et vous me rendrez service de m'en débarrasser au plus vite... Capitaine, veuillez m'indiquer vos témoins.

— Et vous comptez que j'accepterai un duel avec vous quand je vous vois dans de pareilles dispositions d'esprit? — s'écria Valentin; — allons! je ferai cette fois ce que je n'ai jamais fait; je donnerai des explications. J'avoue qu'en voyant le despotisme exagéré de votre père à votre égard, votre soumission absolue envers lui, je n'ai pu retenir ma langue et je me suis permis quelques plaisanteries, que je regrette puisqu'elles vous affligent... Mais, je vous l'affirme, il n'y avait dans mes railleries rien de blessant contre vous, qui m'inspirez un intérêt réel; rien contre votre père, que, malgré ses travers, je sais être un galant homme... Voyons! monsieur Rousselot, ces explications vous suffisent-elles, et à présent repousserez-vous ma main?

Par un geste plein de noblesse et de franchise, il lui présentait sa main ouverte.

— Non, capitaine, — répliqua Charles en la serrant chaleureusement, — car je livre que vous accordez à ma faiblesse et à ma douleur ce que vous n'eussiez jamais accordé à la force et à la menace.

Et quelques larmes coulèrent de ses yeux.

— Ainsi donc nous nous entendons? — reprit Valentin; — ma foi! je n'en suis pas fâché; j'ai en ce moment bien d'autres soucis. D'ailleurs, Léopold et sa charmante femme ne m'eussent pas pardonné une querelle avec vous; nos anciennes espiègleries auraient été remises sur le tapis, et peut-être la bonne harmonie établie tout récemment entre eux et moi se fût-elle trouvée compromise... Aussi, tout bien considéré, est-ce moi qui vous dois des remerciements... Mais, pardon! monsieur Charles, vous semblez triste et découragé; si j'avais quelques droits à votre confiance...

— Les chagrins que j'éprouve sont de nature à n'être confiés à personne... Cependant, capitaine Champ-Rosay, permettez-moi encore une question avant de nous séparer: est-il vrai que vous ayez conçu quelque mépris pour moi à cause de mon aveugle soumission envers mon père?

— Puisque vous me posez nettement la question, monsieur Charles, j'y répondrai sans intention de vous offenser, mais avec une entière franchise. Il m'a paru singulier en effet que, à votre âge, vous puissiez abdiquer ainsi toute initiative, toute volonté, devant un vieillard, ce vieillard fût-il votre père. Ce fait me semble encore plus incompréhensible à présent que je connais votre énergie et votre décision. Mais si j'ai osé blâmer à part moi cette soumission peut-être exagérée, j'ai blâmé bien davantage le père capable d'abuser à ce point de votre respect et de votre affection pour lui.

— Oui, voilà ce que tout le monde doit penser de nous, — reprit Charles Rousselot d'un air abattu — je parais ridicule tandis que mon père paraît odieux. Que voulez-vous ? Il ne dépend pas de moi de changer cet état de choses ; la force et le courage m'ont manqué à la fois pour y réussir. Il y a une habitude prise de l'enfance ; ma mère, qui connaissait bien le caractère despotique de son mari, m'a fait promettre solennellement, avant de mourir, de ne lui résister jamais. Jusqu'ici j'ai tenu ma parole ; mon père est si vieux ! la moindre opposition pourtant lui porter un coup funeste. D'ailleurs, je vous le répète, il exerce sur moi une influence à laquelle je ne saurais échapper ; c'est de la fascination, c'est de la magie. Vainement le baron Léopold, qui m'a toujours témoigné tant d'affection, et la bonne et généreuse madame de Champ-Rosay, ont-ils essayé de faire entendre raison à mon père, de me donner à moi-même quelque énergie virile, le sentiment de ma propre dignité. Tous leurs efforts ont échoué contre ma lâcheté... car je suis lâche, je le sens, je l'avoue... et nul ne saura jamais jusqu'à quel point j'ai poussé la bassesse et l'infamie !

Et il se cacha le visage dans ses mains.

— Tout cela est bien singulier, — reprit Valentin ; mais si la force vous manque pour résister aux exigences déraisonnables de votre père, que ne le quittez-vous ?

— Puis-je quitter un vieillard maladif dont je suis maintenant toute la famille ? Mon départ ne déterminerait-il pas dans cette organisation irritable une crise qui me laisserait des regrets éternels ?... J'ai voulu plus d'une fois le quitter en effet ; toujours une force aveugle, irrésistible, m'a ramené vers lui. J'ai voulu me raidir contre son despotisme ; un geste, un regard a suffi pour anéantir ma résolution... C'est plus fort que moi, je vous le répète, et j'ai honte... Mais excusez-moi, capitaine, de vous arrêter ici pour vous entretenir d'intérêts qui vous sont étrangers. Je voulais seulement vous dire, à vous dont l'estime m'est précieuse, que je méritais plutôt la pitié que le mépris. Maintenant, adieu !

Et il allait s'éloigner. L'officier le retint :

— Vous ne me dites pas tout, monsieur Rousselot, — reprit-il — il y a une autre cause que la tyrannie de votre père au chagrin profond dont je vous vois accablé. Mais ceci est votre secret, et il ne m'appartient pas de vous le demander... Cependant si jamais, par actions ou par paroles, je pouvais vous rendre service, vous n'avez qu'à compter sur moi.

Puis il sauta sur son cheval et partit, tandis que Charles, appuyé contre la barrière, le regardait d'un air pensif s'éloigner au galop.

IX

LE CHEVALIER DE CHAMP-ROSAY.

La petite ville de Cuiseaux, dont il a été si souvent question dans le cours de ce récit, est située au fond d'un entonnoir de montagnes verdoyantes largement ouvert du côté de la plaine. Les eaux abondantes qui descendent des hauteurs et qui forment de frais ruisseaux dans toutes les rues, les beaux jardins qui élèvent leurs massifs de feuillage au milieu des constructions, lui donnent un air riant et pittoresque. Mais Cuiseaux, avec ses vieilles maisons aux portes en ogive et aux fenêtres cintrées, avec son antique église, avec ses rues bordées d'arcades irrégulières sous lesquelles on peut se promener à l'abri de la pluie ou du soleil, Cuiseaux, disons-nous, a conservé surtout l'aspect d'une cité du moyen âge. Sans doute, après tant d'incendies et de guerres, elle a perdu sa majestueuse enceinte fortifiée, dont il ne reste plus que deux tours et une courtine percée d'une porte ; le château des anciens seigneurs, dont les défenses étaient, dit-on, formidables, a complétement disparu depuis longtemps. Aujourd'hui c'est la ville la plus paisible de France ; l'agriculture, le commerce et l'industrie en assurent la prospérité. Néanmoins, au milieu même de la sécurité présente, on devine les désastres, les terreurs, les souffrances qui ont dû l'assaillir autrefois et dont la lugubre tradition se conserve encore parmi ses habitants.

Quelle existence en effet que celle des bourgeois de Cuiseaux pendant cette longue période qui commence aux premiers âges de la monarchie et se termine à Louis XIV ! Leur ville, posée comme une sentinelle avancée sur l'extrême frontière de la province de la Bresse, était exposée incessamment aux entreprises de voisins avides et féroces. Le château de Chevrot, dont nous avons dépeint les ruines pittoresques, était situé à quelque mille pas seulement de la place, et il la dominait du haut de son rocher presque inaccessible ; or, Chevrot avait été occupé successivement par des routiers, par les impériaux, par les Espagnols, par des partisans tels que le farouche Lacuson. Là se tramaient continuellement des perfidies et des trahisons contre Cuiseaux ; de là partaient des attaques soudaines qui jetaient la désolation dans le pays. Qu'un convoi de grains ou de marchandises sortît de la ville, ou se disposât à y entrer ; que des bourgeois en bel e humeur s'attardassent dans leur maison des champs à déguster le vin nouveau ; que de pieuses femmes osassent se rendre en pèlerinage à une chapelle située non loin des murailles, *ceux* de Chevrot, lansquenets, reîtres ou brigands espagnols, avaient tout vu du haut de leurs tours. Des chevauchées s'élançaient dans la plaine ; les convois étaient pillés, les bourgeois mis à rançon ou torturés d'une manière horrible s'ils ne pouvaient payer la somme exigée d'eux ; les femmes étaient enlevées et servaient de jouet à une soldatesque impitoyable. Jamais de repos ; jamais de sécurité ; partout le vol et le massacre. Il faudrait de nos jours aller chercher des exemples chez les brigands napolitains ou chez les égorgeurs de la pauvre Pologne pour trouver quelque chose d'analogue aux scènes sanglantes qui avaient lieu à Cuiseaux, comme dans beaucoup de provinces françaises, à cette époque si singulièrement appelée le *bon vieux temps*.

C'était donc vers cette ville, autrefois si malheureuse, aujourd'hui si calme et si florissante, que se dirigeait le capitaine Valentin de Champ-Rosay en quittant le château de Balme. Il ne lui fallut pas plus d'un quart d'heure pour y arriver ; et les dernières lueurs crépusculaires éclairaient encore le ciel quand il mit pied à terre devant la maison urbaine des Champ-Rosay, maintenant habitée par son père.

Cette maison, à l'extérieur comme à l'intérieur, était telle que Natha l'avait décrite, et, malgré certaines réparations maladroites exécutées dans les temps modernes, elle conservait la physionomie sombre des édifices du quinzième siècle. Valentin franchit une porte jardin large et élevée, mais réduite par un massif en maçonnerie à des proportions exiguës, et il pénétra dans une cour mal pavée et humide, entourée de constructions croulant de vétusté qui servaient de communs. Après avoir confié son cheval à un jeune page en sabots, qui faisait les gros ouvrages chez le chevalier, il se dirigeait vers le corps de logis principal quand il en vit sortir un personnage.

vêtu de noir, que l'obscurité l'empêcha de reconnaître. Par égard pour un visiteur de son père, Valentin le salua poliment. L'inconnu, à son tour, s'inclina très-bas; mais il se hâta de s'esquiver, et on eût dit qu'il craignait une communication directe avec le fils de la maison.

Valentin n'accorda pas une grande attention à cette circonstance. Cependant, comme il montait l'escalier en colimaçon jusqu'au premier étage, il rencontra la vieille gouvernante Geneviève, qui venait d'apporter de la lumière à son maître, et il lui demanda distraitement qui était la personne avec laquelle il s'était croisé dans la cour.

— Eh! c'est monsieur Taboureau, l'huissier et l'homme d'affaires de monsieur le chevalier, — répliqua Geneviève; — vous savez qu'ils ont toujours quelque chose à manigancer ensemble. Aujourd'hui ils ont passé une partie de la journée à parler et à écrire, et ça devait être bien drôle, car plusieurs fois j'ai entendu monsieur rire, mais rire !...

— Un huissier ! — murmura Valentin; — encore !

Et, sans répondre à la gouvernante, qui lui demandait s'il voulait souper et qui se préparait peut-être à lui adresser bien d'autres questions, car la bonne vieille était passablement bavarde, il se hâta de gravir l'escalier.

Il traversa une pièce très spacieuse, où le bruit de ses bottes éperonnées éveillait toutes sortes de lugubres échos, et il atteignit enfin celle qui servait de salon et de cabinet de travail à son père. Elle ne paraissait pas moins vaste que la première et, comme l'on pouvait en juger à la lueur de deux bougies, elle se rapportait encore parfaitement à la description qu'en avait donnée Natha. Les tapisseries à personnages, la cheminée gigantesque, les fenêtres à meneaux, les armoiries sculptées, rien n'y manquait. Au centre était une grande table en chêne chargée de livres et de dossiers. Sur un coin de cette table on avait mis un modeste couvert, et le chevalier, assis dans un fauteuil de cuir, soupait d'une volaille froide, tout en examinant par intervalles les papiers de procédure épars devant lui.

Le père de Valentin avait bien près de quatre-vingts ans, et quoique ses facultés intellectuelles ne parussent pas sensiblement affaiblies, il ne jouissait pas de la vieillesse vigoureuse du juge de paix Rousselot. Il était de haute taille, mais courbé, tordu par les rhumatismes, et d'une excessive maigreur. Sans les énormes lunettes d'argent à demeure sur son nez crochu, il n'eût pu lire ni même se conduire. Son pas était chancelant, sa voix râlante.

On se souvient sans doute que dans sa jeunesse il avait étudié le droit, destiné qu'il était, selon les traditions de sa famille, à occuper un siége de conseiller au parlement de Dijon ; et véritablement tous les goûts du chevalier le portaient dès cette époque vers la carrière judiciaire; mais il conservait la prestance du gentilhomme, il en avait surtout la frivolité apparente et la gaieté. Tout en traitant les sujets les plus graves, il riait et plaisantait volontiers ; il eût ri bien davantage encore si la toux ne fût venue habituellement se mettre à la traverse. Du reste, son rire ressemblait à une toux, et sa toux à un rire. Malgré cela, le chevalier ne manquait pas de fermeté dans le caractère, et plus le moment de l'explication approchait, plus son fils comprenait la difficulté de faire entendre raison à un vieillard dont il avait eu l'occasion plusieurs fois de constater l'obstination.

A la vue de Valentin, le chevalier s'écria en se renversant dans son fauteuil :

— Ah çà ! coureur, d'où diable viens-tu? As-tu donc pris en Afrique les habitudes nomades des Bédouins que tu as sabrés? Tant pis pour toi... j'ai soupé... *Tardè venientibus ossa !*

— Excusez-moi, mon père, mais des visites indispensables...

— Agis à ta guise, mon garçon; je ne prétends pas te gêner, pas plus que je n'entends être gêné moi-même. Les Champ-Rosay ont toujours aimé les libres allures, et tu es depuis longtemps *tui juris*, comme disait la loi romaine. — Valentin s'assit; en dépit de lui-même, il éprouvait quelque embarras. Monsieur de Champ-Rosay s'en aperçut sans doute : — Je gagerais, — reprit-il en clignant ses yeux chassieux, — que je devine où tu as passé la journée ?

L'officier prit son parti en brave.

— Eh bien ! j'en conviens, mon père, — répliqua-t-il résolûment, — je suis allé à Balme... Vous ne prétendez pas sans doute m'empêcher de voir des parents pour lesquels j'ai de l'estime et de l'affection.

— Nullement, mon garçon, — répliqua le chevalier en toussant à son tour à tour; — je ne trouve pas mauvais que tu ailles faire des courtoisies dans le camp ennemi. Léopold et moi nous sommes en guerre, mais en guerre loyale, et nous nous disons comme à Fontenoy : « A vous, messieurs les Anglais! » Il défendra ses intérêts comme je défends les miens. Ton cousin n'a pas manqué de m'inviter aux fêtes de son mariage, il y a quelques années, et j'ai trouvé la petite baronne des plus charmantes, sans compter qu'elle lui a apporté une superbe fortune... Mais comment as-tu été reçu là-bas?

— A merveille, mon père.

— Sans doute aussi tu as visité la propriété? On dit que Léopold y a fait de grandes réparations, et que le château, comme le parc, est dans le meilleur état.

— Tout y est admirablement tenu.

Le chevalier frotta l'une contre l'autre ses mains de squelette.

— Eh bien ! qui profitera un jour de tout cela ? — demanda-t-il avec une joie bruyante ; — qui pourra plus tard passer ses congés de semestre dans ce beau château, dans ce beau parc, au milieu de tous les agréments de la vie? N'est-ce pas toi, vaurien? Tu mangeras les fruits de l'arbre que j'aurai planté. *Insere, Daphne, pyros...* Tu n'as pas oublié ton Virgile, je pense?

Mais Valentin ne se souciait guère de Virgile en ce moment.

— Ainsi donc, — reprit-il avec humeur, — vous persistez dans vos projets de revendiquer le domaine de Balme?

— Palsambleu ! et pourquoi pas ? Parce que l'on a essayé de m'amadouer là-bas, parce que l'on t'y a sans doute bien régalé, me crois-tu capable de renoncer à mes droits ? Oui certes j'y persiste, et Taboureau, qui sort d'ici, y persiste comme moi... Il va leur porter de ma part un *amour* d'assignation, un véritable chef-d'œuvre dont ils me diront des nouvelles. Je défie le procureur le plus retors... Au fait, pourquoi ménagerais-je mon neveu? Tant que mon frère et lui n'ont eu que ce domaine de Balme pour toute fortune, je me suis tenu coi; n'était-ce pas d'un bon parent? Aujourd'hui Léopold est dix fois, vingt fois plus riche que nous... *Cuique suum*, que diable !

— Mon père, êtes-vous si sûr de votre bon droit?

— Parbleu ! leurs lois nouvelles sont en ma faveur.

— Cependant on me disait chez Léopold que, si l'on présentait aux juges l'acte de constitution de Balme en fief noble, le procès ne serait ni long ni douteux, et que vous le perdriez.

— Quel est le finaud qui a trouvé cela? Je gagerais que c'est ce vieux madré de Rousselot. Mais ce titre, — poursuivit le chevalier d'un air d'inquiétude, — l'auraient-ils par hasard?... Réponds-moi franchement, est-ce qu'ils l'ont?

— Ainsi donc, mon père, si on le produisait, vous renonceriez à vos prétentions?

— Il faudrait voir ; je n'ai jamais cru à l'existence de cette charte, moi. Cependant si on me la mettait sous les yeux, si j'étais assuré que mon frère, le père de Léopold, était bien légalement propriétaire du domaine, il serait inutile de se marteler la cervelle et de se ruiner

en fait de procédure. Ainsi donc ils ont ce titre? Tu l'as vu peut-être?
— Je ne l'ai pas vu et certainement Léopold ne l'a pas.
— Eh bien! alors que me chantes-tu là? — demanda le chevalier en riant de son rire asthmatique; — je le disais bien, cet acte n'a jamais existé.
— Il existe, mon père; j'en ai la conviction.
— En ce cas, où est-il?
— Ici même.
Monsieur de Champ-Rosay fit un bond qui dérangea l'équilibre de ses pesantes lunettes.
— Ici! chez moi? ah ça! deviens-tu fou? Mes papiers sont dans le meilleur ordre, et si j'avais cette pièce je la connaîtrais, j'imagine!
— Vous ne pouvez la connaître, car, sans une circonstance presque miraculeuse, elle serait introuvable... Écoutez-moi.
Et Valentin exposa rapidement ce qui, dans les révélations de Natha, avait rapport au réduit secret contenant les papiers de famille.
Le chevalier écoutait son fils d'un air effaré et narquois. Quand Valentin eut fini son récit, il partit d'un nouvel éclat de rire.
— N'est-ce que cela? — dit-il; — que le diable t'emporte! Tu m'as fais une peur...! Ah ça! toi, un militaire, un enfant de ce siècle de lumières, vas-tu ajouter foi à de pareilles billevesées? De mon temps, nous avions Cagliostro, le comte de Saint-Germain, Mesmer, et l'on pouvait prendre quelque confiance en de pareils hommes; mais aujourd'hui vos somnambules, mâles et femelles, vos magnétiseurs, vos charlatans, vos dupes et vos fripons ont gâté le métier, et les gens de sens se détournent avec dégoût de cette fantasmagorie ridicule... Je ne crois pas un traître mot de ce que t'a dit ta soi-disant devineresse.
Cette incrédulité, si crûment exprimée, blessa le jeune officier.
— Mon père, — reprit-il avec impatience, — vous ne savez de qui ni de quoi vous vous moquez... Mademoiselle Natha, la protégée de la baronne, est un ange de candeur, incapable même d'une pensée de fourberie.
— Ton « ange de candeur » me produit l'effet d'une rusée petite commère qui a voulu se donner de l'importance aux yeux de ses protecteurs; et toi tu t'es laissé prendre à une sotte comédie...
— Mon père, — interrompit Valentin, — il est un moyen fort simple de s'assurer si Natha dit vrai; c'est de faire dans votre chambre les recherches indiquées.
— Ouais! et tu crois, mon bel officier, que, sur la parole d'une visionnaire, je vais bouleverser ma maison, déranger mes habitudes, m'embarquer peut-être dans une grosse dépense...
— Qu'à cela ne tienne, je prends la chose à ma charge. J'ai de l'argent que je destinais à m'acheter un nouveau cheval, je le mets à votre disposition.
— Fi donc! Est-ce que je voudrais te dépouiller?... Allons, Valentin, sois raisonnable; nous deviendrions la fable de tout le pays si nous poussions à ce point la crédulité. D'ailleurs, je suppose que « l'ange » ait deviné juste; ne serions-nous pas bien niais de nous donner beaucoup de mal pour faire gagner à mon opulent neveu le procès qu'il lui ai intenté? Il faut être bon parent et bon chrétien; mais il y a mesure à tout... *est modus in rebus*. Je n'ai jamais aimé à tirer les marrons du feu au profit des autres.
Le capitaine de Champ-Rosay se récria contre de pareils sentiments; mais le vieux chevalier tint bon, moitié riant, moitié ergotant, jusqu'à ce que, poussé à bout, il envoyât brusquement au diable monsieur son fils. Cependant Valentin ne se découragea pas et chercha un autre moyen d'amener à ses fins le vieillard obstiné.
— Mon père, — reprit-il, — je ne vous ai pas tout dit, et le souterrain qu'il s'agit de déblayer ne s'arrête pas au réduit où se trouvent les papiers de famille... Écoutez encore.

Et il exposa comment, en poursuivant les recherches et en opérant certains travaux, on devait découvrir, selon les affirmations de Natha, un trésor d'une valeur considérable caché là deux siècles auparavant.

Cette fois il avait frappé juste. Le chevalier était tout oreilles; le sourire moqueur qui errait habituellement sur ses lèvres flétries avait disparu, et les verres de ses lunettes, tournés vers son fils, reflétaient d'une manière insupportable l'éclat des bougies. Il adressa force questions à Valentin, qui, comme on peut croire, ne lui épargna pas les énumérations pompeuses.

— Peste! — reprit le vieux Champ-Rosay d'un air pensif, — ceci change la thèse!... Des amas de pièces d'or et d'argent, de la vaisselle plate, des ornements d'église... que m'as-tu dit encore? La chose vaudrait bien la peine que l'on tentât l'expérience. Personne ne pourrait me contester la propriété de ce trésor trouvé dans ma maison, et que ses anciens maîtres n'auront garde de revendiquer.

— Mon père, — dit Valentin pris d'une sorte de scrupule, — je ne dois pas vous cacher qu'il y aura certaines difficultés à surmonter avant d'atteindre le trésor. Mademoiselle Natha a parlé d'un caveau qu'il faut traverser et qu'elle appelle le « caveau des morts. » Là se seraient passées autrefois des choses épouvantables, si bien qu'une force inconnue et surnaturelle pourrait s'opposer...

— Bon! des revenants, n'est-ce pas? — s'écria le chevalier; — tu crois donc au revenant, toi?

— Peut-être non?... mais je me borne à vous répéter exactement les paroles de Natha.

— En effet, il y a toujours quelque revenant ou quelque malin esprit pour garder les trésors enfouis, c'est de règle... Toutefois, comme les revenants ne peuvent envoyer des assignations en partage, il vaut mieux avoir affaire à eux qu'à certains vivants.

— Ainsi, mon père, vous seriez disposé à risquer l'aventure?

Monsieur de Champ-Rosay resta un moment sans répondre.

— C'est une folie, — dit-il enfin; — mais j'ai beau faire, ces monceaux d'or et d'argent me trottent dans la cervelle... On va se moquer de nous si l'affaire s'ébruite; d'autre part l'expérience est si tentante... Mais, avant de prendre un parti, pourquoi ne nous assurerions-nous pas dès à présent si ces prédictions auraient quelque chance de se confirmer?

— C'est cela, mon père; passons dans votre chambre.

Valentin se leva et prit une bougie sur la table. Le chevalier se leva de même avec une vivacité presque juvénile, et tous les deux entrèrent dans l'ancienne chapelle, qui, comme nous l'avons dit, servait maintenant de chambre à coucher au maître du logis. Là encore la description donnée par Natha se trouvait de la plus rigoureuse exactitude. Les vieux meubles, les tapisseries de haute lisse, et dans l'enfoncement qui servait d'alcôve le grand christ de bronze, rien n'y manquait. Valentin, après avoir détaché le christ, s'arma d'un bâton et frappa la muraille avec la pointe, par-dessus la tapisserie, pour reconnaître si le son ne trahirait pas quelque cavité. Cette épreuve n'eut pas le résultat attendu; partout la muraille rendit un son plein et mat.

— Hum! — dit le chevalier, dont les doutes revenaient déjà, — ta devineresse serait-elle en défaut?

— Ne nous hâtons pas de nous décourager; sans doute quelque circonstance inconnue... Nous allons bien voir! — Il saisit la tenture par l'extrémité inférieure et donna une violente secousse. L'étoffe, malgré son ancienneté, était solide encore; mais les clous qui la soutenaient, étant rongés par la rouille, cédèrent tous à la fois. La tapisserie tomba en découvrant un large pan de muraille. Aussitôt que la poussière se fut dissipée, Valentin se mit à scruter attentivement la partie du mur restée à découvert. Alors il fut facile d'apercevoir sur cette surface unie les nervures d'une porte cintrée et basse qui avait dû exister jadis en cet endroit, mais qui était bouchée depuis longtemps avec de la maçonnerie. Valentin regarda son père. — Quand je vous disais ! — reprit-il.

Le chevalier sifflotait entre ses dents.

— Véritablement, — dit-il, — il y avait là une porte autrefois ; la chose est évidente, quoiqu'il soit difficile de deviner où cette porte pouvait conduire. Maintenant, comment la petite sorcière a-t-elle eu connaissance de cette particularité ? Elle n'est jamais entrée ici, et d'ailleurs la tapisserie n'a pas été soulevée depuis trente ans.

— Valentin attendait la décision de son père. — Allons, — reprit monsieur de Champ-Rosay, — *alea jacta est*... Envoie le petit domestique chez Bonivard, mon maître maçon, et qu'on dise à Bonivard de venir ici demain matin avec une pioche, pour démolir quelque chose... Il n'est pas nécessaire de parler des révélations de la jeune fille, car si nous ne trouvions rien on se moquerait de nous... et si nous découvrions quelque chose... Mais ne perdons pas de temps, Bonivard doit être revenu de son travail à cette heure, et on le rencontrera sûrement chez lui.

L'officier allait sortir pour exécuter cet ordre quand il se ravisa tout à coup.

— Mon père, — dit-il d'un ton ferme, — avant de faire usage des renseignements que j'ai recueillis par une circonstance fortuite, permettez-moi d'exiger de vous une promesse.

— Laquelle donc ?

— C'est que si l'on découvre dans la cachette désignée par mademoiselle Natha le vieux titre dont il s'agit, ce titre sera remis à Léopold, et vous renoncerez pour toujours à vos prétentions sur la terre de Balma.

Le vieux chicaneur fit la grimace.

— Ah çà ! Valentin, on t'a donc ensorcelé là-bas ? Je te demande un peu si tu ne devrais pas songer à mon intérêt et au tien avant de songer à celui de notre riche parentage !

— Mon père, si cet acte existe réellement, qu'on le retrouve ou non, vous ne pouvez sans iniquité maintenir vos prétentions sur Balma. D'ailleurs il y aurait déloyauté de ma part à me servir contre Léopold de révélations surprises dans sa propre maison. J'aurais l'air d'avoir joué chez lui un profit un ignoble rôle que je n'accepterai jamais. Il me faut donc cette promesse ou sinon...

— Eh bien ! que ferez-vous, Valentin de Champ-Rosay ? — demanda le chevalier qui eut une velléité de dignité paternelle.

— Quand j'aurai la certitude que le titre est en votre possession, je monterai à cheval et je retournerai au régiment... pour n'en plus revenir.

— Mauvaise tête ! c'est qu'il le ferait comme il le dit... Allons, mon fils, ne nous fâchons pas, je ferai ce que tu voudras. Aussi bien, en cas de réussite, la découverte du trésor pourra être une compensation à la perte de Balma.

— Ainsi, mon père, c'est bien entendu ?

— Oui.

— Votre main.

— Enfant soupçonneux !... la voici.

Et la main sèche et ridée du vieillard tomba dans celle de Valentin, qui s'écria :

— Maintenant, mon père, ayez bon espoir. Nous réussirons.

Puis il sortit en courant afin de tout préparer pour les actives recherches du lendemain.

X

LA DÉCOUVERTE.

On peut croire que ni le père ni le fils ne dormit paisiblement cette nuit-là. Chacun d'eux se retourna longtemps sur sa couche ; et quand enfin le sommeil vint fermer leurs yeux, ils eurent des songes quasi prophétiques, comme les héros des anciennes tragédies. Le capitaine rêva qu'une jeune fée vêtue de blanc, le visage rayonnant de lumière, marchait devant lui et ouvrait avec une baguette magique toutes les portes d'un palais splendide, mais désert et silencieux, où voltigeaient des ombres. Cette fée, qui avait les traits doux et pâles de Natha, se retournait parfois pour lui sourire tristement à mesure qu'ils s'enfonçaient dans les interminables galeries du palais enchanté. Bientôt elle se mit à courir, quoique ses pieds ne parussent pas toucher la terre ; il s'efforçait de la joindre, mais toutes sortes de formes hideuses lui barraient le passage, et il lui fallait les écarter avec son sabre. Enfin Natha s'arrêta et l'attendit. Tout haletant, il lui prit la main, mais il trouva cette main glacée ; il voulut la porter à ses lèvres, elle avait la rigidité du marbre. Natha lui adressa encore un de ses sourires angéliques, et murmura d'une voix éteinte : « Adieu ! » Puis elle s'évanouit en vapeur blanche et légère, et l'officier s'éveilla tout tremblant et le visage baigné de sueur.

Les rêves du vieux Champ-Rosay furent de nature un peu différente. Il croyait marcher dans un caveau immense, si plein d'or, de diamants et de perles, qu'on en avait jusqu'à mi-jambes. Il en remplissait ses poches, son chapeau, ses mains, et se désolait de ne pouvoir en emporter davantage. Chargé de ce précieux butin, il se disposait à regagner sa chambre, quand l'huissier Taboureau, un rouleau de papier timbré sous le bras, venait insolemment réclamer sa part. Le chevalier citait des textes de loi pour repousser les prétentions de Taboureau ; l'huissier ripostait par des textes non moins victorieux ; on se battait, on se jetait des lingots d'or et d'argent à la tête, et la victoire était encore douteuse... quand le dormeur fut éveillé en sursaut. Il était jour, et Geneviève frappait rudement à la porte de la chambre pour annoncer que le maître maçon, mandé la veille, venait d'arriver avec un autre ouvrier.

Le vieux Champ-Rosay recouvra bien vite le sentiment de la réalité ; il se leva et s'habilla sans aide, avec une prestesse peu ordinaire. Aussitôt que sa porte fut ouverte, Valentin entra suivi des deux maçons.

Le chevalier dit à Bonivard d'un air assez indifférent que, ayant trouvé derrière la tapisserie de sa chambre la trace d'une ancienne porte, il était curieux de savoir où cette porte pouvait conduire ; c'était une fantaisie, et il n'avait pas voulu tarder à la satisfaire.

— Mais, monsieur le chevalier, — répliqua le maître maçon avec étonnement, — c'est le gros mur de votre maison que vous voulez que je perce, car le bâtiment finit là... Si je pratique une ouverture, nous aurons une fenêtre et non pas une porte.

— Eh bien ! une fenêtre donnera de l'air et de la lumière à cette partie de ma chambre qui est un peu obscure...

— Porte ou fenêtre, l'ami, ne vous en inquiétez pas, — dit Valentin avec impatience ; — l'essentiel pour vous est d'être bien payé de vos peines, et vous le serez, je vous le promets.

— C'est juste, monsieur l'officier. — Bonivard appela son aide, et tous les deux attaquèrent la maçonnerie avec leurs pioches. Dès les premiers coups, l'oreille exercée du maître maçon reconnut une particularité qui, la veille, avait échappé aux investigations du père et du fils. — Ça sonne creux, — dit-il avec étonnement.

Le chevalier et Valentin, qui s'étaient assis à quelques pas des travailleurs pour surveiller les progrès de la besogne, échangèrent un regard satisfait.

— C'est bien... Allez ! — dit le vieux Champ-Rosay.

Bientôt matériaux et plâtras commencèrent à tomber sur le plancher. Tout en travaillant, Bonivard ne put s'empêcher de faire encore l'observation que cette partie du mur n'avait pas la dureté et la solidité du reste du bâtiment, d'où l'on pouvait conclure qu'elle était de construction plus récente ; mais on ne lui répondit pas, et l'ouvrage continua.

Au bout d'une heure, plusieurs assises de la maçonnerie étaient déjà descellées. Comme Bonivard attaquait une nouvelle couche et lançait un vigoureux coup de pic à la pierre centrale, cette pierre se détacha ; mais, au lieu de tomber sur le plancher de la chambre comme les autres, elle disparut en laissant un trou à sa place, et on l'entendit rouler avec un bruit profond et lugubre dans une cavité souterraine.

Les travailleurs demeurèrent immobiles, leur outil à la main, tandis que les deux Champ-Rosay se levaient par un mouvement machinal. Le maître maçon appliqua son œil à l'étroite ouverture qu'il venait de pratiquer, tout y était noir comme la nuit.

— Ce n'est pas une fenêtre, bien sûr, — reprit-il, — mais si c'est une porte, où diable peut-elle conduire ?

— Nous allons le savoir, — répliqua le chevalier d'une voix un peu altérée, — continuez. La brèche une fois faite, le reste de l'ouvrage ne présenta pas de grandes difficultés. Bientôt, le cintre étant complètement dégagé, il fut possible d'examiner en détail le réduit si singulièrement découvert. C'était une sorte de niche, à peu près de la hauteur d'un homme, pratiquée dans l'épaisseur de la muraille. Elle formait la cage d'un escalier tournant, qui descendait vers l'étage inférieur de la maison, et dont on voyait seulement les premières marches de pierre ; sans doute elle était close autrefois par une porte qui avait disparu, mais dont les gonds existaient encore dans le jambage de l'arcade.

Aussitôt que le passage fut libre, Valentin, avec son impétuosité habituelle, voulut s'engager dans l'escalier, sans même prendre le temps de se procurer de la lumière ; son père le retint.

— Pas encore, — lui dit-il ; — ne sens-tu pas l'odeur nauséabonde qui se répand dans la chambre, et qui a pour cause l'air vicié de ce souterrain ? Il pourrait être dangereux de s'engager là-dedans sans précaution... Attendons un peu. — Puis, se tournant vers les ouvriers : — Père Bonivard, — dit-il, — voilà, je crois, l'heure de votre déjeuner ; retirez-vous donc, et revenez un peu plus tard ; il y aura sans doute encore de l'ouvrage pour vous. — La curiosité de Bonivard et de son aide paraissait vivement excitée ; mais il n'y avait pas moyen de résister à l'ordre précis du chevalier, et ils sortirent en laissant leurs outils sur place, afin d'avoir dans tous les cas l'occasion de revenir les prendre. Aussitôt que les maçons eurent quitté la chambre, le vieux Champ-Rosay verrouilla la porte ; puis il dit à son fils avec précipitation : — Allume une bougie et descendons.

— Mais, mon père, ne craignez-vous pas que les gaz méphitiques...

— Bah ! ils sont dissipés.

Valentin ne se le fit pas dire deux fois et alluma une bougie ; puis il entra dans le passage, afin de s'exposer le premier au danger quel qu'il fût, si un danger se présentait.

Ils descendirent avec précaution l'escalier tournant. Dès les premiers pas ils reconnurent qu'ils s'étaient un peu trop hâtés de pénétrer dans cet endroit inconnu, où l'air n'avait pas été renouvelé depuis tant d'années. Ils éprouvaient une certaine difficulté à respirer, et la lumière que portait Valentin pâlissait sensiblement. Du reste, ils n'allèrent pas loin ; quand ils eurent descendu une vingtaine de degrés environ, l'escalier se trouva obstrué par un éboulement. Toutefois il formait quelques marches au-dessus de cet éboulement, une sorte de palier au fond duquel se trouvait une porte vermoulue. Valentin, qui voyait toujours les révélations de Natha se réaliser, dit avec assurance :

— C'est derrière cette porte que sont les papiers de famille.

— Et voilà, — dit le vieux Champ-Rosay en montrant l'escalier interrompu, — la voie qui conduit au trésor... Elle ne sera ni longue ni difficile à déblayer, je pense.

La porte était munie d'énormes ferrures ; mais le bois dont elle se composait s'exfoliait de vétusté, comme nous l'avons dit, et les ferrures paraissaient rongées par la rouille. L'officier lui lança un vigoureux coup de talon. Aussitôt ais et garnitures de fer tombèrent en morceaux avec un bruit prolongé, plaintif, du caractère le plus bizarre. Le père et le fils éprouvèrent une impression assez semblable à de l'effroi. Il leur sembla qu'une porte qui se brise n'avait pu produire des sons de cette espèce ; on eût dit d'un gémissement répété dans les profondeurs du sol. Cependant une pareille impression ne pouvait être durable, et ni l'un ni l'autre n'eût osé l'avouer. Bientôt Valentin franchit les degrés de la porte, et le chevalier le suivit, mais lentement et avec une hésitation visible. Ils se trouvaient maintenant dans un petit caveau voûté, revêtu de toutes parts en maçonnerie. Quoique le sol en parût très-sec, on y respirait avec une difficulté plus grande encore que dans l'escalier. Le chevalier suffoquait et ressentait une sorte de vertige. Il balbutia d'une voix étouffée, en regardant autour de lui : — Il n'y a... personne.

— Ah çà ! mon père, — demanda le capitaine en riant, — qui diable vous attendiez-vous à rencontrer dans ce réduit, où nul n'est entré depuis cinquante, cent ans, peut-être ?... Mais, — ajouta-t-il aussitôt, — voici, je crois, ce que nous cherchons ! — Et il désignait un bahut qui était l'unique meuble du réduit. Ce bahut avait été jadis recouvert en cuir ouvragé, et des clous de cuivre formaient des arabesques à la surface ; mais les clous étaient transformés en vert-de-gris et le cuir se détachait en lanières. Avec une impatience fébrile, Valentin souleva le couvercle, dont les charnières usées se rompirent. Le coffre contenait plusieurs liasses de parchemins et de parchemins. L'officier ne put contenir sa joie. — Vous la voyez, mon père, — s'écria-t-il, — toutes les indications de Natha sont vraies. Le titre de Balme se trouve là, sans aucun doute... Mais qu'avez-vous donc ? — poursuivit-il aussitôt en s'apercevant que le vieillard chancelait ; — seriez-vous indisposé par l'air vicié de ce caveau ?

— Oui, oui, — répliqua le chevalier avec effort ; — prends ces paperasses et remontons. Je ne me sens pas bien. — Valentin s'empara de toutes ces liasses, qui du reste n'étaient pas très-volumineuses ; puis, soutenant son père d'une main, tandis que de l'autre il portait le flambeau, ils remontèrent l'escalier aussi rapidement que possible. En arrivant à sa chambre, le chevalier tomba presque évanoui dans un fauteuil ; le grand air et la lumière du jour ne tardèrent pas à le ranimer. Dès qu'il eut repris ses esprits, il étendit la main vers les papiers que Valentin avait déposés sur la table. — Voyons bien vite tout cela, — dit-il. — Et ils commencèrent l'examen de leur miraculeuse trouvaille. Valentin se montrait assez neuf en pareille affaire ; il pouvait à peine déchiffrer un mot sur ces vélins jaunis, dont l'écriture gothique était pâle et presque effacée. En revanche, le chevalier, beaucoup plus expérimenté, lisait avec une grande facilité ces vieilles chartes, en dépit des abréviations et des signes cabalistiques usités autrefois. D'abord ses recherches ne parurent pas le satisfaire. — Ce sont des titres de rentes et de redevances, — dit-il avec dépit ; — tout cela n'a plus la moindre valeur depuis que la révolution a aboli les droits féodaux... Comme notre famille était riche aux temps passés !

Valentin finit par mettre la main sur une pièce qui lui parut avoir une importance particulière : c'était une feuille de parchemin portant le grand sceau de France, en cire rouge, plus un sceau en plomb dont l'écu était surmonté du chapeau de cardinal. A peine le chevalier en eut-il lu le protocole : « Louis, par la grâce de Dieu, roi de France et de Navarre, etc., » que le capitaine s'écria tout joyeux :

— C'est cela ! voilà le titre que nous cherchons ! — C'était en effet l'acte qui constituait la terre de Balme en fief noble, réversible de mâle en mâle dans la famille de Champ-Rosay, par ordre de primogéniture. Valentin ne pouvait contenir ses transports. — Avec votre permission, mon père, — reprit-il, — je vais à l'instant même apporter à Léopold cette charte qui lui appartient. Suivant votre promesse, il ne peut plus être maintenant question de procès entre vous et mon cousin. Vous ne trouverez donc pas mauvais que je m'empresse de montrer à Balme cette preuve étonnante du pouvoir de Natha.

— Oui, oui, ta demoiselle a vraiment un pouvoir extraordinaire, — dit le chevalier d'un air pensif. — Je n'y comprends rien, mais les faits sont là et je demeure confondu... Crois-tu vraiment que nous ayons la chance de trouver le trésor comme nous avons trouvé ce parchemin ?

— Pourquoi non, mon père ? Encore une fois, si Natha ne s'est pas trompée à l'égard de ce titre, pourquoi n'en serait-il pas de même à l'égard des richesses qu'elle dit cachées ici ?

— C'est mon avis, c'est mon avis ; aussi vais-je faire continuer les fouilles dès que les ouvriers seront de retour... Ce trésor est à moi... je veux l'avoir... je l'aurai.

— Le vieux Champ-Rosay s'arrêta tout à coup, hésita un moment, puis demanda d'un ton moitié railleur, moitié sérieux : — Valentin, est-ce que tu crois aux esprits ?

— Ma foi ! mon père, lorsque vous m'avez adressé cette question hier, j'ai eu envie de me fâcher ; aujourd'hui, je l'avoue franchement, je ne sais que penser.

— Et moi de même ; ces récits incroyables de somnambulisme, de magnétisme, que nous font les journaux ne sont pas tout à fait des chimères ?... Eh bien ! va là-bas, Valentin, puisque tu le veux, et arrange les choses pour le mieux avec mon neveu et ma nièce. Peut-être moi-même ne tarderai-je pas à les visiter, car je suis fort désireux de voir cette demoiselle qui a un don si incroyable. En attendant, interroge-la de nouveau sur les travaux à exécuter pour atteindre au plus vite le caveau du trésor.

— Je n'y manquerai pas, mon père, — répliqua distraitement Valentin ; — de votre côté, je vous prie, pendant mon absence, de ne pas vous exposer sans précaution à l'air méphitique de ce souterrain.

— Bah ! voudrais-tu que je n'exerçasse aucune surveillance sur les maçons qui vont travailler au déblayement de l'escalier ? S'ils venaient à découvrir sans moi... Pars donc, et rapporte-moi, je t'en conjure, des renseignements précis.

L'officier réitéra sa promesse, et, après avoir pris rapidement congé de son père, il sortit, laissant le chevalier en proie à une profonde rêverie, les yeux fixés sur l'ouverture béante des souterrains.

XI

DÉSENCHANTEMENT

Valentin de Champ-Rosay s'empressa de faire seller son cheval, et, sans écouter Geneviève qui lui remontrait avec éloquence le danger d'aller à la promenade avant d'avoir déjeuné, il partit pour Balme.

Le temps était couvert, et, quoique rien n'annonçât un orage, il faisait toujours très-chaud. Le capitaine, pour éviter la poussière de la grande route, prit un chemin de traverse qui devait le conduire promptement à la demeure de son cousin ; mais distrait par ses réflexions, il s'égara, et les vieux bâtiments de Balme ne commençaient pas encore à se montrer à travers les arbres quand il eût dû être arrivé depuis longtemps.

L'erreur ne pouvait pourtant être bien grande. Il avait pour s'orienter la chaîne des montagnes voisines, dont chaque cime lui était connue. Il ne voulut donc ni demander des indications aux passants, ni revenir en arrière, s'attendant à trouver d'un moment à l'autre un nouveau chemin qui le ramènerait dans la véritable direction du château.

En effet, il ne tarda pas à découvrir ce qu'il cherchait ; mais alors il reconnut qu'il avait dépassé Balme sans le voir, et qu'il côtoyait les dernières habitations du bourg de Couzance.

Il maudit son étourderie et voulut la réparer en pressant sa monture. Par malheur le chemin, resserré entre des murs et des haies de jardins, était encombré de sarclures et de pierrailles. Au milieu de ces obstacles, le cheval était obligé de marcher très-lentement, malgré l'impatience de son maître, et ses sabots ne faisaient aucun bruit sur la couche d'herbes arrachées qui jonchaient le sol.

Comme le capitaine Champ-Rosay longeait ainsi une haie d'aubépine servant de clôture à un verger de belle apparence, il entendit deux personnes causer avec animation de l'autre côté. La voix criarde de l'une appartenait évidemment à une femme, tandis que celle de l'autre plus basse et plus contenue, avait des intonations viriles.

— Pour cette fois je ne me contenterai pas de mauvaises raisons, — disait la femme avec colère ; — voilà bien longtemps que vous me promettez de l'argent, et je suis venue dans le pays avec l'intention de me faire payer. Je repasserai par ici ce soir, et, si vous n'êtes pas en mesure de remplir enfin votre promesse, je raconterai partout ce que vous êtes, foi d'honnête femme ! — On répliqua sur un ton humble et suppliant, mais très-bas. En revanche, la voix féminine reprit en élevant encore son diapason : — Vous n'avez rien à vous reprocher, et vous manquez d'argent, dites-vous ? Eh bien ! nous verrons cela... A ce soir donc, et, si vous persistez à vous moquer de moi...

Valentin était déjà passé, et les sons n'arrivaient plus jusqu'à lui que d'une manière indistincte. Il n'y avait du reste dans cette discussion rien qui fût de nature à exciter son intérêt. Il s'agissait évidemment d'un créancier qui réclamait son dû à un débiteur insolvable ou de mauvaise volonté. Toutefois, en entendant s'ouvrir une petite porte pratiquée dans la haie, il eut la curiosité de voir à qui il avait affaire et se retourna.

Une femme assez âgée, en costume de paysanne et coiffée d'un chapeau bressan, sortit du jardin.

Quant à l'autre interlocuteur, il ne fit que se montrer sur le seuil de la porte et rentra aussitôt ; il fut seulement possible de reconnaître qu'il portait un costume bourgeois d'une certaine recherche.

Mais cette circonstance, insignifiante en apparence, ne tarda pas à s'effacer de la mémoire de Valentin. Au bout de l'étroit chemin qu'il suivait en ce moment, il trouva la grande route qui conduisait à Balme, et, laissant Cousance derrière lui, il lança son cheval au galop.

Quelques minutes plus tard, il entrait dans la cour du château ; Pierre, le domestique, accourut au-devant de lui. Valentin apprit alors avec désappointement que le baron, la baronne et la petite Marie venaient de partir en calèche découverte pour Cuiseaux, où les appelait une légère indisposition de madame de Savigny.

— Peste soit de moi ! — dit l'officier ; — si j'avais suivi la route ordinaire, je les eusse certainement rencontrés... Eh bien ! Pierre, penses-tu qu'ils tardent à revenir ?

— Non, monsieur le capitaine, et dans deux heures d'ici...

— En ce cas je les attendrai.

— Si monsieur veut entrer dans la bibliothèque, il trouvera les journaux.

— J'y vais ; mais, dis-moi, Pierre, comment se porte mademoiselle Natha, ce matin ?

— A merveille, — répliqua le domestique, dont le visage s'épanouit ; — je l'entendais tout à l'heure chanter dans sa chambre... La crise d'hier a été violente, mais ce matin il n'y paraît plus.

Par un sentiment de réserve qui n'était pas ordinaire à sa nature passionnée, Valentin ne fit pas de nouvelles questions et entra dans la bibliothèque.

Au bout de quelques instants, Pierre vint l'y retrouver. L'officier, que malgré ses préoccupations la faim commençait à presser, demanda quelques rafraîchissements qui lui furent apportés aussitôt. Comme Pierre se tenait auprès de lui pour le servir, Valentin reprit avec un peu d'hésitation :

— Tu aimes bien mademoiselle Natha, n'est-ce pas ?

— Si je l'aime, monsieur ! Ne lui dois-je pas la vie ? Sans elle, j'aurais péri là-bas dans le cellier, aux vendanges dernières.

— C'est juste, la baronne m'a conté cette histoire. Il paraît pourtant que les autres domestiques du château ne partagent pas ton affection pour elle ?

— Ce sont des jaloux, et puis ils ont peur. Il paraît, monsieur, — ajouta Pierre en baissant la voix et en roulant ses yeux, — qu'hier elle a dit des choses...

— Elle a dit des choses étranges et qui se sont réalisées ; voilà pourquoi je suis venu ici ce matin. Et tu assures qu'aujourd'hui elle ne se ressent plus de rien ?

— A vrai dire, capitaine, mademoiselle Natha s'est levée un peu plus tard que d'habitude ; mais à présent elle va et vient comme à l'ordinaire. — Un coup de cloche se fit entendre à la porte extérieure du château. — Pardon, capitaine, — reprit le domestique ; — je suis seul et il faut que j'aille voir qui nous arrive là. — A peine fut-il sorti que Valentin l'entendit se disputer de l'autre côté de la maison, sans doute avec le visiteur inconnu. La discussion, quoique vive en apparence, ne se prolongea pas et bientôt le bruit cessa ; cependant ce fut seulement un quart d'heure plus tard que Pierre reparut. — Monsieur n'a plus besoin de rien ? — dit-il. Valentin lui fit signe qu'il pouvait enlever les restes du déjeuner ; puis il lui demanda, d'un ton d'apparente indifférence, avec qui il se querellait un moment auparavant. — Ah ! monsieur a entendu ? — reprit Pierre ; — c'est une personne dont on se passerait bien ici... La pauvre mademoiselle Natha en sera bouleversée pendant plus de huit jours.

— Qui est donc cette personne, Pierre ?

— C'est la Chizerotte, monsieur, la propre mère de mademoiselle Natha.

— Quoi ! — demanda Valentin avec étonnement, — cette jeune fille a-t-elle encore sa mère ?

— Oui, capitaine, pour son malheur... Non pas que la Chizerotte soit précisément méchante, mais c'est une femme du commun, une *rabala*, vous savez ? Et puis elle est acariâtre, emportée, âpre au gain. Elle demeure à quelques lieues d'ici, au village des Salinières, où elle fait un petit commerce, et elle a deux autres filles plus jeunes que Natha. Elle ne les tient pas mal, à ce qu'on dit ; mais, aujourd'hui comme autrefois, la maison est assez mal fournie de toutes choses et la chère y est très-maigre. Aussi, quand la Chizerotte vient voir sa fille aînée, ce qui arrive trois ou quatre fois l'an, ne manque-t-elle pas de la pressurer d'une mauvaise façon. Elle lui prend son argent, ses effets, jusqu'à son linge, et elle ne s'en va que chargée de butin. Madame la baronne a beau se fâcher, Natha ne sait pas résister à sa mère et se laisse dépouiller avec résignation. Aussi tout à l'heure ai-je tâché de renvoyer la Chizerotte ; mais la maudite rabala est têtue en diable, et il a bien fallu la conduire à mademoiselle Natha... C'est sa fille après tout... Je viens de les voir toutes les deux descendre dans le parc.

Valentin avait écouté ces détails en silence, et des nuages s'étaient amassés sur son front. Ces renseignements sur la famille et l'origine de la jeune fille, qu'il avait vue si belle et si poétique dans une auréole de lumière, avaient produit sur lui une impression pénible.

Tout à coup il se leva.

— Je vais dans le jardin fumer un cigare, — dit-il ; — quand le baron et la baronne rentreront, tu viendras me prévenir.

Et il sortit brusquement, à la grande surprise de Pierre, qui ne pouvait comprendre sa maussaderie et sa taciturnité subites.

Valentin lui-même eût été embarrassé d'expliquer l'état de son esprit ; il éprouvait un malaise, un mécontentement dont il ne pouvait se rendre compte.

Il marchait à grands pas, puis il s'arrêtait en proférant machinalement quelque juron. Il tortillait entre ses doigts un cigare de la Havane qu'il avait tiré d'un étui en paille de Valparaiso ; mais l'idée ne lui vint pas de l'allumer, et il fit deux fois le tour du jardin sans s'en apercevoir. Enfin il se dirigea vers le parc, et déjà il se trouvait à moitié de l'allée des arbres verts quand il s'arrêta de nouveau :

— Ah çà ! où diable vais-je ? — dit-il tout haut en frappant du pied ; — que m'importe cette petite fille de sa mère, et toute sa famille de mendiants ?... Tonnerre ! suis-je donc amoureux de la femme de chambre de ma cousine, moi le capitaine de lanciers Champ-Rosay ? Au fait, pourquoi pas ? Malgré les facultés singulières qu'une maladie a développées en elle, cette Natha n'est rien de plus que les autres, et il n'y a pas à mettre tant de façons avec une rabala, une servante que la baronne a recueillie par charité !

En même temps il descendit l'allée à grands pas et atteignit la partie du parc où étaient la grotte et la fontaine.

Il y régnait un calme profond. Le ciel sombre se reflétait dans les eaux et leur donnait une teinte plombée. Aucun souffle d'air ne courbait la cime des flûteaux et des iris. Les oiseaux aquatiques avaient cessé leurs ébats à la surface de l'étang, les oiseaux des bois se taisaient dans le feuillage des sapins. Tout était immobile, sauf quelques libellules vertes et bleues qui voltigeaient avec leurs ailes de gaze au-dessus des fleurs blanches de la cressonnière.

Les regards de Valentin se portèrent avec avidité vers le charme centenaire au pied duquel il avait trouvé la veille Natha endormie. Natha n'y était pas.

Le jeune officier, s'étant adossé à un arbre, se mit à contempler tout rêveur cette scène paisible. Bientôt, en dépit de lui-même, son imagination, surexcitée par le silence et la solitude, lui représenta la forme gracieuse de la personne absente, qui pour lui s'identifiait avec ce paysage. A l'ombre du vieil arbre, dans les herbes vertes, il revoyait Natha sommeillant, drapée dans sa robe blanche, avec ses cheveux dénoués, sa bouche souriante, ses yeux voilés sous leur frange de soie. Voulant se soustraire à l'hallucination qui le gagnait, il se tournait vers la grotte basse et sombre d'où s'épanchait la source; là encore, dans la pénombre, lui apparaissait, comme la naïade de la fontaine, une figure pâle aux grands yeux bruns qui le regardait avec l'expression d'une navrante tristesse; et la naïade avait les traits de Natha. Alors il leva les yeux vers la chaîne de hautes montagnes qui formait le fond du tableau et sur laquelle se traînaient lentement quelques nuages de forme changeante; dans ces nuages il revit la fée qui avait occupé ses rêves pendant la nuit précédente. Elle se montrait au milieu des vapeurs transparentes, avec ses vêtements flottants, son visage rayonnant de lumière, sa baguette magique à la main, et elle s'engageait sous les portiques célestes en lui adressant par intervalles un sourire mélancolique; et la fée avait encore les traits de Natha. Malgré ses efforts, Natha se multipliait autour de lui avec un caractère et des attributs nouveaux, des grâces et des splendeurs nouvelles.

Ces visions étaient si contraires à la nature positive et tant soit peu terre à terre du capitaine de lanciers, qu'il en éprouva un sentiment de confusion et de colère contre lui-même.

— Allons! — s'écria-t-il avec un désespoir comique, je suis ensorcelé.

Comme il allait s'arracher à la fascination que ces lieux exerçaient sur lui, il entendit des sons bien capables de le rappeler au sentiment de la vulgaire réalité. A quelque distance, dans l'intérieur du parc, s'élevait une voix féminine qui l'avait déjà frappé récemment. Elle parlait encore sur le ton de la colère, et quelqu'un lui répondait avec douceur et timidité. Valentin se glissa au travers du taillis, et, écartant le feuillage, il aperçut, assises sur un banc de gazon, les personnes qui causaient: c'étaient Natha et sa mère, dans laquelle l'officier reconnut aussitôt la paysanne irascible du petit chemin de Cousance.

Natha portait à peu près le costume de la veille; mais n'eussent été la langueur de ses mouvements et une espèce de morbidezza répandue sur son visage, elle eût semblé bien différente d'elle-même. Ses traits n'avaient plus l'idéalité qu'ils prenaient pendant l'extase, et, en ce moment que l'émotion les animait, ils présentaient les teintes roses de la santé. Ses grands yeux brillaient purs et fiers sous son chapeau de paille aux brides pendantes. En un mot c'était toujours une charmante jeune fille, mais elle n'avait plus ce prestige qui étonnait, qui ravissait et qui faisait peur.

A la vérité, le voisinage de sa mère, la Chizerotte, semblait suffire pour expliquer ce changement. La Chizerotte était, comme nous l'avons dit, une paysanne sèche, noire, acariâtre, et, bien que pour cette visite de cérémonie elle eût mis ses gros souliers ferrés, sa robe et son tablier des dimanches, son costume ne contribuait pas peu à la rendre avenante. Comme autrefois, elle était coiffée d'un vieux chapeau bressan qui, dépourvu de ses ailes de dentelles, ressemblait d'une manière frappante à un couvercle de casserole. Elle faisait de grands mouvements avec ses bras, et parlait si haut que Valentin put entendre chaque mot qu'elle prononçait.

— Oui, — disait-elle avec véhémence, — à quoi bon sert-il d'avoir une fille qui est dans une grande maison, qui est bien nourrie, vêtue comme une princesse, si elle ne vient pas en aide à sa famille? Bien ne te manque, tandis que tes deux pauvres sœurs et moi nous n'avons pas toujours de quoi nous mettre sous la dent. Et pourtant qui t'a placée ici si ce n'est moi? Te souviens-tu qu'un soir ta maîtresse actuelle vint dans la vallée de Gizigt apporter des vêtements pour vous autres et que tu lui jetas des pierres? Étais-tu assez bête et assez méchante! Pourtant j'arrangeai les choses si bien que la dame te prit avec elle pour faire ton bonheur. Mais tu as oublié tout cela!... Et moi qui m'imaginais que, une fois établie, tu ne penserais plus qu'à nous tirer de peine!

— Eh! mère, comment le pourrais-je, — répliqua la pauvre Natha d'une voix gémissante; — je ne manque de rien, je l'avoue, et ma maîtresse est très-bonne pour moi... Elle est si bonne que je ne saurais dire combien je l'aime. Mais je ne rends pas beaucoup de services au château; je suis toujours faible, maladive, et je gagne fort peu... Ne me parle donc pas des privations que mes sœurs et toi vous supportez; elles me déchirent le cœur. Je ne garde rien pour moi de l'argent que je tiens de ma maîtresse; tout à l'heure encore je t'ai remis les vingt francs que madame la baronne m'avait donnés pour acheter une robe... c'est là tout ce que je possède au monde.

— Une belle affaire, ma foi! — reprit la Chizerotte d'un ton acerbe; — écoute, Natha, ce n'est pas pour des bagatelles que je suis venue aujourd'hui dans le pays. Tes sœurs Marthe et Julie sont maintenant en âge de travailler, et il y a là-bas, aux Salinières, une maîtresse couturière qui se charge de les prendre en apprentissage si je peux lui compter une somme de trois cents francs une fois payée. Alors les petites auront un état qui leur mettra pour toujours le pain à la main. Mais ces trois cents francs où les prendrai-je, moi qui souvent n'ai pas de quoi acheter la farine de maïs nécessaire pour faire nos gaudes le soir? J'avais espéré qu'un bourgeois d'ici, que je pourrais mettre dans l'embarras si je voulais, me viendrait en aide; mais je lui ai parlé ce matin, et il est si mou, si ladre et si poltron... Je m'adresse donc à toi qui vois tant de grandes gens et qui as tant de bonnes connaissances... Fille, fille, j'entends que d'ici à ce soir tu me trouves ces cent écus pour mettre tes sœurs en apprentissage!

— Encore une fois, ma mère, je ne les ai pas; et, en vendant tout ce que je possède, je ne pourrais parfaire cette somme.

— Alors il faut la demander à ta maîtresse qui t'aime tant. Si tu savais t'y prendre... L'argent ne lui coûte rien, et elle le prodigue à tous les pauvres des alentours... Me promets-tu de le lui demander?

— Non, ma mère, non, — répondit Natha avec cette fermeté d'âme dont elle avait fait preuve autrefois, — je ne puis promettre cela.

— Et pourquoi, méchante fille?

— Parce que ce serait abuser indignement de l'affection de ma maîtresse pour moi... Je l'ai dit, mère, je ne rends pas ici beaucoup de services. Je ne gagne pas, j'imagine, le pain que je mange, et dans toute autre maison on m'eût congédiée depuis longtemps... Comment oserais-je fatiguer madame la baronne de mes sollicitations? Ne serait-ce pas une noire ingratitude? Ne pourrait-elle m'accuser d'indélicatesse et d'avidité?

— En voilà des bêtises! — dit la vieille en rechignant, — que te coûte-t-il d'essayer?

— J'y perdrais peut-être l'estime et l'affection de ma chère maîtresse.

Pendant que Natha parlait ainsi, ses grands yeux noirs avaient pris cette expression d'opiniâtreté indomptable qui n'était pas nouvelle pour sa mère. Aussi la Chizerotte s'abandonna-t-elle à une violente colère.

— Ah! c'est comme ça! — s'écria-t-elle. — Puisque tu es une fainéante, puisque tu n'es bonne à rien, je te reprendrai; tu quitteras cette maison et tu viendras traîner la misère avec nous.

— Je t'appartiens, mère, et j'irai où tu voudras; mais je ne commettrai pas une mauvaise action en présentant cette demande à ma protectrice.

— Eh bien donc! je la lui présenterai, moi, et, si elle me refuse...

— Mère, tu ne feras pas cela; ce serait indigne, ce serait odieux!

— Et qui m'en empêchera? Sera-ce toi, pimbêche? Va, malgré tes belles robes et tes grands airs, je saurai bien te mettre au pas... Je veux que tu demandes cet argent à ta maîtresse.

— Non, jamais ! — répliqua Natha d'un ton ferme et sans baisser la tête.

— Misérable enfant ! — s'écria la Chizerotte furieuse, en levant la main sur elle.

Si le capitaine Valentin avait voulu voir la pauvre Natha cruellement ravalée, s'il avait voulu dissiper les rêves brillants où elle lui apparaissait si éthérée et si séduisante, il devait être servi à souhait. Toutefois le mauvais sentiment auquel il obéissait, à son insu peut-être, ne pouvait aller jusqu'à souffrir qu'on maltraitât cette frêle créature.

Il se montra donc, en s'écriant avec autorité :

— Eh ! eh ! doucement la vieille ! qu'est-ce que ces manières-là ? — La Chizerotte laissa retomber sa main sans frapper, et regarda autour d'elle d'un air effaré. Natha s'empressa de se lever, et, quand elle reconnut Valentin, une vive rougeur colora ses joues. Toutefois elle ne fit pas mine de s'enfuir comme la veille, et demeura immobile. Le capitaine Champ-Rosay s'approcha et dit à la Chizerotte, en affectant un ton dédaigneux : — Ah çà ! la bonne femme, vous étiez, je crois, sur le point de vous oublier ?

— C'est ma mère, monsieur de Champ-Rosay, — répondit Natha, qui osa regarder le capitaine en face.

La rabâla ne connaissait pas Valentin ; mais la vue de l'uniforme l'avait frappée de respect.

— Monsieur l'officier, — répliqua-t-elle avec confusion, — je suis une pauvre femme... vive comme la poudre...

Et puis, comme elle le dit elle-même, cette belle demoiselle-là c'est ma fille, qu'elle le veuille ou non !

— Je sais, — reprit Valentin en conservant son air digne, — et j'ai entendu tout à l'heure, par hasard, votre discussion. Les scrupules de mademoiselle Natha sont tout naturels ; mais peut-être y a-t-il moyen de vous accorder l'une et l'autre sans recourir à la baronne. Si je ne me trompe, c'est une somme de trois cents francs dont vous avez besoin pour payer l'apprentissage de vos deux autres filles ?

— Oui, monsieur l'officier.

Valentin tira de sa poche une bourse en filet qui pouvait être le souvenir de quelque amour de garnison ; à travers les mailles de soie on voyait briller de l'or.

— Allons ! — dit-il, — j'accomplirai pour une fois une bonne action de ce genre. Une fois n'est pas coutume... Tenez, la mère, je ne sais si la somme entière se trouve dans cette bourse ; mais, si elle ne s'y trouve pas, je la compléterai chez moi, à Cuiseaux, quand il vous plaira ; et, si vous craignez que l'on sache d'où vous vient cet argent, l'affaire restera entre nous trois... Est-ce bien entendu ?

En même temps il présenta la bourse à la Chizerotte, qui se jeta dessus avidement.

— Mère, — s'écria Natha, — tu ne peux ainsi accepter l'argent de monsieur de Champ-Rosay ? ce serait mal, ce serait...

— Et pourquoi pas, sotte, puisqu'il me le donne ? — dit la paysanne d'un ton farouche en se rasseyant pour compter le contenu de la bourse.

Natha voulut encore protester ; mais les sanglots lui coupèrent la parole, tandis que la Chizerotte éparpillait les pièces d'or dans son tablier.

Valentin semblait jouir de l'humiliation de la jeune fille ; il y avait dans son regard quelque chose de dur et de railleur. Cependant il finit par ressentir un peu de pitié :

— Ne vous désolez pas ainsi, mademoiselle, — reprit-il ; — allez-vous donc avoir peur de moi comme hier, où vous avez failli périr en cherchant à m'éviter ?

— Excusez-moi... j'étais comme folle, — balbutia Natha. — Mais aujourd'hui, monsieur le capitaine, je veux vous remercier de votre générosité, pour ma mère, pour mes sœurs et... pour moi.

— Allons donc, qu'il ne soit plus question de cette bagatelle... Ah ! mademoiselle Natha, vous venez de rendre à la famille de Champ-Rosay un service bien autrement important.

— Un service, moi ?

— Vous-même ; grâce à vos indications si précises, on a retrouvé dans notre maison de Cuiseaux le titre qui assure au baron et à la baronne, votre protectrice, la paisible propriété de Balme.

Et il montrait le parchemin découvert dans le caveau secret. Natha prit le titre et le retourna d'un air d'étonnement si sincère et si franc qu'on ne pouvait douter de sa bonne foi.

— Moi ! — dit-elle, — j'ai aidé à retrouver ce papier que contient-il ? à quoi est-il bon ? Je ne saurais en lire un seul mot.

Valentin se souvint alors de cette circonstance si connue que les malades en extase, comme les somnambules, n'ont aucune conscience, quand ils sont revenus à l'état normal, de ce qu'ils ont fait ou dit pendant leurs crises.

— Que vous en ayez ou non conservé la mémoire, — reprit-il en serrant de nouveau le précieux parchemin, — nous ne devons pas moins vous être tous reconnaissants pour cette découverte.

Natha devint pensive.

— Serait-il possible ? — murmurait-elle ; — sans doute j'aurai rêvé encore... Pauvre créature que je suis ! Il est des moments où je ne sais si je vis ou si je suis déjà morte, si je dors ou si je veille ; tout se mêle dans mon cerveau, le présent, le passé et l'avenir !

Et elle laissa tomber sa tête sur sa poitrine.

La Chizerotte n'avait pas donné la moindre attention à la conversation des deux jeunes gens ; elle comptait l'or contenu dans la bourse de Valentin, retournant chaque pièce l'une après l'autre de peur de se méprendre sur sa valeur réelle, ce qui rendait l'opération assez longue et assez laborieuse ; enfin elle vint à bout de ses calculs et s'écria :

— Il y a à tout juste deux cent quarante francs, monsieur l'officier ; c'est donc seulement soixante francs que vous me devez... Ensuite vous pouvez prendre votre temps pour le reste... Demain je passerai chez vous.

Valentin se mit à rire de cette naïve cupidité ; quant à Natha, elle ne paraissait plus rien voir et rien entendre.

Cependant elle sortit de sa méditation quand Pierre accourut pour annoncer à Valentin de Champ-Rosay le retour du baron et de la baronne. Le capitaine lui adressa un salut amical et prit congé assez lestement de la Chizerotte. Puis il se dirigea vers la maison, laissant Pierre aux prises avec la mère de Natha, et les entendit se disputer longtemps encore après qu'il les eut quittés.

Pauline le reçut fort bien, mais l'accueil de Léopold fut très-froid. Le baron tenait à la main une feuille de papier timbré que l'on venait de lui remettre.

— On prétend là-bas à la ville, — dit-il à Valentin avec ironie, — que ton père a des ouvriers chez lui et qu'il est en train de bouleverser sa maison. Toutefois il ne veut pas perdre son temps, à ce qu'il paraît... Tiens, voici un nouveau billet doux à mon adresse.

Valentin prit le papier ; ce n'était autre chose que « l'amour » d'assignation élaboré la veille par le vieux Champ-Rosay et l'huissier de confiance.

— Ah ! je sais ce que c'est, — dit le capitaine en riant — sur mon âme ! ce Tabourеau est un gaillard expéditif. — Et il déchira l'assignation en mille pièces. — Maintenant, — ajouta-t-il, — papier pour papier... Prends celui-ci, que l'on a trouvé ce matin dans le caveau indiqué par Natha ; il t'appartient et je te le rends, tant au nom de mon père qu'au mien. — En même temps il tendit à Léopold la charte constitutive du fief de Balme. Le baron la prit d'un air de défiance et se mit à l'examiner attentivement. D'abord il voulait douter, mais les signatures historiques apposées au bas de l'acte, les sceaux parfaitement conservés qui en garantissaient l'authenticité, rendaient tout doute impossible. Aussi, en dépit de sa réserve habituelle, manifesta-t-il sa surprise par toutes sortes d'exclamations admiratives. La baronne, au contraire, ne se montrait nullement étonnée, et paraissait habituée de longue date à de semblables merveilles. Elle se contentait, en souriant et en regardant son mari, de répéter la parole de l'Evangile : « Vous avez cru, Thomas, parce que vous avez vu. » Valentin, sans tenir compte des « prodigieux! incompréhensible! renversant! » que laissait échapper le baron, dut raconter dans le plus grand détail l'histoire de la découverte de la porte murée, de l'escalier tournant, du caveau où se trouvait le bahut. — Selon toute apparence, — poursuivit-il, — ces papiers auront été cachés à cette place par notre aïeul Urbain IV de Champ-Rosay, quand il partit pour l'émigration. Il mourut en pays étranger, comme vous savez, et une circonstance inconnue l'empêcha sans doute de révéler ce secret à ses fils. Quoi qu'il en soit, les prétentions de mon père sur la propriété de Balme sont réduites à néant; il me charge de vous annoncer qu'il y renonce absolument, et il se propose de venir vous voir lui-même un de ces jours, afin de dissiper les nuages qui se sont élevés un moment entre vous et lui.

— Il sera le bienvenu, — s'écria Léopold avec chaleur, — cependant cette générosité, je l'avoue, me semble singulière de la part de mon oncle...

— Cette générosité, à laquelle son fils n'est probablement pas étranger, — dit la baronne, — efface tous ses torts passés.

— Allons! — reprit Valentin en souriant, — puisque vous êtes si favorablement disposés à son égard, je vous demande votre concours dans une entreprise qui lui tient fort à cœur. Natha, vous vous en souvenez, a parlé d'un trésor enfoui ; mon père a pris feu à cette nouvelle et il se croit déjà sur la trace du trésor. Mais les renseignements fournis par mademoiselle Natha sont bien vagues, et s'il était possible de les compléter...

— Ah! je comprends maintenant, — dit Léopold avec un peu d'ironie, — le désintéressement de ton père ; il compte sur un dédommagement.

— Et pourquoi pas? — reprit la baronne; — pourquoi ne chercherait-il pas à se mettre en possession des objets précieux que l'on suppose cachés dans sa maison? Puisse-t-il trouver ce trésor ? ce sera une joie pour ses derniers jours... Mais Natha seule peut donner des indications à ce sujet, et, grâce au ciel, la pauvre enfant ne paraît pas devoir éprouver aujourd'hui un accès de son mal. Vous l'avez vue, je crois, tout à l'heure, Valentin ; avez-vous remarqué en elle quelque symptôme alarmant ?

— Non, ma cousine; elle n'a plus rien de la prophétesse de ce matin. Je l'ai laissée avec une vieille femme, sa mère, je crois...

— Oui, oui, c'est sa mère ; et cette femme grossière ne vient ici que dans l'intention de la tourmenter. Aussi, avec votre permission, vais-je m'assurer de ce qui se passe de ce côté. — La baronne sortit en effet, tandis que Valentin et Léopold continuaient de discuter sur l'événement du jour. Quand elle rentra, après une heure d'absence, elle dit avec satisfaction : Tout va bien ; j'ai enfin réussi à congédier cette méchante Chizerotte. Quant à Natha, je ne l'ai jamais vue plus tranquille. Aussi le docteur Philibert, qui vient d'arriver, pense-t-il que la journée se passera sans accident.

Le capitaine Champ-Rosay, comprenant la nécessité de ne pas laisser son père trop longtemps seul dans les circonstances présentes, se disposa à se retirer. Il fut convenu qu'on enverrait un exprès à Cuiseaux si Natha tombait encore en extase, et, après que Léopold et Pauline lui eurent renouvelé leurs remercîments pour la restitution de la précieuse charte, il partit.

La journée était avancée déjà quand il rentra à la ville. En approchant de la maison, il remarqua des groupes de curieux qui stationnaient alentour et chuchotaient. Il ne trouva pas le petit valet à son poste dans la cour, et fut obligé de conduire lui-même son cheval à l'écurie.

En revanche, dans le vestibule, le capitaine rencontra Geneviève et le domestique, debout sur le seuil et allongeant le cou afin de voir ce qui se faisait au fond de la seconde pièce. Ils s'écartèrent brusquement pour lui livrer passage, et Geneviève, que son âge rendait plus hardie, lui demanda en joignant les mains :

— Par bonté d'âme, monsieur Valentin, apprenez-moi ce que notre maître cherche là-bas?

— Il cherche ce qu'il a trouvé : un escalier qui conduit aux souterrains de la maison.

— Mais qu'y a-t-il donc dans ces souterrains?

— Parbleu ! ce n'est pas bien difficile à deviner, — répliqua le capitaine en montrant un ouvrier qui allait vider au dehors deux seaux pleins de décombres ; il y a des pierres et des gravois.

Et il passa en riant.

Le vieux Champ-Rosay était assis dans un fauteuil, en face de l'entrée de l'escalier où travaillaient les maçons. À la vue de son fils, il se leva d'un air empressé.

— Ah ! te voilà ! — dit-il ; — ton absence a été bien longue... M'apportes-tu des renseignements?

Valentin lui apprit que Natha n'avait pas éprouvé de nouvel accès. Le front du chevalier se rembrunit.

— Et vous, mon père, — poursuivit le capitaine, — avez-vous découvert quelque chose ?

— Rien encore ; le déblayement de l'escalier va bien lentement. Les ouvriers n'aiment pas que l'on descende parce que l'on gêne leur travail... Cependant il importe de savoir où ils en sont ; viens avec moi.

Il se glissa dans l'ouverture de la muraille, et Valentin le suivit.

Quand Valentin et le chevalier eurent descendu à tâtons l'escalier jusqu'au premier caveau, ils virent, à la lumière de deux chandelles, Bonivard et son aide qui travaillaient à dégager les marches inférieures. Cette espèce d'édifice en maçonnerie semblait avoir été comblé, à une époque inconnue, avec des moellons et du plâtre qui avaient formé par le tassement une masse compacte d'une dureté extrême. La pioche avait peine à l'entamer, et, quand on en avait détaché quelques fragments, il fallait, faute de place, les mettre dans des seaux qu'un manœuvre allait vider dans la cour. Aussi la besogne n'avançait-elle guère, et, quoique l'on eût travaillé sans relâche depuis plusieurs heures, on n'était parvenu encore qu'à dégager cinq ou six marches.

Comme Bonivard expliquait tout cela aux deux Champ-Rosay, sa pioche, lancée avec vigueur, rencontra un gros caillou qui fut brisé du choc ; aussitôt le bruit prolongé, lugubre, que le père et le fils avaient entendu déjà, retentit de nouveau sous leurs pieds.

Le chevalier tressaillit.

— Entends-tu, Valentin ? — demanda-t-il.

— Ce n'est pas la première fois que la chose arrive, reprit Bonivard ; — par moments on croirait que quelqu'un *se plaint* là au-dessous de nous.

— Bah ! — dit l'officier, — ce bruit prouve seulement l'existence de grandes cavités souterraines dont vous n'êtes pas aussi loin que vous pensez.

Comme l'air épais de cet endroit causait de l'oppression au chevalier, Valentin emmena son père et ils regagnèrent la chambre. Là le vieillard voulut lui faire répéter ce qu'il savait au sujet du caveau renfermant le trésor. Valentin se contenta de répondre que Natha avait seulement mentionné vaguement de mystérieux obstacles et notamment le passage à travers le *caveau des morts*. Mais cette fois le chevalier ne se montra pas la gaieté railleuse de la veille, et demeura absorbé dans ses réflexions.

Les ouvriers travaillèrent jusqu'au soir ; aux approches de la nuit, ils se retirèrent en promettant de revenir le lendemain.

Quand il se trouva seul avec son fils, le vieux Champ-Rosay dit en affectant un air de parfaite indifférence :

— Ah çà ! Valentin, je ne puis coucher dans cette

chambre encombrée de gravois, en face de cette ouverture béante d'où s'exhale un air impur.
— C'est vrai ; où voulez-vous que l'on transporte votre lit ?
— Mais là... dans la première pièce qui me sert de salon.
— Il suffit, nous allons vous installer.
— Eh bien! et toi ? — poursuivit le chevalier avec hésitation, — pourquoi ne ferais-tu pas aussi transporter ton lit dans cette pièce, qui est si grande? Tu m'y tiendrais compagnie.
— A vos ordres, cher père, — répliqua l'officier en dissimulant un sourire.

Ils couchèrent donc cette nuit-là dans le salon, qui à vrai dire eût pu servir de dortoir à quarante écoliers. Valentin s'aperçut que le sommeil de son père était très agité ; plusieurs fois le vieillard s'éveilla brusquement en poussant des cris de terreur.

XII

RÉCONCILIATION.

Le lendemain, au jour, les maçons revinrent. Ils s'étaient adjoint un nouveau manœuvre, et ils comptaient pousser l'ouvrage avec une plus grande activité. Quoique le chevalier eût passé une mauvaise nuit, il s'empressa de se lever. Il était pâle et toussait un peu plus que de coutume ; mais les rayons du soleil en traversant les fenêtres à meneaux de son vieux logis avaient dissipé ses lugubres visions, et il disait à Valentin, qui était déjà sur pied et vaquait à sa toilette :
— J'ai bon espoir pour aujourd'hui, mon garçon. Nous allons trouver quelque chose, je gage.

Comme le père et le fils expédiaient leur déjeuner, la gouvernante vint annoncer à Valentin qu'une paysanne l'attendait dans le vestibule pour réclamer le payement d'une dette.
— Une dette ! — répéta le capitaine avec étonnement.
Mais il se souvint aussitôt de la mère de Natha et se rendit dans le vestibule. C'était en effet la Chizerotte, qui lui adressa une courte révérence et lui dit d'un ton délibéré :
— Bonjour, monsieur l'officier ; je suis venue pour ce que vous savez... J'aurais pu venir hier soir ; mais je n'aime pas à être importune et à presser le brave monde.
— C'est un acte de délicatesse dont je vous suis fort reconnaissant, la mère, — répliqua Valentin avec une bonhomie ironique ; — allons, chose promise, chose due. Voici ce que je vous dois, madame... J'ai oublié votre nom.
Et il lui tendit plusieurs pièces d'or.
— Le nom n'y fait rien, — répliqua la Chizerotte en retournant les pièces l'une après l'autre et en les glissant successivement dans la poche de son tablier ; — c'est bien cela, merci... Vous êtes un gentil officier ; j'ai toujours aimé les officiers, moi !
— Et vous l'ont-ils rendu, la mère ?... Ah çà ! maintenant, — poursuivit Valentin d'un ton plus sérieux, — vous cesserez de tourmenter cette pauvre Natha ?
— J'avais deviné que c'était à elle que vous vous intéressiez et non à moi, — dit la rabala d'un petit air fin ; — oui, je ne lui demanderai plus rien, et je réserverai sa maîtresse pour une autre fois... On peut vous dire, — ajouta-t-elle d'un ton confidentiel, — qu'il y en a un autre qui s'est décidé à financer hier soir ; aussi vais-je rentrer aux Salinières un peu plus calée que quand j'en suis partie.

Et elle se mit à rire.
— Ah ! ah ! vous avez trouvez moyen de tirer deux moutures du même grain, bonne femme ? Sans doute vous avez réussi à obtenir quelque argent de la personne avec laquelle vous causiez hier dans un jardin de Cousance ?
— Tiens, tiens ! vous la connaissez ?
— Non... Qui est-elle ?
— Je ne peux pas vous le dire ; si elle ne m'avait rien donné, vrai, je vous conterais tout. Mais il faut avoir de l'honneur... Adieu donc, monsieur l'officier, — achevat-elle en faisant une nouvelle révérence ; — eh bien ! vous êtes homme de parole, vous, et cela ne se rencontre pas tous les jours.

Une heure plus tard, elle avait quitté le pays sans même chercher à revoir sa fille.

Une partie de la journée s'écoula, et les ouvriers déblayèrent encore plusieurs marches de l'escalier souterrain. Or, pendant que les deux Champ-Rosay demeuraient ainsi enfermés chez eux, une fermentation extrême continuait à régner dans la ville au sujet de ces fouilles mystérieuses. Bien qu'on eût recommandé le secret le plus absolu aux personnes qui se trouvaient à Balme lors de la première crise de Natha, quelque chose des révélations de la jeune fille avait transpiré dans le public. D'autre part, les maçons avaient laissé échapper au cabaret certains détails sur l'œuvre singulière à laquelle on les employait. Il n'en fallait pas tant pour tout mettre en rumeur à Cuiseaux, et les groupes de curieux devenaient de plus en plus nombreux autour de la maison.

Dans l'un on disait que le vieux Champ-Rosay avait découvert l'entrée d'un souterrain qui allait jusqu'aux ruines de Chevrot. Dans un autre, on assurait que le chevalier était sur la trace d'une énorme quantité d'argenterie cachée dans les caves de la maison lors des guerres qui avaient désolé le pays. Enfin des gens soutenaient sérieusement que les ouvriers cherchaient à pénétrer dans un caveau où l'on entendait des voix humaines, des plaintes, des gémissements, bien que l'on ne pût dire quelle espèce d'habitants contenaient ces lieux murés et oubliés depuis plus d'un siècle.

Comme on le voit, certaines données réelles se reflétaient dans ces bruits ridicules ; mais on manquait de renseignements positifs, et ceux qui semblaient pouvoir en donner se montraient d'une excessive réserve. On demeurait donc convaincu que des choses étranges et monstrueuses s'accomplissaient dans la vieille demeure des Champ-Rosay, et l'affluence ne diminuait pas autour d'elle.

Dans l'après-midi, une circonstance particulière fournit un nouvel aliment à la curiosité publique. Le baron Léopold, le « Champ-Rosay de Balme, » comme on l'appelait, arriva à Cuiseaux en calèche découverte ; et la voiture, après avoir touché chez madame de Savigny, la mère de la baronne, vint s'arrêter devant la maison du chevalier.

Léopold en descendit et entra chez son oncle sans hésitation, l'air souriant, comme un hôte souhaité et attendu. Or personne dans la ville n'ignorait les divisions existant entre les deux branches de cette famille ; les *exploits* de l'huissier Taboureau n'étaient un secret pour personne, et Taboureau lui-même faillit avoir une attaque d'apoplexie en apprenant cette incroyable nouvelle.

Cependant Léopold n'ayant trouvé personne pour l'annoncer, car Geneviève et son acolyte se tenaient dans la cuisine, était monté au premier étage. Il n'eut qu'à suivre la trace que les pas des ouvriers avaient laissée à travers les premières pièces pour arriver à l'ancienne chapelle où étaient le vieux Champ-Rosay et son fils.

Le baron, malgré son assurance apparente, éprouvait quelque appréhension en pénétrant dans cette maison où il n'était pas venu depuis plusieurs années ; mais l'accueil de son cousin fut plein de cordialité, et celui de son oncle fut à peine moins affectueux.

— Enchanté de te voir, Léopold, — lui dit le chevalier, en l'embrassant comme si jamais aucun dissentiment ne fût survenu entre eux; — tu me négliges fort, et c'est mal, car je suis le doyen de la famille, quoique de la branche cadette. — Léopold répondit en souriant qu'il n'y avait peut-être pas uniquement de sa faute s'il avait négligé ses devoirs envers son oncle ces derniers temps.

— Allons, — dit le chicaneur avec bonhomie, — tu es sur le cœur les assignations que j'ai envoyées par mon ami Taboureau. Que diable! on peut être excellent parent tout en respectant l'axiome « Chacun son droit. » Et puis enfin, toi qui es de la profession (car votre conseil d'État n'est en définitive rien de plus qu'une de nos anciennes hautes cours de justice), n'as-tu pas été charmé en étudiant ces « bijoux » d'assignations? Chaque mot s'appuyait sur le texte d'une de vos lois nouvelles; c'était perlé, c'était poli *ad unguem*... Si tu as vraiment le goût de ton art, tu n'as pu t'empêcher d'admirer.

Valentin et le baron lui-même riaient de bon cœur en écoutant le vieil enthousiaste de procédure.

— Ce que j'ai admiré bien davantage, mon oncle, — dit Léopold, — c'est la facilité avec laquelle vous avez renoncé à ces poursuites quand leur iniquité vous a été démontrée.

— Oui, je suis comme cela, — répondit le chevalier en toussotant; — tout pour l'équité... Mais ne te semble-t-il pas, baron, qu'en récompense de mon désintéressement le sort devrait me faire découvrir ce trésor dont on a parlé?

— Certainement, certainement, mon oncle, et ma visite a pour but de vous en faciliter les moyens. Natha, la protégée de la baronne, vient encore de tomber en extase. La calèche est en bas, et si Valentin veut m'accompagner à Balme, il pourra interroger lui-même...

— Quoi! — dit le capitaine avec émotion, — ce mal étrange s'est manifesté de nouveau?

— Moi aussi je vais avec vous, — s'écria le vieux Champ-Rosay; — j'ai un ardent désir de voir cette petite, car il est des renseignements que seul je pourrai lui demander... Et puis j'aurai le plaisir de renouer connaissance avec la gentille baronne, ma nièce... C'est entendu.. partons à l'instant!

— Mon oncle, — dit Léopold, — la baronne et moi nous serons heureux de vous recevoir chez nous; mais avant de partir, n'aurez-vous pas un peu pitié de ma curiosité? Je voudrais bien constater par moi-même vos étonnantes découvertes dans cette maison bâtie et si longtemps habitée par nos ancêtres.

— Rien de plus juste, — répondit Valentin; — je vais te faire visiter nos travaux pendant que mon père procédera à sa toilette; car réellement, mon père, vous ne pouvez vous rendre à Balme dans ce négligé...

— Voyez donc où en est la besogne; mais hâtez-vous, car je serai prêt dans un instant.

Les deux cousins profitèrent de cette permission et se glissèrent dans l'escalier tournant. Valentin montra au baron combien toutes les indications de Natha s'étaient merveilleusement confirmées; il l'introduisit dans le caveau où l'on avait trouvé le titre de Balme, et le conduisit enfin à l'endroit où les maçons travaillaient. On avait dégagé une douzaine de marches, et l'on jugeait à la sonorité des coups de pioche que la couche à percer ne devait plus avoir une grande épaisseur. En revanche, cette sonorité même que les ouvriers comparaient à des gémissements leur inspirait une crainte superstitieuse, et ils manifestaient hautement leur répugnance pour leur pénible tâche.

Bonivard, le maître maçon, disait à Valentin en hochant la tête:

— Ah! monsieur, quand je songe qu'en commençant ce travail je croyais ouvrir une fenêtre! Cette fenêtre est devenue une porte, monsieur, et puis un escalier! Mais qu'est-ce que ça va devenir maintenant, je vous le demande?

— Allons, père Bonivard, — reprit l'officier en riant, — travaillez comme si ça devait devenir une cave contenant du vin de cent ans. Si cette bonne aubaine, et c'est la plus probable, arrive, vous sentez bien que vous et vos hommes vous aurez de quoi boire à la santé de ceux qui vous emploient.

Cette saillie rendit la gaieté aux travailleurs, et les deux Champ-Rosay s'empressèrent de remonter l'escalier pour rejoindre le maître du logis.

Il avait endossé un antique habit noir, par-dessus lequel il portait une douillette de soie. Un chapeau à larges bords et à forme basse complétait son costume, qui, quoique suranné, ne manquait pas de distinction et sentait le gentilhomme.

— Allons, messieurs, en route! — dit-il, — pourvu que l'accès de cette jeune fille n'ait pas cessé avant notre arrivée à Balme! Valentin, — ajouta-t-il d'un air perplexe, — où en sont-ils là-bas! S'ils allaient découvrir quelque chose pendant notre absence?

— Je ne le crois pas, cher père; ce ne saurait être pour aujourd'hui, car la journée s'avance et nos gens ne tarderont pas à se retirer.

— A la garde de Dieu donc!... Cependant il est bon de prendre ses précautions.

Il parla bas à Geneviève, qui parut à la fois surprise et charmée en apprenant qu'elle serait chargée, en l'absence des maîtres, de surveiller les ouvriers.

Tous les habitants du voisinage étaient sur leur porte ou à leur fenêtre pour voir le vieux Champ-Rosay monter dans la voiture de son neveu. Quand il fut assis, Léopold offrit la seconde place à Valentin; mais on entendit distinctement le chevalier qui disait: « Non, non, *cedant arma togæ*. »

Ces paroles de simple politesse, répétées plus tard à l'huissier Taboureau, qui ne les comprenait pas, lui causèrent une exaspération extraordinaire, car il croyait y voir encore un signe de réconciliation entre les deux branches de la famille. Sa femme et ses enfants durent intervenir pour l'empêcher d'écouter les funestes inspirations de son désespoir.

Ce même étonnement se manifesta parmi tous les gens que l'on rencontra entre Guiseaux et Balme. Le vieux Champ-Rosay était fort gai; il riait et causait avec le baron, et, parmi les prodiges de la journée, cette bonne intelligence ne paraissait pas le prodige le moins étonnant.

On arriva bientôt à Balme, où Pauline se montra très agréablement surprise de la visite du vieux Champ-Rosay. Le chevalier offrit, de son côté, lui débita ses madrigaux d'ancien régime, mêlés à des aphorismes de droit romain et à des axiomes de procédure. Mais Pauline était trop heureuse de l'accord nouvellement rétabli dans la famille pour s'étonner des étrangetés de son oncle.

Il y avait du monde au château. Le docteur Philibert venait d'accourir, attiré par le nouvel accès de la « précieuse » à maladie, comme il disait; et Charles Rousselot se trouvait en visite à Balme. Comme toute la société, réunie dans le salon, écoutait respectueusement le chevalier, il dit à sa nièce d'un air embarrassé:

— Ah çà! baronne, et cette petite devineresse ne la verrons-nous pas?

— Quand vous voudrez, mon oncle, — répondit Pauline, qui comprit alors que le vieux Champ-Rosay était venu à Balme seulement pour Natha; — vous avez sans doute quelque chose à lui demander? Elle est encore dans le kiosque du jardin, où nous nous trouvions à travailler quand l'accès s'est déclaré.

— Oui, oui, allons voir Natha, — dit Valentin.

En ce moment le juge de paix Rousselot arriva tout en nage. Il venait de Cousance à pied et paraissait bouleversé. Sans remarquer la présence de son fils, qui au reste cherchait à se dissimuler derrière la porte, il courut aux maîtres du logis et leur dit avec agitation:

— Est-il vrai, mes excellents voisins, que « la jeune fille » éprouve une crise aujourd'hui?

— Ah çà! tout le pays le sait donc? — s'écria le baron d'un ton d'impatience; — la pauvre enfant ne s'attendait pas à une pareille renommée.

— Auriez-vous aussi des questions à lui adresser, monsieur le juge de paix? — demanda Pauline.

— Oui, madame la baronne; je viens de m'apercevoir qu'on m'a volé de l'argent, et mademoiselle Natha me fera sans doute connaître le voleur.

— Souvenez-vous, monsieur Rousselot, — dit le baron, — que le témoignage des somnambules et autres devins de ce genre ne peut être admis en justice.

— C'est en effet très bizarre, — reprit le chevalier de Champ-Rosay; — cependant si certaines choses qui m'ont été annoncées venaient à se réaliser...

— Je ne songe pas encore à entamer une action judiciaire, — dit Rousselot; — je désire seulement obtenir des renseignements pour ma satisfaction personnelle; nous verrons plus tard.

— Et vous a-t-on dérobé une grosse somme? — demanda Pauline.

— Trois cents francs, et cet argent se trouvait avec des sommes beaucoup plus considérables auxquelles on n'a pas touché. Or, Charles et moi nous avons seuls la clef du tiroir qui sert de caisse, et comme Charles n'oserait prendre un sou sans ma permission expresse, je désire savoir...

Le bruit d'une respiration haletante fit tourner la tête à la compagnie.

— Mon père, — dit Charles d'une voix à peine distincte, — vous n'avez pas besoin de consulter mademoiselle Natha pour savoir la vérité. J'ai disposé des trois cents francs dont vous avez constaté la disparition.

— Toi, misérable enfant! — s'écria le juge de paix; — c'est toi qui as volé ton père?

— J'avais l'intention ce matin de vous avouer le fait; mais vous êtes si sévère à mon égard... Le courage m'a manqué.

— Ah! je n'ai pas été assez sévère pour toi, et en voilà une terrible preuve? Se vanter d'un crime pareil en présence de tant de personnes honorables, n'est-ce pas du cynisme?

— Mon père, si j'avais été seul avec vous, peut-être n'aurais-je pas eu la force d'affronter votre mécontentement.

— Il suffit; vous me rendrez compte de cette action abominable. En attendant, vous allez restituer la somme dérobée, ou du moins me dire quel usage vous en avez fait.

— Elle n'est plus en ma possession, et, quant à vous dire comment je l'ai employée, je me laisserais couper en morceaux plutôt que d'y consentir.

La fureur du vieux Rousselot ne connut plus de bornes.

— M'entendez-vous? s'écria-t-il; — ce fils dénaturé me brave et m'insulte!... Sors de ma présence, monstre! Je ne veux plus te voir, je te renie, je te...

Les assistants se hâtèrent de s'interposer entre le père irrité et le fils, qui, les joues inondées de larmes, se courbait sous le poids de cette colère, la terreur de toute sa vie.

Pendant que la baronne et le vieux Champ-Rosay cherchaient à calmer le juge de paix, Léopold s'écria tout à coup avec impatience:

— Voyons, mon cher Rousselot, soyez raisonnable! votre fils est-il donc un si grand coupable parce qu'il a disposé d'une somme insignifiante? Je regrette qu'il ne se soit pas adressé à moi; je la lui aurais prêtée volontiers... D'ailleurs, personne n'ignore que vous n'avez pas encore rendu compte à Charles des biens de sa mère, et, si vous réfléchissez que ces biens étaient assez considérables...

Cette observation fut pour la fureur du vieillard ce que la goutte d'eau froide est pour un liquide en ébullition. Rousselot s'apaisa tout à coup.

— Que dites-vous là, monsieur le baron? — reprit-il avec une espèce d'anxiété, — ne craignez-vous pas de monter la tête à ce malheureux enfant et de le pousser aux derniers excès de la rébellion? S'il allait croire... s'il pouvait supposer...

— Mon père, — reprit Charles avec un effort de courage, — je n'ignore pas les faits dont monsieur de Champ-Rosay vient de parler. N'ai-je pas étudié les lois, selon votre désir? n'ai-je pas souvent, dans nos papiers de famille, l'inventaire qui fut dressé lors de la mort de ma mère? D'après cet inventaire, vous pussiez, du jour de ma majorité, me rendre compte d'un capital qui dépasse de beaucoup cent mille francs. Or, j'ai vingt-six ans, et depuis cinq ans je serais en droit de réclamer... Oh! pardon, mon père, je ne réclame rien, je ne veux rien; mais ne suis-je pas excusable d'avoir disposé d'une faible somme pour assurer mon repos... et le vôtre?

Le vieux Rousselot était atterré. L'officier dit tout bas à Charles:

— A la bonne heure! vous le voyez, vous aviez tort de désespérer de vous-même!...

Le baron approuva chaleureusement les observations de Charles. Le vieux Champ-Rosay, qui n'aimait pas le juge de paix, car il savait que Rousselot avait été le conseiller de son neveu dans leurs récentes contestations, disait en hochant la tête:

— Morbleu! voilà une tutelle commode... on considère son pupille comme étant perpétuellement à la mamelle! Cependant il y a certains articles dans le code civil et même dans le code pénal...

— En France, monsieur le chevalier, — interrompit Rousselot en balbutiant, — nul n'est censé ignorer la loi et je l'ignore moins que personne. Cependant je suis surpris de voir des hommes graves se placer ainsi entre un fils et son père, et pousser l'enfant à la révolte. Il y a quelque chose de plus sacré que certaines prescriptions légales, c'est le respect dû au père de famille. — Puis se tournant majestueusement vers Charles: — Monsieur, poursuivit-il, — vous avez commis une grande faute; mais, quoique vous parliez bien haut de votre âge, je sais combien vous êtes inconsidéré, léger, incapable de vous diriger vous-même. Je veux donc oublier vos torts dans l'espoir qu'un repentir sincère touchera votre cœur. Quant à ces droits légaux auxquels vous osez faire allusion, vous êtes libre de les exercer; mais je vous affirme...

— Pardon, mon père, pardon! — interrompit Charles humblement; — je n'ai jamais eu l'intention... La nécessité seule m'a poussé...

— Il suffit, dit le juge de paix en laissant prendre sa main à son fils qui la porta respectueusement à ses lèvres; — mais cette scène ridicule doit fatiguer monsieur le baron et madame la baronne de Champ-Rosay, et je les supplie de nous excuser, l'un et l'autre... Eh bien! on se préparait tout à l'heure à visiter mademoiselle Natha, et rien ne s'y oppose, j'imagine. Je désire moi-même adresser à cette fille des questions sur divers points de l'histoire du pays... Je vous permets, Charles, de nous accompagner si telle est votre fantaisie.

Charles paraissait pénétré de l'indulgence et de la douceur tout à fait inaccoutumées de son père; cependant il demanda timidement la permission d'aller faire un tour dans le parc pour se remettre de son trouble, annonçant qu'il rejoindrait la société un peu plus tard. Le vieux Rousselot accorda par un signe de tête l'autorisation demandée, et le jeune homme se hâta de sortir.

Alors toute la compagnie se dirigea vers le jardin. Le chevalier semblait très impatient d'arriver, et il avait pris le bras de madame de Champ-Rosay, tandis que Valentin marchait de l'autre côté de sa cousine.

— Quel dommage, — disait l'officier, — que ce Charles Rousselot n'ait pas tenu bon encore un moment! Il allait si bien ! Mais le vieux sournois a trouvé moyen de remettre le grappin sur lui... N'importe ! Charles finira par secouer le joug, je vous le garantis.

— J'ai peur que non, — dit la baronne ; — l'habitude est prise depuis trop longtemps, et ce pauvre garçon n'a que des velléités de résistance. Il a fallu sans doute une circonstance du plus haut intérêt pour le déterminer à montrer un peu de résolution aujourd'hui.

— Je crois savoir, — reprit le capitaine Champ-Rosay, — entre quelles mains ont passé les trois cents francs dont il s'agit, et si j'osais consulter Natha sur cette affaire...

— En tous cas, le papa est très fort, — dit le chevalier ; — tenir ainsi en lisières un gaillard de vingt-six ans !... Parbleu, Valentin, ce n'est pas toi qui te serais laissé faire !

Valentin se mit à rire, et l'on atteignit le kiosque où se trouvait Natha.

XIII

PRÉDICTIONS SINISTRES.

Ce kiosque, situé au sommet d'un rocher d'où l'on jouissait d'une magnifique vue, était construit en troncs d'arbres et en pierres de fantaisie qui imitaient la rocaille. Les fenêtres, pratiquées sur les quatre faces, étaient munies de verres de couleur. La baronne, accompagnée de sa favorite Natha, venait souvent travailler dans ce pavillon rustique, et l'on n'y voyait d'autres meubles que des sièges et un canapé de canne. Natha ayant été surprise là par un accès de son mal, on l'y avait laissée sous la garde d'Adèle, la femme de chambre, pendant que le baron se rendait à Cuiseaux afin de prévenir son oncle et son cousin.

Comme la compagnie allait pénétrer dans le kiosque, Adèle en sortit, et, après avoir échangé quelques paroles avec sa maîtresse, elle se retira.

Natha, couchée sur le canapé, exactement dans la position où on l'avait placée plus de deux heures auparavant, était chastement drapée dans sa longue robe comme à l'ordinaire. Sa tête, aux tresses d'ébène, reposait sur un petit oreiller de crin. Ses traits, quoique immobiles, avaient repris leur expression éthérée, et une circonstance particulière leur donnait en ce moment un caractère surnaturel. Nous avons dit que les fenêtres du kiosque étaient munies de verres de couleur ; or, par un hasard singulier, les rayons du soleil pénétrant dans le pavillon, naturellement un peu obscur, traversaient un verre rouge foncé et venaient s'épanouir sur la figure de Natha. Rien ne saurait rendre l'effet de cette teinte ardente sur ce visage de morte. Ce n'était plus une créature terrestre qui apparaissait avec ce nimbe d'or et de feu, c'était un être d'une nature supérieure, duquel on était tout disposé à attendre des paroles mystérieuses, des divinations et des prodiges.

Aussi tous les assistants, même le docteur Philibert, habitué à ne s'occuper chez ses malades que des symptômes matériels, éprouvèrent-ils une espèce de recueillement involontaire quand ils se trouvèrent dans ce réduit silencieux. Valentin, à la vue de cette belle enfant ainsi transfigurée, oublia ses mesquines impressions de la veille ; il oublia la Chizerotte, avec son chapeau bressan, et la pauvre petite fille humiliée et tout en pleurs qui s'inclinait sous la grossière menace de sa mère ; il retrouva la poétique Natha de ses rêves, la fée puissante qui lisait dans la pensée de tous, qui savait le présent, le passé et l'avenir. Le vieux Champ-Rosay subissait sans doute aussi le charme inexprimable que cette créature extraordinaire exerçait en pareil moment, car il s'arrêta, l'œil fixé sur Natha, et dit d'une voix étouffée :

— Est-ce bien une femme ?... et cette femme vit-elle encore ?

On prit place sur des sièges autour de Natha. On se taisait, et l'on semblait craindre même de se mouvoir. Seul, le docteur Philibert s'était approché de la jeune fille en extase et lui tâtait le pouls.

— On pourrait lui tenailler les membres, lui arracher les ongles, — dit-il, — qu'elle ne sentirait rien ; la sensibilité est toujours nulle.

Dans une de ses expériences, il souleva les paupières de Natha, qui restèrent entr'ouvertes ; il s'en échappait un regard si aigu, si terrible dans sa fixité, que le malaise des assistants redoubla. Nul n'osait pourtant manifester son impression, quand la baronne dit en détournant la tête :

— De grâce, docteur, fermez-lui les yeux... Ce regard me fait mal.

— Et puis ces expériences, — ajouta Valentin d'un ton de colère, — ne sont-elles pas une sorte de profanation ?

Le docteur rabaissa les paupières et regagna sa place. Le vieux Champ-Rosay avait recouvré peu à peu son assurance.

— Ne va-t-elle pas parler ? — dit-il bas à la baronne.

— En vérité, mon oncle, — répondit Pauline du même ton, — je ne sais pourquoi j'éprouve aujourd'hui une vive appréhension à la questionner. — Cependant elle s'assit à côté de Natha, et, touchant sa main inerte, elle demanda d'un ton caressant : — Natha, chère petite, m'entends-tu ?

— Oui, oui, bonne maîtresse, — répondit-elle aussitôt avec cet accent étrange, quoique harmonieux, qui ne ressemblait en rien à la voix habituelle de Natha.

— Connais-tu les personnes qui t'entourent ?

— *Il* est là, et maintenant *il* est bon ; mais hier *il* a été bien cruel ! Sous l'apparence de la générosité, *il* ne me ressentait pour moi que mépris et moquerie... *Il* est jeune, riche et fier, et moi je suis si peu de chose !... Cependant pourquoi ne m'aimerait-il pas puisque je dois bientôt mourir ?

Ces paroles étaient inintelligibles pour la plupart des assistants ; mais Valentin avait tressailli en entendant ainsi divulguer ses sentiments les plus intimes.

Sur la demande du chevalier de Champ-Rosay, qui avait hâte d'en venir à l'objet réel de sa visite, la baronne reprit :

— Tu sais, sans doute, ma chère Natha, que des fouilles ont été opérées dans l'ancienne demeure de notre famille à Cuiseaux ? Tes indications étaient parfaitement exactes ; on a découvert le réduit secret dont la porte avait été murée autrefois, et dans ce réduit le titre de propriété d'une si grande importance pour nous tous. A présent, ma fille, il faut nous aider à terminer l'œuvre commencée. Mon oncle a entrepris des travaux pour parvenir au caveau où selon toi sont contenues des richesses considérables ; cette entreprise réussira-t-elle ?

Natha resta un moment sans parler ; enfin elle répondit avec véhémence :

— Non, non, ne l'essayez pas... Ne poursuivez pas cette besogne sacrilège, vous troubleriez le repos des morts et les morts se vengeraient... Vous êtes rentrés en possession de ce titre qui devait terminer vos dissensions de famille, ne demandez rien de plus, ce serait tenter Dieu... Chevalier de Champ-Rosay, — poursuivit-elle, — renoncez à vos recherches impies, car il est temps. Vous ne parviendrez jamais à vous emparer de ce trésor. Congédiez ces ouvriers ! Que pas un coup de pioche ne soit donné désormais, ou les plus grands malheurs fondront sur votre tête !

Un profond silence accueillit cette apostrophe. Les traits de Natha avaient pris une expression d'horreur, comme si d'effroyables visions eussent passé devant ses yeux. Le chevalier, d'abord consterné, ne tarda pas à se ranimer sous l'aiguillon d'une ardente convoitise et d'une espérance déçue :

— Morbleu ! — dit-il, — en sommes-nous là ! Va-t-on maintenant renier ce que l'on a affirmé d'une manière positive ? Je ne renonce pas ainsi à mes projets... Je veux savoir si, oui ou non, l'on s'est moqué de moi... Et, quant aux malheurs dont on me menace, on devrait bien me dire de quelle nature ils sont.

En même temps il fit entendre son rire asthmatique, sans pouvoir toutefois dissimuler une vague inquiétude.

— Ne me demandez pas, — reprit Natha ; — sachez seulement que ce trésor ne vous est pas destiné, et que votre audace sera cruellement punie... Monsieur Valentin... monsieur le baron... ma bonne maîtresse... vous tous qui aimez et respectez le chevalier de Champ-Rosay, empêchez-le, je vous en conjure, de poursuivre cette tentative insensée que Dieu réprouve.

On écoutait en retenant son souffle. Enfin Valentin reprit timidement :

— Peut-être serait-il sage, mon père, de suivre les conseils de Natha. Elle paraît convaincue de l'imminence d'un danger pour vous ; et, quoique je ne puisse me rendre compte des influences mystérieuses qu'elle subit, je crois prudent...

— Valentin a raison, — ajouta la baronne ; — Natha nous a dit trop de choses vraies pour que nous négligions ses avertissements. Mon oncle ferait bien de renvoyer ses ouvriers et de ne pas pousser plus loin les travaux.

— Avec votre permission, chère baronne, — reprit d'un ton péremptoire le vieux chevalier, voilà ce que je ne ferai pas sans réflexion plus mûre. Croit-on m'effrayer en me menaçant de dangers terribles mais que l'on ne spécifie pas ? Il importe de savoir si nous ne sommes pas tous dupes d'une ridicule jonglerie. A la rigueur, cette demoiselle a pu connaître par des moyens qui m'échappent, mais naturels, l'existence du passage secret dans ma maison de Cuiseaux, et même le dépôt de papiers opéré par mon père avant son départ pour l'émigration. Mais la révélation d'un trésor caché servit un fait bien autrement merveilleux, et, ne fût-ce que par curiosité, je désire savoir à quoi m'en tenir sur ce point... Toutes ces devineresses, — ajouta-t-il avec dédain,— annoncent ainsi l'existence d'un trésor, et, quand on a suivi minutieusement leurs prescriptions, elles parlent d'obstacles inconnus, elles cherchent des subterfuges pour expliquer l'insuccès... Nous connaissons ces manéges, dont les journaux nous citent tous les jours des exemples. Mais, de par tous les diables ! s'il y a imposture, cette imposture éclatera bientôt à tous les yeux.

Personne n'osa contredire le chevalier, bien que ses soupçons contre la bonne foi de Natha semblassent à tous une monstruosité.

— Vous avez tort, — reprit la jeune fille en extase, — de m'attribuer des sentiments si méprisables et si bas, surtout de dédaigner des avis que m'inspirent la pitié. Chevalier de Champ-Rosay, retenez bien mes paroles, car elles seront un signe pour vous : En rentrant tout à l'heure dans votre maison, vous apprendrez un grave accident survenu pendant votre absence. Ce sera le commencement de la vengeance de *ceux* que vous offensez... Si vous ne tenez aucun compte de cet avertissement, que Dieu vous protège !

Tous les assistants frémissaient ; le chevalier se raidit contre sa propre émotion et répliqua en toussotant :

— C'est bien ; si cette nouvelle prédiction se réalise, je me tiendrai peut-être pour averti... En attendant, voulez-vous répondre à mes questions ?

— Oui.

— En ce cas, combien reste-t-il de marches à dégager dans l'escalier secret pour arriver au souterrain ?

— Huit ; mais vous ne les dégagerez pas.

— On peut pourtant essayer... Et au bas de l'escalier, que trouve-t-on ?

— La porte murée du caveau des morts.

— Le trésor est au delà de ce caveau, n'est-ce pas ?

— Ne me forcez pas de traverser ce lieu redoutable... Les morts se sont levés, ils sont irrités de votre audace qui trouble leur dernier repos... Je ne saurais pénétrer dans ce séjour d'horreur.

— Que s'y est-il donc passé ?

— Des choses affreuses, — répondit Natha avec une épouvante qui touchait à la frénésie ; — des malheureux, n'ayant pu ou voulu payer la rançon qu'un scélérat exigeait d'eux, furent enfermés dans ce cachot pour y mourir de faim... Il y eut des luttes abominables ; poussés par la rage, ils se ruèrent les uns sur les autres, se déchirèrent dans les ténèbres... Les plus forts dévorèrent les plus faibles, un combat de tigres affamés !... Tous périrent, et depuis ce temps leurs os gisent sans sépulture ; aucune prière n'est montée au ciel pour les racheter de cette mort hideuse et impie... Seigneur ! prenez pitié de leurs âmes en détresse !

La baronne se serra toute tremblante contre son mari, et personne n'osait troubler le silence qui suivit ces lugubres révélations.

Enfin Rousselot père demanda, avec une timidité qui ne lui était pas habituelle :

— Pourriez-vous indiquer, mademoiselle, à quelle époque se sont accomplis ces faits révoltants ? Leur date serait fort importante pour l'histoire de la province... Pourriez-vous nous dire aussi quel est le scélérat qui en est l'auteur ?

— Je le vois, — répliqua Natha lentement ; — il est grand et maigre, il a une longue barbe noire et des yeux enfoncés... Il porte un justaucorps de buffle par-dessous son manteau espagnol ; il est coiffé d'un chapeau que surmonte une plume, et sa grande rapière est soutenue par un baudrier en cuir ouvragé.

— C'est Lacuson ! — s'écria Rousselot ; — voilà bien le portrait que les historiens du temps nous ont laissé de ce chef de partisans espagnol.

Le chevalier de Champ-Rosay s'était remis avec promptitude. Le démon de l'avarice étouffait en lui tous les autres sentiments.

— Ainsi donc, mademoiselle, — reprit le vieillard en toussotant, — il n'y a plus pour atteindre le trésor que huit marches à dégager et deux murs à percer dans le caveau... des morts, comme vous dites ?

— Oui.

— Et ce trésor est-il vraiment considérable ?

— Des monceaux d'or et d'argent... des bijoux... des ornements d'église ; mais...

Natha se tut ; des spasmes commençaient à secouer sa frêle organisation.

— Achevez donc ! — reprit le chevalier.

— L'accès est fini, — dit le docteur Philibert en s'approchant de Natha ; — on ne saurait se méprendre à ces symptômes.

— Au fait, j'en sais assez !—murmura le vieux Champ-Rosay.

Quelques instants plus tard, le chevalier et son fils, après avoir pris amicalement congé du baron et de la baronne, regagnaient la ville dans la calèche qu'on avait laissée à leur disposition. Tous les deux étaient taciturnes ; Valentin avait même une expression de tristesse très-remarquable.

Comme l'on approchait de Cuiseaux, son père lui demanda brusquement :

— Ah çà ! Valentin, quelle est ton opinion sur tout ceci ?

— Je pense, — répondit le capitaine distraitement, — que Natha est la plus merveilleuse et en même temps la plus belle créature de la terre.

— Morbleu ! vas-tu donc devenir amoureux de cette petite ?

— Je ne sais si ce que j'éprouve pour elle est de l'amour, ou de l'admiration, ou du respect, ou une crainte superstitieuse, mais jamais aucune autre femme ne m'a inspiré un sentiment aussi profond et aussi pur.

— Tout cela est bien drôle! Et, en définitive, tu crois à ses divinations ?

— Comment ne pas y croire, mon père? Je vous en conjure donc, renoncez à pousser vos fouilles plus loin; Natha ne peut vouloir nous tromper, et, si elle annonce un malheur, c'est que le malheur est prochain, inévitable.

— Décidément, mon garçon, cette fille t'a tourné la tête... Quel autre malheur pourrais-je craindre sinon de ne rien trouver après m'être embarqué dans de grosses dépenses?

— Je n'ai rien à répondre ; cependant je serais mortellement inquiet si vous persistiez dans votre entreprise.

— Bon! est-ce que les morts du caveau te font peur ?

— Que sais-je? C'est le mot de Montaigne et de tous les gens sages mis en présence de faits inexplicables.

— Eh bien ! — reprit le vieux Champ-Rosay, — c'est précisément cette fantasmagorie de gens emprisonnés et morts de faim, d'âmes en peine, de revenants irrités, qui éveille ma défiance contre toutes les autres affirmations de Natha. Je suis un peu du siècle de Voltaire, et, quoique j'aie encore l'imagination passablement vive, je n'admets pas volontiers certaines choses. Comme je le disais tout à l'heure, les indications de cette jeune fille ont porté jusqu'ici sur des faits matériels, et leur exactitude peut s'expliquer par le hasard ou par des circonstances fort naturelles, quoique inconnues; mais dès qu'il veut me lancer en plein dans le monde fantastique des spectres et des fantômes, je redeviens sceptique. Si Natha m'avait annoncé que les héritiers des anciens propriétaires du trésor m'intenteront d'interminables procès pour m'en disputer la possession, je ne serais peut-être pas tranquille; mais quand on m'assure que les esprits auxquels la garde de ces richesses est confiée, selon l'usage antique et solennel, sont capables de me tordre le cou pour punir mon audace, je veux en courir les chances.

Malgré ces fanfaronnades, peut-être le chevalier n'était-il pas aussi exempt qu'il voulait le paraître de certaines idées superstitieuses. Valentin, fort embarrassé lui-même en pareille matière, allait lui répondre quand la voiture s'arrêta devant la maison.

Toujours même affluence à l'entour, et il semblait que, en ce moment, une circonstance particulière augmentait l'agitation des curieux. Lorsque le grincement des roues et le cliquetis des fers des chevaux sur le pavé eurent cessé, on entendit distinctement des cris dans l'intérieur de l'habitation; des gens se précipitaient dans la cour, maintenant obstruée de plâtras et de décombres. Le chevalier et son fils, après avoir renvoyé la voiture, se hâtaient de gagner l'escalier, quand ils rencontrèrent un groupe de personnes qui le descendaient tumultueusement.

Deux ouvriers en portaient avec précaution un troisième, blessé et poussant des cris de souffrance. Derrière eux venaient Geneviève, le petit domestique, et enfin quelques curieux qui, à la faveur du désordre, avaient trouvé moyen de se glisser dans la maison. Tout ce monde paraissait consterné, frappé de terreur.

— Eh bien ! qu'y a-t-il donc? — demanda le chevalier.

A la vue des maîtres du logis on s'arrêta.

— Ah! monsieur, — reprit d'une voix gémissante le blessé lui-même, dans lequel on reconnaît alors le maître maçon Bonivard, — je savais bien que cette maudite besogne ne tournerait pas bien ! Vous nous employez à quelque chose de vilain, j'en suis sûr, et c'est moi, pauvre homme, que le bon Dieu punit.

— Enfin qu'est-il arrivé ? — répéta le chevalier.

Bonivard épuisé ne pouvait plus répondre, mais plusieurs voix s'élevèrent aussitôt pour raconter l'événement. Le maître maçon, en travaillant dans l'escalier souterrain, avait fait un faux pas, était tombé et s'était cassé la jambe.

Le vieux Champ-Rosay et son fils demeurèrent ébahis en voyant ainsi se confirmer la prédiction de Natha.

— C'est là un fâcheux accident, — dit l'officier, — et nous le réparerons, mon père et moi, de tout notre pouvoir. Portez ce pauvre homme chez lui, et envoyez chercher le docteur Philibert, qui doit être rentré à la ville. Monsieur de Champ-Rosay prend à sa charge tous les frais de la maladie ; les journées de Bonivard lui seront payées pendant tout le temps qu'il sera incapable de travailler. — Cette générosité produisit le meilleur effet sur les ouvriers et sur le blessé lui-même. Le chevalier trouvait peut-être que son fils promettait beaucoup ; cependant il ne fit aucune objection. Au moment où les porteurs allaient se remettre en marche, Valentin ajouta en regardant le vieux Champ-Rosay : — Quant à ces travaux souterrains, sans doute la curiosité de mon père est satisfaite maintenant. Il est donc inutile de les pousser plus loin, et, si les ouvriers reviennent, ce sera seulement pour murer de nouveau l'entrée de cet escalier... qui n'aboutit nulle part.

— Un moment, un moment ! — s'écria le chevalier; — tu vas trop vite, Valentin, et j'ai une opinion toute différente de la tienne. L'accident arrivé à Bonivard est très-malheureux sans doute ; mais je ne vois pas pourquoi je renoncerais ainsi à mes projets. Je tiens particulièrement à ce qu'on déblaye l'escalier d'une manière complète; plus tard nous verrons... Vous entendez, braves gens? — ajouta-t-il en s'adressant aux ouvriers ; — quand vous aurez transporté chez lui votre patron, vous reviendrez ici reprendre votre ouvrage; vous le reprendrez encore demain matin... Si cette besogne ne vous convient pas, je chercherai d'autres maçons qui n'auront pas les mêmes scrupules.

— Mon père, je vous en supplie...

— Qu'on ne m'en parle plus ! — interrompit le vieux Champ-Rosay d'un ton péremptoire; nul autre que moi n'a le droit de donner des ordres ici, et je suis assez grand pour me conduire tout seul... On ne m'a pas fait interdire encore, j'imagine !—Valentin n'osa pas insister, et les ouvriers s'éloignèrent en emportant le blessé ; mais ils ne tardèrent pas à revenir, et reprirent leurs travaux dans l'escalier souterrain. Pendant le reste de la soirée, Valentin essaya encore plusieurs fois de faire entendre raison à son père ; mais le vieillard persistait obstinément dans sa résolution. Valentin lui ayant représenté la coïncidence étrange qui existait entre l'avertissement de Natha et le malheur arrivé au maître maçon, le chevalier reprit avec impatience : — Peut-être n'y a-t-il là encore qu'un effet du hasard. La petite a prédit vaguement que nous apprendrions un accident en rentrant ici ; or, quand on est resté plusieurs heures hors de chez soi, on a beaucoup de chances pour apprendre au retour quelque accident, grand ou petit. Il s'est trouvé que Bonivard s'est cassé la jambe ; mais il se pouvait aussi qu'on nous annonçât tout autre événement de moindre importance, et la devineresse eût encore chanté victoire. On ne m'ôtera pas de l'esprit, je te le répète, que le hasard joue le rôle principal dans les prédictions de Natha. Jusqu'ici, cette fille a eu le bonheur de rencontrer juste, j'en conviens; mais un jour, en Allemagne, n'ai-je pas vu, dans une salle de jeu, la rouge sortir trente-cinq fois consécutives sans que la noire sortît une fois.

Valentin sentit que ses efforts échoueraient contre le parti pris de son père et se tut. Du reste, le vieux Champ-Rosay ne paraissait pas être dans son assiette ordinaire. Il avait l'œil brillant, le teint vermillonné; sa voix était râlante; il toussait plus fréquemment que d'habitude. On remarquait dans tous ses mouvements quelque chose de fiévreux.

. . . .

Sur le soir, les ouvriers partirent, non sans que le chevalier leur eût recommandé de venir de très-bonne heure le lendemain, et Geneviève servit le souper. Le chevalier mangea peu; en revanche, il but gaillardement plusieurs verres de vieux bourgogne. A la suite de ces libations insolites, il se mit à parler avec une grande animation du trésor qu'il allait découvrir, des anciennes légendes locales, des influences surnaturelles. Ses idées étaient très-décousues, souvent même un peu égarées, ce que Valentin attribuait à une pointe d'ivresse. Aussi engagea-t-il son père à se coucher, et le vieux Champ-Rosay finit par y consentir.

Mais à peine était-il au lit qu'il se releva sur son séant.

— Valentin, — demanda-t-il avec une espèce d'effroi; — est-ce que tu vas sortir?

— Non, mon père; je resterai auprès de vous.

— Tu coucheras dans cette chambre, n'est-ce pas?

— Vous le voyez, mon lit est dressé à côté du vôtre.

— C'est bien, et... as-tu ton sabre?

— Mon sabre? Pourquoi faire? — demanda l'officier au comble de l'étonnement et avec un commencement d'inquiétude.

— C'est vrai, je n'y songeais pas.

Et le vieux Champ-Rosay se laissa retomber sur son oreiller. Valentin lui donna un baiser sur le front et dit d'un ton affectueux :

— Tenez, cher père, quoique vous ne soyez pas disposé à en convenir, votre esprit est un peu troublé. Vous dormiriez plus tranquille si vous renonciez dès à présent à cette entreprise, peut-être insensée, qui vous agite et vous fait bouillir le sang...

— Va-t-en voir s'ils viennent, Jean? — chantonna le chevalier de sa voix râlante. Et il ajouta gaiement :

— Tu veux sauver la réputation de la petite sorcière dont tu es amoureux; mais moi je tiens à la mettre au pied du mur... D'ailleurs, s'il y a vraiment un trésor, il m'appartient de droit, et je l'aurai... Bonsoir, Valentin... Il est entendu que tu ne me quittes pas?

Ces dernières paroles étaient indistinctes, comme si déjà le chevalier luttait contre les premières atteintes du sommeil. Valentin se retira sur la pointe du pied et alla s'établir à l'autre extrémité de cette immense salle, dans une embrasure de fenêtre. Là, devant une table éclairée de deux bougies, il se mit à écrire à ses amis du régiment, et son travail se prolongea fort tard.

Pendant cette longue veille, le vieux chevalier ne dormit pas d'un sommeil paisible. Sa respiration était irrégulière et comme oppressée. Souvent il faisait des soubresauts dans son lit et prononçait des paroles inarticulées. Alors Valentin accourait et lui adressait à mi-voix quelques mots affectueux qui le calmaient, bien que le vieillard, selon toute apparence, ne les comprît pas.

Vers minuit, ses agitations cessèrent. Valentin, s'étant approché de son père avec précaution, trouva sa respiration plus facile; les tressaillements convulsifs avaient disparu, le sommeil n'offrait plus rien d'anormal. Tout prouvait que la surexcitation causée par les événements de la journée ou par le vieux bourgogne était tombée. Aussi l'officier n'hésita-t-il plus à se coucher lui-même, et ne tarda pas à s'endormir.

Le reste de la nuit, en effet, fut assez paisible. Une seule fois Valentin fut réveillé en sursaut par une espèce de plainte qui semblait venir de loin, au milieu du silence de la nuit. Il se souleva sur le coude et écouta; mais comme le gémissement ne se renouvela plus et ne partait évidemment pas de la chambre commune, le capitaine Champ-Rosay n'osa bouger de peur de troubler le sommeil de son père. Bientôt il se rejeta sur sa couche, et il dormit sans nouvelle alerte jusqu'au lendemain.

Aux premiers rayons du jour, on frappa à la porte de la chambre; c'étaient les maçons qui venaient, comme d'habitude, reprendre leurs travaux. Valentin s'habilla et alla ouvrir, un peu étonné que le bruit n'eût pas éveillé le chevalier. Après avoir introduit les ouvriers, il s'approcha du lit de son père, et, qu'on juge de son effroi, le lit était vide!

Où pouvait être le vieux Champ-Rosay? Alors Valentin se souvint du gémissement qu'il avait entendu la nuit précédente. Il courut vers la pièce voisine; la porte de communication, bien qu'il l'eût fermée lui-même la veille au soir, était ouverte en ce moment; qui donc avait pu l'ouvrir pendant la nuit?

Poussé par un affreux pressentiment, le capitaine Champ-Rosay passa dans l'ancienne chapelle, suivi des gens de la maison.

Les recherches ne furent pas longues. Au pied d'un amas de décombres, en face de l'entrée des souterrains, le chevalier, enveloppé de sa grande robe de chambre de molleton blanc, gisait sans mouvement sur le plancher. Valentin poussa un cri d'épouvante et s'élança pour le relever; mais le vieillard était mort et depuis plusieurs heures sans doute, car il était froid et déjà raide.

XIV

RÉSOLUTIONS.

On comprendra facilement la douleur de Valentin de Champ-Rosay. Le chevalier, malgré ses défauts, avait toujours beaucoup aimé son fils unique, auquel il avait pardonné bien des fredaines. Le jeune officier, de son côté, quoiqu'il n'approuvât pas certaines manies de son père, ressentait pour lui la plus tendre affection; et les circonstances au milieu desquelles ce tragique événement venait de se produire ajoutaient encore à son chagrin.

Il prit le corps dans ses bras, le transporta sur le lit et essaya de le ranimer. Ne pouvant y parvenir, il envoya chercher le docteur Philibert. L'homme de science examina le corps, puis il murmura en hochant la tête :

— Congestion cérébrale... apoplexie foudroyante... Rien à faire.

Cependant, sur les instances de Valentin, il ouvrit la veine au vieux Champ-Rosay; le sang ne coula pas. Il employa tous les moyens connus pour réveiller la sensibilité, ce fut inutilement; le pauvre chevalier avait bien décidément cessé de vivre.

Léopold, qu'on avait envoyé prévenir, arriva de Balme. Ses rapports avec son oncle n'avaient pas toujours été très-suivis et très-amicaux, comme nous le savons; mais il était plein de respect pour tout ce qui touchait à son ancienne famille; et puis ne s'était-il pas réconcilié la veille avec le chevalier? Enfin à la douleur de Valentin, son ami d'enfance, ne pouvait manquer de lui être sympathique, et les deux cousins se jetèrent en pleurant dans les bras l'un de l'autre.

Les premiers transports passés, le baron, dont l'esprit sérieux aimait à remonter aux causes en tout événement, demanda d'une voix émue :

— Mais enfin comment cette catastrophe est-elle arrivée? comment ton père, si bien portant hier au soir...

— Le docteur te dira qu'il s'agit d'une apoplexie foudroyante, — répliqua l'officier avec effort; — quant à moi, depuis plusieurs jours je vis au milieu des désastres et des prodiges, ne comprenant rien à ce qui se fait, à ce qui se dit autour de moi. Je suis comme un homme ivre, et je ne saurais débrouiller le chaos de mes idées.

Il se mit pourtant à raconter ce qui s'était passé la veille entre son père et lui après leur retour du château. Il dépeignit l'état de surexcitation du vieillard pendant la soirée, puis son sommeil interrompu et maladif. Il n'omit pas le gémissement qu'il avait entendu pendant la nuit et dont il n'avait conçu aucune alarme. Léopold et le docteur Philibert écoutaient ces détails avec intérêt.

— Capitaine Champ-Rosay, — demanda le médecin, — avez-vous remarqué parfois chez monsieur le chevalier une tendance à la superstition?

— Jamais, docteur ; il se piquait au contraire d'être esprit fort. Ensuite, — ajouta Valentin avec réflexion, — il appartenait à une génération qui alliait très-bien le scepticisme à certaines croyances surnaturelles. De son temps on croyait à Cagliostro, au diacre Pâris, comme à Voltaire lui-même. L'éducation de mon père avait été pieuse, et peut-être... Réellement, les prédictions de Natha, ses récits effrayants, ses menaces avaient jeté beaucoup de perturbation dans l'esprit du pauvre vieillard.

— Voilà l'origine de tout le mal, — reprit le docteur ; — monsieur le chevalier, malgré ses railleries, m'a paru hier vivement impressionné en écoutant Natha, et à son retour ici l'accident arrivé au maître maçon Bonivard a dû augmenter en lui l'excitation cérébrale. Afin de reprendre courage il a bu un peu plus de vin qu'à l'ordinaire, et ce léger excès aura encore accéléré la congestion. Dans la nuit, sous l'influence d'une hallucination, il se sera levé machinalement, aura revêtu sa robe de chambre, et se sera dirigé, à la manière des somnambules, vers cette entrée des souterrains dont son imagination était si fortement occupée. Mais là, comme la congestion continuait ses ravages, il a chancelé et il est tombé en poussant le gémissement qui a éveillé le capitaine... Voyons, messieurs, ne vous semble-t-il pas que les choses ont dû se passer ainsi ?

— Tout cela est en effet très-probable, — répliqua Léopold.

— Le docteur est meilleur juge que moi en pareille matière, — reprit Valentin d'un air sombre ; — pourtant il y a dans cet événement des particularités incompréhensibles, mystérieuses...

— Allons donc ! capitaine Champ-Rosay, vous laissez-vous prendre aussi à la superstition ?

— Eh ! morbleu ! que penser ? — reprit Valentin en frappant du pied, — explique qui voudra les faits accomplis ; moi, j'en vois seulement les poignants résultats. Hier, une jeune fille en extase annonce malheur à mon père, et ce matin, malgré mes soins et ma vigilance, mon père est frappé comme par un coup de foudre... Que cette mort ait pour cause une action surnaturelle ou bien une apoplexie, n'y a-t-il pas là une coïncidence qui confond l'imagination tout en brisant le cœur ? — Et l'officier donna de nouveau libre cours à ses larmes. Il reprit bientôt : — Ah ! pourquoi n'avons-nous pas écouté les conseils de Natha ? Nous eussions peut-être désarmé l'influence ennemie qui a frappé mon père... Mais, — ajouta-t-il avec énergie en étendant le bras vers la pièce voisine— je, ne lutterai pas plus longtemps contre ce pouvoir occulte et redoutable ; la lutte nous a coûté assez cher... Demain l'entrée de ces souterrains sera murée de nouveau, et, moi vivant, ils ne se rouvriront plus.

— Tu agiras sagement, mon cher Valentin, — dit Léopold ; — cette mesure, n'eût-elle pas d'autres avantages, empêchera de fâcheuses idées de se répandre.

— En effet on jase beaucoup dans la ville, — dit le docteur.

Monsieur Philibert avait raison, et en ce moment même toute la population de Cuiseaux, déjà mise en émoi par les événements des journées précédentes, était arrivée au plus haut point d'effervescence. On ne se gênait pas pour attribuer à la sorcellerie la mort subite du vieux chevalier de Champ-Rosay. Il était, disait-on, à la recherche d'un trésor confié à la garde d'esprits jaloux et irrités. Ces esprits avaient protesté par toutes sortes de plaintes et de bruits étranges contre les travaux. Comme l'on ne tenait aucun compte de leurs avertissements, les gardiens du trésor, après avoir la veille cassé la jambe à Bonivard, venaient d'étrangler le chevalier pour le punir de son obstination impie.

Ces récits eurent cours pendant le reste de la journée. Vainement le docteur Philibert, qu'on devait supposer bien informé, essaya-t-il de ramener les bons habitants de la ville à des idées plus raisonnables ; ses explications ne produisirent aucun effet sur les badauds amis du merveilleux ; et quand on apprit que les maçons devaient revenir le lendemain à la maison de Champ-Rosay pour murer l'entrée des caveaux, on vit dans cette circonstance la confirmation des bruits en circulation. Les ouvriers eux-mêmes disaient hautement que, pour aucun prix, ils ne voudraient s'exposer au sort du chevalier ou à celui de Bonivard en continuant les fouilles, et ils considéraient les nouveaux travaux à opérer comme une expiation qui détournerait peut-être d'eux et de leurs familles la redoutable influence.

Le baron passa la nuit à Cuiseaux afin d'épargner à Valentin les démarches pénibles, obligatoires en pareil cas. Le lendemain matin eurent lieu avec beaucoup de pompe les funérailles du chevalier. Les deux cousins conduisirent le deuil, et la plupart des habitants de la ville voulurent assister au convoi, moins encore par respect pour le défunt que par curiosité et dans l'espoir qu'un fait nouveau et digne d'intérêt pourrait se produire pendant la cérémonie. Cette attente fut trompée, tout se passa dans le plus grand calme. On remarqua seulement au milieu de la foule l'huissier Taboureau, dont la douleur bruyante contrastait avec le recueillement général. Il était venu au convoi avec toute sa famille et tous ses clercs ; il annonçait qu'il avait perdu son meilleur ami ; il parlait de vendre sa charge et de se retirer dans un désert, car la profession était ruinée. Les lamentations de Taboureau furent la seule oraison funèbre du vieux chicaneur.

Une heure après l'enterrement, les ouvriers, suivant l'ordre qu'ils en avaient reçu, se mirent en devoir de murer de nouveau l'escalier secret, en présence du capitaine de Champ-Rosay et du baron. Tout ayant été préparé d'avance, la besogne s'accomplit avec une extrême rapidité. Malgré le silence profond que gardaient les maçons en travaillant, on n'entendit plus ni ces plaintes ni ces faibles gémissements qui précédemment s'élevaient par intervalles des profondeurs de la terre. Le vulgaire vit dans cette circonstance une marque de la satisfaction des êtres inconnus qui habitaient ces souterrains et dont le repos ne devait plus être troublé. L'œuvre achevée, Valentin voulut que sur l'heure on rattachât l'ancienne tapisserie ; puis lui-même suspendit le cordon de bronze à sa place ordinaire, et alors il poussa un soupir de soulagement.

En dépit de ces précautions, la découverte du chevalier ne devait pas s'effacer si vite de la mémoire des habitants de Cuiseaux. Aujourd'hui encore on parle de ce trésor enfoui sous les fondations de la vieille demeure, et l'on soutient, d'après nous ne savons quelle autorité, qu'un jour viendra où les gardiens de ces richesses en laisseront le libre disposition aux personnes assez hardies pour tenter de s'en emparer. Ce terme est-il proche, est-il éloigné ? Nous l'ignorons, et nous nous bornons à souhaiter bonne chance à ceux qui voudront reprendre l'œuvre inachevée du vieux Champ-Rosay.

Léopold ne revint à Balme qu'assez tard. Dans la bibliothèque, il trouva la baronne qui travaillait elle-même à ses vêtements de deuil. Il lui raconta en détail ce qui s'était passé à la ville, et, après avoir annoncé qu'il avait engagé Valentin à venir tous les jours au château, il dit avec une sorte de solennité :

— Maintenant, chère Pauline, j'ai une faveur à vous demander.

— Bon Dieu ! Léopold, de quel air vous me parlez... Vous croyez-vous donc devant le conseil d'État ?

— Folle, écoute-moi ; ce que j'ai à te dire est de la plus grande importance pour notre tranquillité et peut-être notre bonheur... Les derniers événements ont fait beaucoup de bruit. On ne s'occupe partout que de Natha et de son singulier pouvoir. Les choses en sont à ce point que plus de cinquante personnes, parmi lesquelles se trouvent les gens les plus considérables du voisinage, m'ont demandé la permission de venir à Balme pour consulter Natha.

— Ah! mon ami, je n'ai pas été moi-même à l'abri de ces importunités. Depuis hier, tous les habitants de Cousance, je crois, se sont présentés ici les uns après les autres, sous prétexte de me rendre visite, mais en réalité pour satisfaire leur curiosité à l'égard de notre pauvre petite devineresse. J'ai refusé ma porte aux uns; quant à ceux dont je n'ai pu me débarrasser, je leur ai montré Natha, fort nonchalante et à moitié endormie, comme à l'ordinaire, en train de coudre une de mes robes noires...

— Tu le vois donc, chère Pauline, il est temps de prendre un parti, si nous ne voulons que notre maison devienne le rendez-vous de tous les désœuvrés et de tous les sots du canton. D'ailleurs ces obsessions continuelles seraient capables de fatiguer cruellement ta protégée, peut-être même de donner à sa maladie une issue funeste. Enfin, qui sait quelles conséquences désastreuses pourraient avoir ses révélations erronées ou exactes, et si ces conséquences ne feraient pas peser sur nous une solidarité trop lourde à porter?

— Tu as raison, Léopold. N'ai-je pas été la première à déplorer que cette enfant devint ainsi un sujet à expériences?... Eh bien! pour prévenir les inconvénients que tu prévois, et qui sont réels, je l'avoue, il faut établir une règle inexorable; désormais, pour personne et pour aucun motif, nous ne laisserons approcher de Natha quand elle est dans ses crises.

— Merci, Pauline; j'allais précisément te demander cela, et je n'attendais pas moins de ta haute raison, de ton excellent cœur... Mais ce n'est pas tout.

— Qu'exiges-tu encore, mon ami?

— Un sacrifice pénible pour toi peut-être, mais que, dans ton intérêt bien entendu, je te conjure d'accomplir; c'est que toi-même tu n'essayes jamais d'interroger Natha et d'exploiter à ton profit les facultés mystérieuses qui se manifestent en elle à certains moments.

— Quel inconvénient y aurait-il, Léopold, — dit la baronne en faisant une jolie moue, — de temps en temps je cédais à la tentation de la questionner sur le compte d'une amie absente ou même tout simplement sur un objet égaré.

— J'en vois de très-sérieux, ma chère; Dieu n'a pas voulu que nous eussions la connaissance absolue du passé, du présent et de l'avenir, et il réprouve des aspirations contraires à ses éternels décrets. Le don accordé à Natha, si tant est que ce soit un don, peut devenir dangereux pour ceux qui l'entourent comme pour elle-même. D'ailleurs ses prédictions ne sauraient avoir aucune certitude, et telle assertion fausse causerait en certains cas d'incalculables désastres.

— Que dis-tu donc, Léopold? Ses prédictions ne se sont-elles pas rigoureusement réalisées?

— Oui, jusqu'ici; mais on assure que, parmi ces femmes douées de facultés si bizarres, les plus *lucides* elles-mêmes sont sujettes à des erreurs fréquentes; et, à supposer que Natha fasse exception à la règle, ses divinations ne présentent-elles pas un immense péril? N'ont-elles pas pour premier résultat d'éveiller des instincts mauvais, des convoitises honteuses, d'inspirer des actes coupables? Vois où elles ont abouti jusqu'à ce jour? Une agitation immense règne dans tout le pays; des idées fausses fermentent dans les meilleures têtes. Un brave ouvrier a été gravement blessé, et notre vieil oncle, l'esprit bouleversé par des visions monstrueuses, est mort avant son jour d'une mort misérable... Quel bien ont-elles produit? Tout leur avantage se réduit à la découverte d'un titre qui a mis fin au procès pendant entre mon oncle et moi; mais ce procès eût pu être évité peut-être d'une autre manière, grâce à l'influence amie de Valentin... Etait-il nécessaire d'intervertir pour si peu l'ordre des choses naturelles? Ne cherche donc plus, ma Pauline, à soulever le voile qui couvre les secrets du passé et de l'avenir. La religion te le défend, et peut-être cette curiosité imprudente finirait-elle par attirer sur toi quelque terrible punition.

Léopold, toujours si calme, parlait avec une véhémence qui ne pouvait manquer de faire impression sur la baronne. Elle rêva un moment; puis, posant la main sur l'épaule de son mari, elle lui dit d'un ton affectueux:

— Vous avez bien plaidé, mon bel avocat, et votre cause est gagnée. Véritablement, ami, tu m'as démontré avec autant d'éloquence que de sagesse le danger de céder à cette curiosité qui perdit Ève, notre mère commune.

— Ainsi, Pauline, tu me promets de ne plus questionner Natha sur l'avenir?

— C'est demander beaucoup à une femme, — répliqua la baronne avec gaieté; — entendons-nous... Je te promets seulement de faire tous mes efforts pour résister en temps et lieu à ma curiosité.

— Tu te défies de toi-même, mais je te connais et je suis tranquille. Tu triompheras de ces faiblesses féminines auxquelles je t'ai toujours trouvée si supérieure. As-tu songé, ma chère, qu'un mot mal compris de Natha pourrait compromettre l'heureux accord où nous vivons?

— Allons donc! Léopold, y aurait-il quelque chose au monde capable de nous désunir? D'où te vient une pareille pensée?

— De cette certitude, ma bien-aimée, que l'on ne contrevient pas impunément, comme je te l'ai dit, à certaines lois de la nature; et parmi toutes les punitions qui pourraient nous frapper, à la suite d'une imprudence de ta part, celle dont je parle serait pour moi la plus poignante de toutes.

— Et pour moi aussi, Léopold... Mais laisse-moi la confiance que rien ne saurait troubler notre félicité présente.

— Rien ne la troublera, ma chère, si nous savons nous en tenir aux réalités; et dans ces conditions je défie qui que ce soit d'y réussir.

Et le baron serra sa charmante femme contre sa poitrine.

En ce moment on vint le chercher pour recevoir un visiteur. Pauline, demeurée seule, se disait à elle-même:

— Pourquoi craint-il tant les révélations de Natha, et pourquoi suppose-t-il qu'une chose au monde serait capable de nous désunir?

XV

LE DINER CHAMPÊTRE.

Le baron et la baronne de Champ-Rosay veillèrent rigoureusement à ce que leurs résolutions au sujet de Natha fussent observées. Sauf le docteur Philibert, nul n'était admis auprès de la jeune fille pendant ses extases, et Pauline elle-même, comme elle l'avait promis à son mari, s'abstint de lui adresser des questions en pareil moment. Il fallait autant de patience que de courage pour résister aux obsessions dont on était assailli, car chaque jour les visites se multipliaient au château, et toutes avaient pour but plus ou moins avoué le désir de voir Natha. De leur côté, les domestiques avaient reçu l'ordre d'être sobres de détails en ce qui concernait la protégée de la baronne. Grâce à ces précautions, l'agitation au dehors ne tarda pas à se calmer, et, quoique certains obstinés poussassent la curiosité jusqu'à la fureur, on commença à jouir au château d'une certaine tranquillité.

Le capitaine Valentin, depuis la mort de son père, venait chaque jour à Balme. Sa gaieté étourdie d'autrefois avait disparu; maintenant il était presque toujours sombre et taciturne. Il employait le temps à lire dans la bibliothèque, en compagnie du baron, ou bien il errait solitairement dans le parc, ou bien encore il accompagnait n cousin et sa cousine dans leurs promenades. Le soir,

Il retournait à la ville, où le règlement des affaires de la succession de son père devait le retenir quelque temps encore, et l'on se disait que le jeune officier devait être sous le coup d'un chagrin bien profond pour s'accommoder de cette vie si régulière et si monotone.

Plus d'un mois s'écoula ainsi, et aucun événement digne de l'attention du lecteur ne s'était produit à Balme dans cet intervalle. On était au mois de septembre, et la chasse allait s'ouvrir. Le baron et la baronne, voulant distraire Valentin de sa tristesse, avaient arrangé une petite partie à laquelle le capitaine ne pouvait se dispenser de prendre part. Le jour de l'ouverture de la chasse tombait la veille de la fête du baron, époque où tous les ans on donnait au château un dîner d'amis, et Pauline voulait avoir du gibier pour cette fête de famille. Il avait donc été convenu que les deux cousins, bons tireurs l'un et l'autre, se mettraient en chasse dès le matin du jour de l'ouverture. Pendant la journée, Pauline et la petite Marie devaient aller les rejoindre en voiture, à un certain carrefour du bois voisin, et l'on ferait tous ensemble un dîner champêtre sous la feuillée.

La partie ainsi arrangée, Valentin, équipé en chasseur, se rendit à Balme le matin du jour prescrit. Les deux Champ-Rosay avaient déjà le fusil sur l'épaule pour sortir quand survint un fermier qui demandait à entretenir le baron d'une affaire importante et pressée. Léopold, tout en maudissant l'importun, ne pouvait se dispenser de le recevoir ; il dit au capitaine :

— Va en avant, mon cher Valentin. Je te rejoindrai dans une heure à la ferme de Toulongeon, et alors sans doute tu pourras déjà me montrer des preuves de ton adresse.

Valentin ne fit aucune objection et se mit en route à travers le parc, précédé de deux magnifiques *pointers* qui appartenaient au baron et qui bondissaient pleins de joie autour du chasseur.

Des nuages se traînaient lourdement sur les montagnes et annonçaient la pluie pour la fin de la journée. Néanmoins le ciel était encore clair, et l'on pouvait espérer que cette partie de plaisir ne serait pas troublée de sitôt par le mauvais temps.

Valentin descendit l'allée des arbres verts afin de gagner la porte du parc, et il ne tarda pas à se trouver en vue de la grotte et du petit étang formé par la source. Cet endroit, où il avait rencontré Natha pour la première fois, ne manquait jamais d'exercer sur lui, comme nous l'avons dit, une sorte d'attraction ; il s'arrêta donc, au grand étonnement des deux chiens de chasse, qui ne pouvaient comprendre que l'on hésitât à pousser jusqu'aux « grands blés, » où l'on avait chance de rencontrer lièvres et perdreaux.

Il promena un long regard sur ce tranquille paysage, et ses yeux finirent par se porter sur la place que Natha occupait jadis sur le gazon, au pied du charme centenaire. Quel fut son étonnement ! Natha s'y trouvait encore ; non plus endormie comme le jour où Valentin était arrivé à Balme, mais absorbée par un travail qui l'empêchait de remarquer la présence du capitaine Champ-Rosay.

Un panier plein de fleurs nouvellement cueillies était posé à côté d'elle, et elle en formait des bouquets qu'elle rafraîchissait ensuite dans la fontaine. Toutefois sa besogne de bouquetière n'interrompait pas sans doute l'opération de sa pensée, car de grosses larmes coulaient sur ses joues pâles et tombaient parfois sur les fleurs.

Valentin la contemplait en silence quand les chiens, qui la connaissaient et qu'elle aimait beaucoup, vinrent sauter autour d'elle pour mendier une caresse. Alors elle redressa la tête ; à la vue du capitaine, elle poussa un petit cri de surprise et se leva en rougissant. Valentin s'approcha d'elle.

— Bonjour, Natha ; bonjour, ma chère ! — lui dit-il d'un ton amical. — Ah çà ! allez-vous donc encore vous enfuir ?

— Oh ! bon, monsieur Valentin, — répondit Natha en s'efforçant de sourire ; — vous êtes si bon !

— Vous pleuriez tout à l'heure, pauvre Natha..., Voyons, reprenez votre ouvrage et dites-moi ce qui cause votre chagrin.

La jeune fille se rassit et continua d'assembler ses fleurs avec embarras.

— Je n'ai pas de chagrin, — balbutia-t-elle ; — il est des moments où l'on pleure sans motif.

Ses larmes, en effet, recommencèrent à couler en abondance. Valentin s'assit à côté d'elle, assez loin cependant pour ne pas l'inquiéter.

— Voyons, Natha, — poursuivit-il, — soyez affectueuse pour moi comme vous l'êtes pendant vos extases... Vous me témoignez alors une bienveillance fort différente de votre froideur actuelle.

— Moi, monsieur Valentin ? — reprit la pauvre fille toute honteuse ; — est-il possible ? Ensuite j'ignore ce que je dis dans ces moments, où il me semble que je suis morte ou endormie... et vous ne devriez pas interpréter contre moi...

— Rassurez-vous, Natha, je n'ai pour vous que des sentiments d'estime et de... sympathie. Aussi veux-je savoir à tout prix la cause de vos larmes.... Répondez avec franchise ; seriez-vous malheureuse ici ?

Elle essaya de résister, mais la vérité l'emporta :

— Eh bien ! oui, — répliqua-t-elle avec explosion, — je suis malheureuse... bien malheureuse ?

Elle laissa tomber ses fleurs et se cacha le visage dans ses mains.

— D'où vient ce désespoir ? Tenez, Natha, vous avez vu votre mère ces jours derniers ; je gagerais qu'elle est encore pour quelque chose dans votre affliction ?

— C'est vrai, monsieur Valentin, car elle veut m'emmener d'ici et m'obliger à quitter ma bonne maîtresse.

— Vous emmener, chère petite, et pourquoi cela ?

— Elle prétend que si je retournais avec elle il viendrait beaucoup de gens pour me voir, pour me consulter, et qu'elle gagnerait beaucoup d'argent.

En dépit de lui-même, le capitaine Champ-Rosay détourna la tête d'un air de malaise :

— Ce serait de la part de votre mère une honteuse spéculation, et on ne lui permettra pas de vous emmener d'ici, et tout le monde vous aime.

— Tout le monde m'aime, le croyez-vous ? — reprit Natha dont les sanglots redoublèrent ; — autrefois, en effet, j'avais une vie douce et tranquille dans cette maison ; j'étais alors une pauvre fille inaperçue, remplissant obscurément les devoirs de ma condition. Oh ! alors, oui, on m'aimait et je me trouvais heureuse. Mais depuis que ce mal inconnu s'est emparé de moi, tout a changé de face. Je fais et je dis des choses dont je n'ai ni conscience ni souvenir ; il y a en moi comme deux personnes différentes, dont l'une, à ce que l'on assure, a été déjà cause de grands malheurs.

— C'est vrai, Natha, — répliqua Valentin avec un soupir.

— Vous voyez bien ! .. Aussi, quand je sors de ces crises inexplicables, on m'épouvante moi-même du récit de mes actions et de mes paroles. J'inspire aux uns de la frayeur, aux autres de la pitié, à tous de l'éloignement. Ceux que j'aime me fuient ou tremblent à mon approche, ou m'observent avec une curiosité qui me glace. Et pourquoi ne suis-je pas restée dans la condition commune ? Depuis que ce singulier pouvoir dont on parle s'est révélé en moi, tous les sentiments de mon cœur sont cruellement froissés. Les autres femmes n'osent plus m'admettre en leur compagnie. Adèle, que l'on charge souvent de me garder, est terrifiée quand nous nous trouvons seules ensemble. La petite Marie, cette charmante enfant qui jouait si gaiement autour de moi et me comblait de caresses, s'enfuit maintenant quand je veux l'embrasser. Monsieur le baron n'a plus pour moi que des regards sévères, et, à son exemple, toutes les personnes de la maison semblent, par leur contenance, me reprocher les malheurs que j'ai causés ou ceux que je peux causer encore... Dites, monsieur Valentin, ne suis-je pas bien à plaindre?

Nous ne saurions donner une idée de la tristesse profonde et du charme de cette pauvre enfant pendant qu'elle déplorait ainsi la position exceptionnelle qui lui était faite au milieu de la société.

Le capitaine lui prit la main.

— Chère Natha, — dit-il, — vous vous exagérez le mal... Il est des personnes ici qui vous aiment et ne cesseront de vous aimer; moi, par exemple...

Il s'interrompit tout à coup.

— Vous, monsieur Valentin, — poursuivit Natha avec candeur, — vous avez une âme généreuse; vous vous attachez à ce qui est faible, à ce qui souffre; ces singularités qui inspirent de la répulsion aux autres sont peut-être un attrait pour vous... Et cependant, — ajouta-t-elle en levant sur le jeune officier un regard timide, — vous ne pouvez oublier l'immense malheur que, sans le vouloir et sans le savoir...

— Ne parlez plus de ce triste événement, Natha, — interrompit Valentin, — ce n'est pas votre faute si mon père a voulu poursuivre une entreprise insensée; car vous ne lui avez épargné ni les prières ni les avertissements. Laissons cela, je vous le répète, et ne vous abandonnez plus au découragement où je vous vois. Votre mère ne saurait persister dans son absurde projet, et vos amis ne manqueraient pas de s'y opposer. D'ailleurs vous guérirez bientôt; le docteur Philibert m'a assuré que votre état actuel était une crise essentiellement passagère. Jusque-là personne ne cessera de vous plaindre, de vous témoigner de l'affection. La baronne n'a-t-elle pas toujours pour vous des soins délicats, presque maternels?

— C'est vrai, monsieur Valentin, et pourtant elle ne m'appelle pas auprès d'elle aussi souvent qu'autrefois; elle semble même m'éviter à certains moments...

— Elle sait que vous avez besoin de ménagements infinis, pauvre Natha. Ces derniers temps, vous avez été cruellement tourmentée; madame de Champ-Rosay veut rendre à votre esprit la tranquillité qui seule peut assurer votre guérison... Et tenez, aujourd'hui, à l'occasion de notre partie de chasse, il y aura un dîner sur l'herbe au carrefour de la forêt; je viens d'entendre dire à la baronne que, pour vous donner une distraction salutaire, elle vous emmènerait avec elle pour l'accompagner dans les bois.

— Est-il possible! — s'écria Natha dont les yeux brillèrent de contentement; — alors je vais achever bien vite les bouquets pour la fête de monsieur le baron.

Et elle se remit avec activité à son ouvrage. Le capitaine Champ-Rosay la contemplait en silence. — Je vous remercie, monsieur Valentin, — reprit bientôt la jeune fille que ce silence embarrassait peut-être; — vous m'avez rendu la raison et le courage.

Valentin ne répondait pas et continuait de la regarder avec une fixité qui finit par effrayer Natha. Elle baissait la tête et tremblait; enfin, laissant de nouveau tomber ses fleurs, elle voulut s'enfuir; l'officier la retint.

— Natha, — lui dit-il d'une voix émue, — pendant vos moments d'extase vous avez prononcé certaines paroles... Est-il vrai que vous m'aimez?

Une inexprimable confusion couvrait les traits charmants de Natha. Ses grands yeux noirs se voilaient de leurs paupières aux longs cils.

— Que me demandez-vous? — balbutia-t-elle en essayant toujours de s'enfuir; — j'ignore... vous savez bien qu'il ne faut pas croire... Mon Dieu! soutenez-moi !

— Natha, — répondit Valentin avec une véhémence extrême, — me serais-je trompé? La première fois que vous m'avez vu, vous sembliez déjà me connaître; par un effet incompréhensible de divination, vous sembliez m'attendre, bien que rien n'eût pu annoncer ma présence, dites; le niez-vous... le niez-vous?

— Je ne puis me souvenir... Comment répondre d'un rêve?

— Eh bien! que vous le niiez ou non, moi je vous aime! Oui, j'ai lutté contre cet amour, mais je ne m'en cache plus... Natha, déesse ou servante, fille de Rabala ou ange descendu des cieux, je t'aime... Natha, je t'aime, et, quoi qu'il arrive, je n'aimerai jamais que toi!

Et, dans un transport plus puissant que sa volonté, il serra la jeune fille dans ses bras.

Natha poussa un cri d'angoisse et se dégagea par un mouvement rapide. En quelques bonds, elle atteignit le sommet du rocher qui dominait la grotte. Valentin voulut la suivre; elle se retourna et le regarda d'un air à la fois si suppliant et si irrité qu'il demeura immobile. Après un moment d'hésitation, il ramassa son fusil avec colère et se dirigea vers la porte du parc, suivi des deux chiens de chasse qui sautaient tout joyeux en aboyant.

Une heure plus tard, le baron de Champ-Rosay arrivait à la ferme, où il avait donné rendez-vous à son cousin; mais nul n'avait vu le capitaine, nul ne l'avait entendu tirer dans le voisinage. Enfin pourtant Léopold aperçut les chiens, qui battaient un chaume pour leur plaisir particulier. Les ayant rejoints, il réussit à découvrir Valentin, qui, assis derrière une haie, dans une attitude d'abattement, semblait avoir oublié le monde entier.

— Ah çà! paresseux, — lui dit-il avec gaieté, — est-ce ainsi que tu chasses?

— Je ne trouve pas de gibier.

— C'est que tu n'en cherches pas... Fédora et Ador tombent en arrêt à chaque sillon... Mais vraiment, — ajouta-t-il en remarquant l'air sombre et bouleversé de Valentin, — on croirait que tu as quelque chose?

— Moi... rien! — répliqua l'officier.

Léopold jeta son fusil sur l'herbe et prit place à côté de son cousin.

— Tu as quelque chose, — répéta-t-il; — voyons, mon cher Valentin, à quoi penses-tu?

— Je pense... je pense que j'aurais raison de partir aujourd'hui même.

— Partir!... Et où veux-tu aller?

— Rejoindre mon régiment, parbleu! Puis je demanderai à faire campagne n'importe où, pourvu que j'aie chance d'être tué bien vite.

— Mais ton congé n'est pas expiré, et tu as encore à terminer les affaires de la succession de ton père.

— Qu'importe! je dois partir, te dis-je, et le plus tôt possible, sinon...

— Qu'arrivera-t-il?

— Je ferai quelque grosse sottise... et je finirai par me brûler la cervelle. Je devrais peut-être commencer par là!

— Diable! — Il y eut un moment de silence. — Valentin, — dit enfin le baron affectueusement, — il y a une femme au fond de tout ceci, je le gage?

— Je ne dis pas non.

— En ce cas, le mal est moins grand que je ne le craignais. Les désespoirs d'amour ne sont pas très dangereux dans la cavalerie légère.

— Tu crois? Écoute: Ce n'est pas la dixième ni peut-être la vingtième fois que je suis amoureux; mais je n'ai jamais éprouvé ce que j'éprouve aujourd'hui. Je ne me reconnais plus moi-même; j'ai des aspirations, des colères, des terreurs, des faiblesses absolument contraires à ma nature. La folie me gagne, je le sens, et si je ne prends pas une décision radicale... Oui, il n'y a pas à lanterner; il me faut décamper au plus vite... Je partirai demain.

— Daigne au moins m'expliquer...

— Rien, — répliqua Valentin d'un ton péremptoire en se levant, — tu es un brave garçon, Léopold, et tu m'aimes réellement; mais que me diras-tu que je ne me sois dit moi-même? Le langage de la froide raison ne peutrait qu'augmenter ma fièvre, et d'ailleurs... Tiens, — ajouta-t-il d'un ton brusque, — nous sommes venus ici pour chasser, chassons donc ! Le mouvement me calmera peut-être.

Il avait ramassé son fusil et son carnier et s'éloignait déjà.

— Valentin, — dit le baron, — encore un mot, je t'en conjure ; il faut que tu me promettes...

— Bah ! en chasse ! — cria le capitaine Champ-Rosay.

Et il se mit à battre les guérets avec une ardeur, une rapidité qui rendaient impossible toute conversation suivie. Léopold, espérant que l'activité physique serait en effet un puissant moyen de distraction pour cette âme blessée, imita Valentin, et bientôt leurs fusils, tonnant dans la plaine, firent de nombreuses victimes parmi les cailles et les perdreaux.

A l'heure convenue, les deux cousins se rendirent au carrefour de la forêt où devait avoir lieu le dîner champêtre. La baronne, Natha et la petite Marie venaient d'y arriver dans la calèche, sous la conduite de Pierre, et avaient tout disposé pour le repas. A l'ombre de deux grands chênes qui entrelaçaient leur feuillage, on avait étendu une nappe sur le gazon et on l'avait recouverte de pâtés, de volailles froides, sans compter plusieurs bouteilles de formes variées qui se dressaient çà et là comme de petites pyramides noires sur cette surface blanche. Autour de l'appétissant couvert, plusieurs brassées de fougère fraîchement coupée en exhalant une bonne odeur de verdure devaient servir aux convives de siéges ou plutôt de lits, car on était libre de manger couché, à la mode antique. Du reste, les nuages qui s'épaississaient de plus en plus ne laissaient passer aucun rayon de soleil, encore brûlant dans cette saison ; le calme le plus profond régnait sous la feuillée, et les avenues de la forêt, que l'on voyait du lieu du festin se prolonger à perte de vue dans toutes les directions, présentaient le même aspect de solitude et d'immobilité.

On achevait les préparatifs du repas champêtre quand apparurent les chasseurs accompagnés de leurs chiens, tous épuisés, couverts de sueur et de poussière, également affamés et altérés. Valentin et Léopold s'étant jetés sur la fougère, on les débarrassa de leurs harnois de chasse et l'on inspecta leurs carniers, qui se trouvèrent bien garnis. La baronne grondait doucement son mari de s'exposer à ces fatigues excessives. La petite fille s'installa sa façon à côté de « son cousin l'officier », et, tout en lui tiraillant les moustaches, lui demanda si dans ses longues promenades il n'aurait pas, par hasard, découvert la fameuse « poupée à cheval, » toujours annoncée et qui ne venait jamais.

Valentin, au grand étonnement du baron, se montra très causeur et très gai. Il répondit à l'enfant que la poupée à cheval était momentanément malade d'une indigestion de confitures, et que le cheval, ayant eu le malheur de se casser les dents en mangeant du sucre d'orge, était en train de se faire confectionner par Désirabode un râtelier en hippopotame, mais qu'ils ne pouvaient manquer d'arriver bientôt à Balme, l'un portant l'autre.

Puis, avec la même verve gasconne, il se mit à raconter ses exploits de chasse et ceux de Léopold pendant la matinée. Chaque lièvre, chaque perdreau était le héros d'une histoire burlesque qui faisait rire aux larmes la baronne, la petite Marie et jusqu'au grave Léopold.

Natha était là aussi, comme nous l'avons dit ; et, à voir son air satisfait, le léger incarnat qui animait son visage, on eût pu croire qu'elle avait complétement oublié la scène du matin dans le parc. Tout en allant et venant pour s'assurer que rien ne manquerait aux convives, elle avait adressé aux messieurs de Champ-Rosay une modeste révérence ; mais Valentin mettait une sorte d'affectation brutale à ne pas la regarder. Il continuait de rire et de causer sans lui donner la moindre marque d'attention.

La pauvre fille était navrée de cette indifférence. Bientôt elle s'arrêta, pâlit et sembla chanceler. La baronne, qui l'observait à la dérobée en riant des joyeusetés de Valentin, lui cria tout à coup :

— Natha, souviens-toi de ta promesse... Ne va pas avoir une de tes crises pendant que nous sommes en partie de plaisir, ou, je t'en donne ma parole, je ne t'amènerai plus dans nos promenades.

— Non, non, chère maîtresse, — répondit Natha avec effort, — je ne veux pas être un trouble-fête... N'ayez aucune inquiétude.

Elle se raidit contre sa faiblesse, sourit, et les symptômes qui avaient alarmé Pauline ne tardèrent pas à disparaître.

Le capitaine Champ-Rosay avait un instant tourné la tête avec une inquiétude mal dissimulée ; mais bientôt il reprit sa position première et ne parut plus songer à Natha.

On s'assit autour de la nappe et le déjeuner commença. Valentin mangeait peu ; en revanche, il continuait de parler avec volubilité et semblait s'enivrer de sa propre parole. Par moments il s'interrompait sans cause apparente et gardait un farouche silence ; mais bientôt sa verve lui revenait et il faisait presque seul les frais de la conversation.

La baronne elle-même s'aperçut qu'il n'était pas dans son assiette ordinaire, et elle regarda son mari comme pour lui demander s'il connaissait la cause de cette surexcitation maladive.

— Croiriez-vous, — dit Léopold, — que Valentin, si joyeux à cette heure, songe à nous quitter demain pour rejoindre son régiment ?

— Impossible ! — s'écria madame de Champ-Rosay ; — comment donc avons-nous démérité de notre cher cousin ?

— Moi, je ne veux pas qu'il parte, — dit la petite Marie en saisissant le capitaine par la basque de son habit de chasse.

Et l'on eût pu entendre aussi une espèce de gémissement du côté où se trouvait Natha.

Valentin sembla d'abord un peu interdit, mais il ne tarda pas à se remettre.

— Eh bien ! quoi ! — répliqua-t-il, — vous n'avez pas dû compter que je prolongerais mon séjour indéfiniment dans ce pays. Je suis un oiseau de passage, et je m'envole selon la saison ou selon le vent qui souffle. Vous composez maintenant toute ma famille ; après vous, qui pourra me regretter ici, qui pourra songer à moi ?... Je suis destiné à vivre et à mourir seul... Que je parte aujourd'hui ou demain ou dans trois mois, ne faudra-t-il pas toujours s'y décider ?

Il y avait dans son accent une sorte de désespoir qui n'échappa pas à Pauline. Elle reprocha doucement au capitaine une détermination subite que rien ne justifiait.

— Attendez du moins quelques jours, — poursuivit-elle ; — la fête de Léopold serait attristée par votre absence. Patientez encore, et peut-être nos soins, notre affection dissiperont-ils les idées noires qui paraissent aujourd'hui troubler votre cerveau.

Et l'excellente femme avait les yeux humides de larmes.

— Merci, chère cousine, de votre touchant intérêt pour moi qui ne le mérite guère, — reprit Valentin. — En vérité, je n'ai pris encore aucun parti et je ne sais ce que je ferai. Je suis ballotté par tant de pensées bizarres, de sentiments contraires... Bah ! laissons cela et jouissons d'aujourd'hui sans nous inquiéter de demain... Léopold, un verre de ton vieux sauternes, je te prie.

Il but résolûment, tandis que le mari et la femme échangeaient avec tristesse un nouveau regard.

Natha était debout, à quelques pas, appuyée contre un arbre ; elle avait la poitrine oppressée, ses yeux s'égaraient, la pâleur revenait sur ses joues.

— Petite, — dit encore madame de Champ-Rosay en la menaçant du doigt, — prends bien garde !

— Soyez tranquille, madame, — balbutia Natha d'une voix très altérée, — vous n'aurez pas à regretter votre bonté pour moi !

Et elle se mit à marcher d'un pas rapide pour lutter contre l'engourdissement qui la gagnait ; mais, aussitôt qu'elle eut tourné un buisson voisin et qu'on ne put plus l'apercevoir, elle fondit en larmes.

— Pauvre enfant ! — disait la baronne aux messieurs de Champ-Rosay avec un un accent d'indulgence, — elle essaye de résister au mal... mais la journée, je le crains, ne se passera pas tranquillement pour elle.

— En ce cas, Pauline, — dit le baron à demi-voix, — ce sera vous qui aurez à vous souvenir de vos promesses.

Léopold n'avait paru prendre aucune part à ce qui concernait Natha, et il jouait avec la petite Marie. Le déjeuner terminé, les chasseurs voulurent se remettre en quête de gibier.

— Soit, — reprit la baronne, — car aussi bien la pluie pourrait interrompre vos divertissements. Voyez là-bas comme les brouillards s'accumulent sur la Chalantine... Léopold, vous qui êtes le plus prudent, tâchez de rentrer avant l'averse... Cousin Valentin, nous nous reverrons.

Les deux chasseurs prirent congé de Pauline et s'éloignèrent ; bientôt les explosions répétées de leurs fusils annoncèrent leurs nouveaux exploits.

Le reste de la journée se passa sans événement digne d'être mentionné. Tout occupés de la chasse, Valentin et Léopold n'avaient pu reprendre la conversation du matin, et leur retraite ressembla à une déroute. Aux approches du soir, en effet, la pluie, comme on l'avait prévu, commença à tomber, d'abord fine et légère, puis de plus en plus drue et pénétrante. Les deux cousins se virent donc obligés de rentrer à Balme en toute hâte ; d'ailleurs ils étaient épuisés de fatigue, et avaient grand besoin de repos.

En arrivant au château, ils se rendirent à la bibliothèque, lieu ordinaire de réunion pour la famille, comptant y trouver Pauline ; mais Pauline ne s'y trouvait pas.

— Je ne sais où elle est, monsieur le baron, — dit Pierre qui était venu les recevoir ; — mais, si vous voulez, je vais me mettre à sa recherche.

— Oui ; prévenez-la que Valentin et moi nous sommes rentrés... Pour elle, il y a longtemps sans doute qu'elle est de retour... Elle n'a pas été mouillée, j'espère ?

— Nullement, monsieur le baron ; la voiture était au château longtemps avant la pluie.

— Fort bien... Est-il venu des visites pendant notre absence ?

— Madame, à son arrivée, a trouvé ici monsieur Rousselot, le juge de paix de Cousance ; elle l'a reçu au salon. Puis mademoiselle Natha a éprouvé une de ses crises, et madame est allée dans la chambre de la pauvre demoiselle avec le juge de paix...

— Ah ! — dit Léopold en fronçant le sourcil, — ils auront voulu encore adresser des questions à Natha ?

— Je ne sais ; mais la conversation n'a pas duré longtemps ; car, tandis que j'étais dans l'écurie à vanner un peu d'avoine, j'ai vu monsieur Rousselot reprendre précipitamment le chemin de Cousance comme s'il craignait d'être surpris par l'averse.

— Il suffit... voyez où est madame.

Pierre sortit, et le baron, si fatigué-tout à l'heure, se mit à se promener rapidement dans la salle.

— Au diable cette petite sotte avec ses crises ! — dit-il avec colère ; — elle serait capable de conter quelqu'une de ses billevesées à ma chère Pauline, dont la tête est si ardente, si exaltée... Je n'aurai pas un moment de repos tant que cette jeune visionnaire sera dans ma maison, et, si je ne craignais de chagriner ma femme, je saurais bien m'affranchir de ces alertes continuelles...

Valentin souleva la tête comme pour répondre ; mais il ne dit rien et se renversa de nouveau dans son fauteuil.

Bientôt Pierre reparut.

— On ne trouve pas madame la baronne, — dit-il d'un air consterné ; — Adèle et moi nous l'avons cherchée dans sa chambre, dans la chambre de Natha, partout ; nous ne savons où elle peut être.

— Vous moquez-vous de moi ? — reprit Léopold ; — elle ne saurait être sortie. Nous n'avons pas de voisins, et, par cet effroyable temps... Quelqu'un a-t-il vu ma fille ?

— Mademoiselle Marie est dans la chambre d'Adèle.

— C'est bon : cherchez la mère... ou plutôt je vais la chercher moi-même.

Et Léopold, ne pouvant plus maîtriser son inquiétude, se mit à parcourir la maison à son tour.

Valentin, qui était resté dans la bibliothèque, entendit des allées et des venues dans tout le château, puis des voix animées, des lamentations se mêlant à des éclats de colère. Enfin le baron rentra.

— Y comprends-tu quelque chose, Valentin ? — dit-il d'une voix étranglée par l'émotion ; — ma femme a disparu !

— Allons, mon cher Léopold, ne t'alarme pas, — répliqua le capitaine Champ-Rosay, à qui la douleur de son cousin fit oublier ses préoccupations personnelles ; — la baronne ne saurait être loin.

— Mais où veux-tu qu'elle soit ? On a visité le château et la ferme du haut en bas ; personne ne l'a vue. Où peut-elle être allée seule, à pied, par une pluie battante ?

— A-t-on visité le parc et le jardin ?

— Tu m'y fais penser ! Elle se sera peut-être réfugiée dans le kiosque et elle s'y sera endormie.

— Il faut s'en assurer, — dit Valentin.

Tous les deux s'élancèrent hors de la maison ; mais Pauline n'était pas dans le kiosque, et rien n'annonçait qu'elle y fût venue.

. . . .

Alors les deux cousins parcoururent les allées du parc, criant et appelant de toutes leurs forces. Personne ne répondit ; quand ils s'arrêtaient pour écouter, ils n'entendaient que des gouttes d'eau tombant de feuille en feuille avec un bruit monotone.

Bientôt ils arrivèrent dans le voisinage de la grotte et de l'étang. La nuit venait, et une lueur crépusculaire éclairait à peine le paysage, si riant d'habitude. Ils firent halte sous le vieux charme et appelèrent encore, mais toujours inutilement.

— Allons, — dit Valentin, — il faut rentrer.

Mais le baron ne bougeait pas ; il désignait du doigt l'étang, dont la pluie fouettait en crépitant la surface mobile, tandis que le vent courbait les iris et les salicaires qui croissaient sur les bords.

— Si elle était... là ? — dit d'une voix étouffée.

— Bah ! es-tu fou ?... Quel prétexte à un acte de désespoir ? Tiens, rentrons... Cette absence, qui nous étonne et nous inquiète, va s'expliquer, je le gage, de la manière la plus simple du monde. — Il prit le bras du baron et ils revinrent au château. Dans le vestibule, tous les domestiques, hommes et femmes, chuchotaient avec vivacité. La petite Marie pleurait et demandait sa maman ; Valentin la prit dans ses bras. — Ta maman, chère petite ? — dit-il en lui donnant un baiser, — est-ce qu'il pourrait quitter longtemps un ange comme toi ? Elle va venir bientôt... je te le promets.

Et il la présenta au baron, qui la serra contre sa poitrine en essayant de cacher ses larmes.

— Il n'y a qu'un moyen d'expliquer l'absence de madame, — dit Adèle, qui, comme toutes les personnes de la maison, avait une extrême affection pour sa maîtresse, — c'est que monsieur Rousselot, ou Natha, ou toute autre personne lui aura parlé d'une bonne action à faire dans le voisinage. Rien ne l'arrête quand il y a des malades à soigner, des misères à soulager, des affligés à consoler. Elle sera sortie avec précipitation, pensant en avoir seulement pour quelques minutes, et elle aura été retardée par une circonstance inattendue... peut-être par cette grande pluie qui est venue si subitement.

— Oui, oui, ce doit être cela ! — s'écria Léopold ; — elle m'a déjà donné bien des inquiétudes avec ses visites de bienfaisance. Cependant d'ordinaire elle avertit quelqu'un de ses sorties.

— Le temps a pu lui manquer, — dit Valentin ; — le cas était pressant peut-être... Mais, parbleu ! — ajouta-t-il avec un accent d'amertume et d'ironie, — puisque Natha est en ce moment dans un de ses accès d'extase, ne peut-elle nous apprendre où se trouve sa protectrice ? Sa faculté de divination nous rendra grand service cette fois.

— D'autant plus, — reprit Léopold, — que cette fille, avec ses visions fausses ou réelles, est peut-être cause de nos alarmes présentes. — Mais Adèle annonça que la crise de Natha était finie depuis longtemps, et qu'à cette heure la jeune fille dormait dans sa chambre, comme il arrivait à la suite de ses accès. — Allez voir, — dit le baron.

Adèle sortit, et les deux Champ-Rosay, pendant son absence, s'informèrent des malades que la baronne avait visités le plus souvent depuis peu, des pauvres gens qu'elle avait l'habitude de secourir dans les environs. Comme ils étaient en train de recueillir des renseignements précis à cet égard, Adèle rentra ; mais elle n'était pas seule. Derrière elle accourait Natha elle-même, faible et chancelante, les yeux gonflés, les vêtements en désordre.

— Mon Dieu ! — s'écria-t-elle d'un air d'égarement, — est-il possible que ma bonne maîtresse ait ainsi disparu ? Seigneur, où peut-elle être ?

— Je vous le demanderai, mademoiselle, — dit le baron sévèrement ; — c'est vous sans doute qui lui avez tourné la tête avec vos prédictions ! Vous nous serez donc fatale à tous ?... Mais que lui avez-vous dit ? que s'est-il passé ?

— Hélas ! je l'ignore, — répondit Natha en fondant en larmes ; — mais je donnerais ma vie pour épargner une douleur à ma chère protectrice.

— Véritablement, — dit le capitaine Champ-Rosay, — le don de prophétie ne réussit guère à mademoiselle Natha et encore moins à ceux qui la consultent ! — Toutefois il se repentit aussitôt de sa dureté envers la malheureuse enfant, et il allait peut-être lui parler avec plus de douceur quand ses idées prirent un autre cours. — Allons, Léopold, — dit-il résolûment ; — les lamentations ne remédient à rien ; il faut agir et sans retard. Écoute : puisque la baronne n'est pas ici, elle a dû, pour un motif ou pour un autre, pousser jusqu'à Cousance ou jusqu'à Cuiseaux, les deux centres de population les plus rapprochés de Balme. Toi, tu vas te rendre à Cousance ; tu verras le juge de paix Rousselot, qui peut te donner des renseignements précieux, peut-être même t'indiquer où se trouve la baronne. De mon côté, je galoperai jusqu'à Cuiseaux... Mon cheval est-il prêt ? — demanda-t-il en élevant la voix.

— Oui, oui, capitaine, — répondit Pierre qui courut à l'écurie.

Léopold s'était subitement ranimé.

— Tu as raison, Valentin, — reprit-il, — je vais voir Rousselot. Lui seul, en effet, peut m'apprendre... Où donc avais-je l'esprit de ne pas penser plus tôt à cela ? Mais toi, comment espères-tu trouver ma pauvre Pauline à Cuiseaux ? Elle serait incapable de faire à pied ce long trajet par cet horrible temps.

— Suppose, — répliqua le capitaine en baissant la voix, — que l'esprit de Pauline ait été bouleversé par un événement inconnu ; c'est auprès de sa mère que la baronne aura cherché un refuge... Je me rendrai donc tout d'abord chez madame de Savigny ; si l'on peut quelque part me donner des nouvelles de Pauline, c'est là certainement.

Il fut convenu que Valentin, quel que fût le résultat de ses recherches, reviendrait à Balme dans la soirée pour en rendre compte. Puis l'officier sauta sur son cheval, que Pierre venait d'amener, et le baron partit à pied pour Cousance, malgré la pluie et l'obscurité. Comme ils s'éloignaient tous deux, ils entendirent les cris de Marie qui appelait toujours « sa petite maman » et les sanglots de Natha qui s'abandonnait à son désespoir.

XV

LES RECHERCHES.

Nous allons d'abord suivre le baron de Champ-Rosay à Cousance.

Il ne lui fallut pas plus d'un quart d'heure pour atteindre le bourg. La maison de Rousselot était une habitation assez comfortable, dont la façade se trouvait sur la grande rue tandis que les jardins donnaient sur cette ruelle étroite où Valentin s'était fourvoyé une fois. Les abords, des deux côtés, étaient solitaires à cette heure de la soirée. Néanmoins on voyait de la lumière à plusieurs fenêtres de la maison, il ne pouvait être heure indue pour ses habitants.

Léopold, trouvant ouverte la porte principale, entra sans hésiter dans le vestibule ; puis, comme il connaissait les êtres du logis, il se dirigea vers une pièce du rez-de-chaussée qu'il savait être le cabinet du juge de paix.

Un homme, assis devant un bureau, travaillait à la lueur d'une lampe. Au bruit que fit le visiteur en entrant, il releva la tête ; c'était Charles Rousselot.

Léopold de Champ-Rosay et Charles Rousselot fils se connaissaient dès l'enfance, et, bien qu'ils eussent été séparés souvent par les circonstances, une sorte d'intimité n'avait jamais cessé de régner entre eux. En apercevant le baron, Charles se leva :

— Est-ce bien vous, Léopold, — demanda-t-il avec surprise ; — vous ici, à cette heure, par ce mauvais temps ?... Mais je devine, — ajouta-t-il d'un ton différent, — vous revenez de la chasse et vous avez eu la bonne pensée de vous reposer chez nous en passant... Sur ma foi ! cher baron, à vous voir dans ce piteux équipage, on ne soupçonnerait pas en vous un futur conseiller d'État.

— Je ne viens pas de la chasse, mon cher Rousselot, — répliqua Léopold en s'asseyant épuisé ; — je viens... pour affaire... grave...

Alors seulement Charles Rousselot remarqua le visage sombre et bouleversé du baron ; il pâlit à son tour.

— Qu'y a-t-il Léopold ? — demanda-t-il à voix basse ; — aurait-on découvert... ?

— Rien, Charles ; rassurez-vous. L'affaire qui m'amène ne concerne que ma famille et moi. Je désire seulement savoir si madame de Champ-Rosay ne serait pas ici ?

— Madame la baronne chez nous ! Nous ne l'avons pas vue ce soir.

— Votre père, sans doute, se trouve à la maison ?

— En effet, il est rentré depuis longtemps déjà, et de fort mauvaise humeur. J'ai voulu lui adresser quelques mots, il m'a imposé rudement silence, et s'est retiré dans sa chambre, en défendant qu'on le dérangeât.

— Cependant, Charles, je vous prie de le prévenir de ma présence ici, car j'ai besoin de lui parler à l'instant même.

Le jeune Rousselot manifesta un extrême embarras.

— Baron, — reprit-il, — vous savez combien mon

père est despote dans sa maison, et, quand il a donné une consigne... Néanmoins un hôte tel que vous doit avoir des priviléges tout particuliers, et je vais lui annoncer votre visite... Mais, cher Léopold, — ajouta-t-il d'un ton affectueux, — vous êtes mouillé, fatigué, si vous vouliez accepter...

— Rien, rien ; par pitié ! hâtez-vous de prévenir votre père. — Charles n'hésita plus et sortit. Son absence ne fut pas longue ; quand il revint, il paraissait confus et embarrassé. — Eh bien ? — demanda le baron avec empressement.

— Impossible ! Décidément mon père est malade ; je l'ai trouvé tout rouge et agité ; il a sans doute éprouvé quelque violente secousse, car son état paraît assez alarmant. On a tout à craindre pour un homme de cet âge ! il se dispose à se coucher et ne saurait recevoir personne en ce moment.

— Vous ne lui avez pas dit sans doute que c'était moi qui désirais lui parler ? — demanda monsieur de Champ-Rosay avec un peu de hauteur.

— Je le lui ai dit, et je lui ai annoncé que vous aviez de grandes inquiétudes au sujet de la baronne ; il m'a répondu qu'aujourd'hui, en effet, il avait vu madame de Champ-Rosay à Balme, mais que depuis son retour ici il n'en avait pas eu de nouvelles.

— N'importe, — reprit Léopold avec une irritation croissante, — seul il peut m'éclairer sur des points du plus haut intérêt pour moi. Je ne le retiendrai pas longtemps ; quelques minutes suffiront... Charles, allez lui apprendre que j'insiste pour le voir à l'instant même.

— Baron, vous connaissez ma situation auprès de mon père ; je crains toujours qu'un accès de colère ne détermine une catastrophe...

— Charles Rousselot, — interrompit Léopold à voix basse mais avec véhémence, — est-ce le moment d'écouter ces puérils scrupules ? N'ont-ils pas été pour vous la cause d'assez de malheurs et peut-être d'assez de fautes ? Et quand je vous demande un service aussi simple...

— Vous avez raison, Champ-Rosay ; je ne peux rien vous refuser, car vous avez été pour moi un ami plein de générosité et de dévouement... Eh bien ! quoi qu'il arrive, je satisferai votre désir... Venez donc.

Prenant le baron par la main, Charles lui fit monter l'escalier qui conduisait au premier étage. Là, il ouvrit brusquement une porte, et il entra en disant avec volubilité :

— Mon père, voici monsieur de Champ-Rosay ; il a un besoin urgent de vous parler.

La chambre où ils se trouvaient était une de ces chambres de vieillard où chaque meuble, clopinant et suranné, représente un souvenir. Elle était encombrée de vieux fauteuils, de vieux canapés, de vieilles commodes, sans compter un vieux lit de proportions monumentales ; d'antiques courtines et un paravent aux feuilles éraillées protégeaient le maître de ce lieu contre l'humidité et les vents coulis. A la lueur d'une bougie, on entrevoyait Rousselot, qui, revêtu de sa robe de chambre, se préparait à se mettre au lit.

Réellement le juge de paix n'avait plus en ce moment cette vivacité d'allures, cette prestance qui excitaient d'ordinaire l'étonnement et contrastaient avec son grand âge. Cependant, lorsque son fils et le baron envahirent ainsi sa retraite, il se leva et dit à Charles d'un ton irrité :

— Ah çà ! monsieur, jusqu'où pousserez-vous la désobéissance ? Ne vous avais-je pas signifié que je ne voulais recevoir personne ?

— Mon père, je vous supplie d'excuser...

— Monsieur Rousselot, — reprit le baron avec fermeté en s'avançant, — je suis seul coupable. C'est moi qui ai voulu pénétrer ici à tout prix ; il m'a semblé que nous étions en trop bons termes ensemble pour qu'il me fût interdit d'avoir avec vous quelques minutes de conversation, dans une circonstance où il s'agit peut-être de vie et de mort.

Le juge de paix gardait un silence embarrassé. Jusqu'à ce jour, personne dans le pays ne lui avait inspiré autant d'estime et de respect que le baron de Champ-Rosay, dont il fréquentait la maison, et qui était un des personnages les plus considérables du canton. Néanmoins, il ne lui adressa aucun signe de sympathie ou même de politesse ; il reprit enfin en détournant la tête :

— Faut-il vous répéter, monsieur, que je ne sais rien au sujet de madame de Champ-Rosay ? Je l'ai laissée chez elle, vers les quatre heures, entourée des gens de sa maison.

— Vous pouvez du moins me renseigner sur certains faits qui se seraient passés pendant votre visite. Vous avez été témoin d'un nouvel accès de Natha, n'est-ce pas ?

— Oui ; cette jeune fille venait de tomber en extase au moment où j'arrivais au château.

— Et vous avez eu sans doute la curiosité de lui adresser des questions ?

— Je voulais seulement obtenir quelques détails sur de vieux monuments de la ville...

— Et la baronne ne s'y est pas opposée ?

— Je dois reconnaître qu'elle a fait tout ce qu'elle a pu pour m'en empêcher ; mais elle a fini par céder à mes instances.

— Et elle, n'a-t-elle pas adressé aussi des questions à Natha ?

— Je ne sais.

— Comment ! vous ne savez ? puisque vous étiez présent...

— Je n'ai pas remarqué... je ne me souviens plus...

— Monsieur Rousselot, — reprit Léopold avec énergie, — vous me cachez quelque chose... Tenez, votre attitude à mon égard n'est pas telle que je devrais l'attendre d'un vieil ami de mon père... Parlez avec franchise, que s'est-il passé ? Natha n'aurait-elle pas fait à la baronne de ces révélations étranges qui ont eu déjà de si fâcheux résultats ? aurait-elle effrayé Pauline au point de la pousser à quelque extrémité funeste, à quelque acte de désespoir ?

Et il fondit en larmes.

Rousselot demeurait impassible ; une farouche obstination se reflétait sur sa figure jaune et ridée.

— Encore une fois, je n'en sais rien, — répliqua-t-il sèchement ; — je n'ai pas compris ce que madame de Champ-Rosay demandait à Natha.

— Vous dissimulez la vérité, Rousselot, — reprit Léopold, — et vous ne voyez pas quelles conséquences fatales... Parlez donc, parlez, je vous en prie !... Natha m'aurait-elle, par exemple, accusé de quelque action honteuse ou coupable ?

— On pourrait donc vous accuser d'actions de ce genre ? — demanda le vieux juge de paix en fixant sur le baron un regard inquisiteur.

— Mon père, — dit Charles timidement, — avec tout le respect que je vous dois, je vous prie de réfléchir...

— Taisez-vous, monsieur, — interrompit Rousselot ; — prenez-vous donc l'habitude de me faire la leçon ? Je vous défends d'élever la voix en ma présence.

Le pauvre Charles baissa la tête et se tut. Il y eut un nouveau silence.

— Ainsi donc, monsieur Rousselot, — reprit le baron, — vous ne pouvez ou ne voulez me donner aucun éclaircissement sur ce qui me cause en ce moment de mortelles angoisses ?

— Aucun.

— Il suffit... Pardonnez-moi d'avoir ainsi violé votre domicile ; j'ai cru entrer dans une maison amie, je me suis trompé... Adieu.

— Adieu, — répéta le vieillard avec raideur. Il ajouta en s'adressant à son fils : — Prends la bougie pour éclairer monsieur le baron.

Charles obéit et sortit avec Léopold, tandis que le vieux juge de paix restait seul dans l'obscurité.

Au bas de l'escalier, Charles dit à Champ-Rosay :

— Je crois réellement qu'il ne sait rien.

— Je suis certain du contraire, — répliqua le baron d'une voix sombre; — vieillard obstiné et sans âme !... Mais, vous du moins, Charles, ne pourriez-vous essayer de lui arracher son secret?

— Hélas ! je suis la dernière personne du monde qu'il voudrait prendre pour confident. Néanmoins, j'essayerai.

— Charles ! — cria Rousselot avec colère du fond de sa chambre, — vas-tu donc me laisser ainsi sans lumière? Est-ce le moment de chuchoter ? Je t'attends.

— Me voilà, mon père. — Il ajouta tout bas : — Si je parviens à tirer de lui des aveux importants, j'irai bien vite vous les communiquer à Balme.

— Il sera peut-être trop tard ! — dit le baron désespéré.

Et il sortit de la maison, tandis que Charles Rousselot, obéissant aux appels réitérés de son père, remontait en toute hâte l'escalier.

Disons maintenant ce qui était arrivé à Valentin.

La nuit tombait, comme nous le savons, lorsque le capitaine Champ-Rosay avait lancé son cheval sur la route de Cuiseaux, et les épaisses vapeurs qui chargeaient l'atmosphère assombrissaient encore le crépuscule. Mille petits torrents descendaient des montagnes avec un bruit sourd, et la pluie résonnait sur les larges feuilles des châtaigniers au bord du chemin. La nature entière avait un aspect lugubre et désolé.

Valentin, dévoré d'inquiétude, ne songeait qu'à presser de plus en plus sa monture. La pensée lui vint toutefois que, chemin faisant, il pourrait recueillir des indications précieuses, et il chercha des yeux quelque passant sur les bas côtés de la route. Les passants étaient rares, et, chaque fois qu'il croyait apercevoir dans l'ombre une forme humaine, il ne tardait pas à reconnaître qu'il avait été trompé par les fausses apparences que revêtent les buissons et les rochers aux approches du soir. Enfin pourtant un bruit de sabots attira son attention ; une vieille femme, abritée sous un immense parapluie de cotonnade, les jupes largement relevées, se croisa avec lui.

Elle allait passer après lui avoir adressé un humble bonsoir, quand Valentin retint la bride de son cheval.

— Eh ! bonne femme, — demanda-t-il, — ne venez-vous pas de la ville?

— Oui, oui, monsieur, — répliqua la vieille d'un ton dolent en s'arrêtant à son tour,— et ce n'est pas pour mon plaisir que je cours les chemins par ce mauvais temps. Mais mon fils est malade, et il a bien fallu...

— Puisque vous revenez de la ville, avez-vous rencontré sur votre route une femme qui y allait ?

— Vous m'y faites penser, — répliqua la vieille, — un peu après avoir dépassé le cimetière, j'ai rencontré... Mais ce n'était pas une femme, monsieur ; c'était bien une dame... On y voyait encore clair en ce moment-là, et je me suis retournée pour la regarder, car elle n'avait pas de parapluie, et elle était si mouillée, si mouillée !... l'eau ruisselait sur elle quoi !

— Avez-vous pu voir son visage? connaissiez-vous cette dame ?

Elle avait un voile sur la figure et elle était habillée de noir. Elle a passé très-vite, et il y avait dans sa marche quelque chose de tout drôle... Vraiment, la pauvre dame m'a fait pitié.

— De quel côté se dirigeait-elle?

— Elle allait à Cuiseaux pour sûr.

— C'est elle ! — s'écria Valentin.

Il rendit la main à son cheval et l'attaqua des deux éperons à la fois. Le noble animal fit un bond qui arracha un cri de terreur à la vieille ; mais le capitaine, sans même songer à la remercier, partit ventre à terre et ne tarda pas à disparaître.

Il ne doutait nullement que la dame vêtue de noir ne fût la baronne de Champ-Rosay, et ce premier indice, après quelques heures d'incertitude et de sinistres appréhensions, lui causait un grand soulagement. Comme nous l'avons dit, il ne songeait plus à ses chagrins personnels ; les événements qui venaient d'éclater dans sa famille avaient réveillé tout son dévouement et toute son énergie.

Quelques minutes lui suffirent pour atteindre la ville, dont les lumières éparses lui signalaient depuis un moment les approches. Mais il n'eut pas l'idée de se rendre d'abord chez lui ; il se dirigea vers une rue écartée où demeurait madame de Savigny, et bientôt il s'arrêta devant la porte de la mère de Pauline.

Là, il mit pied à terre, et, tirant sa monture par la bride, il pénétra dans la cour. Ayant attaché son cheval sous un hangar, à l'abri de la pluie, il allait monter un escalier extérieur qui conduisait au premier étage, quand le vieux Joseph, le domestique de confiance de madame de Savigny, accourut une petite lanterne à la main.

Le bonhomme éleva sa lumière pour reconnaître la personne qui s'introduisait si hardiment dans la maison, et parut plus embarrassé que surpris à la vue du capitaine Champ-Rosay.

Celui-ci ne lui laissa pas le temps de la réflexion :

— Joseph,— dit-il brusquement, — j'ai besoin de voir à l'instant même madame de Savigny. — Le domestique parut un peu déconcerté ; cependant il répondit, en détournant les yeux, que sa maîtresse était souffrante, et que peut-être elle ne serait pas en état de recevoir une visite si tard.— Annoncez-moi toujours, et, si elle ne peut me recevoir, sans aucun doute madame la baronne de Champ-Rosay ne refusera pas de m'accorder quelques minutes d'audience.

— Quoi ! monsieur, vous savez... qui a pu vous dire...?

— Elle est ici, on l'a vue... Mais allez donc, Joseph, morbleu ! je ne fais pas ce soir une visite de cérémonie.

Joseph poussa un profond soupir, puis il monta l'escalier d'un pas lourd, et s'enfonça dans un corridor qui précédait l'appartement de la vieille dame. Sitôt qu'il se fut éloigné, le capitaine monta de même, et se tint à l'entrée du corridor, pour accourir au premier appel. De la place où il était il entendait comme des cris étouffés, puis une discussion animée dans l'intérieur de l'appartement. Enfin une porte s'ouvrit et Joseph revint de son pas pesant et mesuré. Valentin vint au devant de lui. — Me voici, — dit-il.

Le domestique ne s'attendait pas à le trouver si près ; Valentin, profitant de sa surprise, se dirigea vers la porte, qu'il savait être celle du salon, et entra résolûment. Cette action fut si subite et sans doute si imprévue qu'il eut le temps d'apercevoir une femme qui s'enfuyait et une seconde porte qui se refermait en face de lui, à l'autre extrémité de la pièce.

Madame de Savigny, debout et toute tremblante, était appuyée contre la cheminée, où brûlait un grand feu, quoique la saison fût encore peu avancée. La bonne dame dont nous avons fait connaissance dans la vallée de Giziat s'était bien affaiblie depuis cette époque ; et le désordre de sa toilette, la violente émotion qui décomposait ses traits en ce moment, rendaient ces changements plus frappants. Cependant, à la vue de l'officier, elle voulut prendre un ton riant et poli :

— Capitaine Champ-Rosay, — dit-elle avec effort, — je ne m'attendais pas à votre visite ce soir. Vous avez forcé ma porte, et, vraiment, si je n'étais une vieille femme...

— Madame, — interrompit Valentin, — vous devinez le motif de ma venue... La baronne est ici.

— Monsieur, je vous assure...

— N'essayez pas de nier. Mon Dieu ! au lieu de vous défier de moi et de m'accueillir comme un ennemi, unissons-nous plutôt afin de prévenir de grands malheurs.

Ces paroles étaient prononcées avec tant d'âme que madame de Savigny n'y tint plus.

— Eh bien ! oui, — reprit-elle en fondant en larmes,— elle vient de m'arriver, épuisée, hors d'haleine, trempée jusqu'aux os. Je ne pouvais plus réchauffer ses pauvres mains... Elle a fait à pied le chemin de Balme ici, sans

s'arrêter, malgré la pluie, le vent et la boue. Elle est en proie à un délire qui touche à la folie; elle s'exprime avec une violence qui m'épouvante.
— Quelle est donc la cause de ce trouble subit ?
— Natha, dans une de ses extases, lui a révélé ce soir des choses horribles contre monsieur de Champ-Rosay... si horribles qu'elle ne peut plus supporter la pensée de revoir le baron, et qu'elle se tuera, dit-elle, plutôt que de se trouver encore une fois en sa présence.
— Mais enfin qu'a-t-elle appris ?
— Elle s'exprime assez confusément ; cependant on croirait qu'il s'agit d'un crime dont le baron se serait rendu coupable à une autre époque.
— Un crime ! lui !... allons donc !... Je connais Léopold depuis sa naissance, et cette supposition est tout à fait insensée. Il y a là-dessous un malentendu qui ne peut manquer de s'expliquer à l'avantage de mon pauvre cousin. Eh bien ! chère madame, ne puis-je voir Pauline ?
— Je n'ose lui demander de vous recevoir... Je vous répète qu'elle est comme folle. Tout à l'heure, quand Joseph a annoncé, elle a cru que c'était son mari lui-même qui venait la chercher, et elle a failli, dans sa terreur, se précipiter par la fenêtre... De grâce ! laissons à cette exaltation le temps de s'apaiser ; demain la malheureuse enfant sera plus raisonnable.
— Je comprends ces ménagements de votre part, madame ; ils vous sont inspirés par votre cœur maternel; mais oubliez-vous qu'en ce moment la disparition de la baronne cause quelque part de cruelles alarmes ? Son mari se désespère, sa fille pleure de se voir abandonnée, tous les habitants de la maison sont dans des transes cruelles... on la croit perdue, on la croit morte. Pauline ne serait plus la bonne, généreuse et sainte femme que j'ai connue si elle restait indifférente à l'anxiété de ceux qui l'aiment.
— Eh bien ! ne sauriez-vous aller les rassurer ?
— Madame, que votre légitime tendresse pour votre fille ne vous aveugle pas. Vous et moi, nous avons aujourd'hui un devoir à remplir ; c'est celui de rendre une épouse à son mari, une mère à son enfant, une maîtresse à la maison délaissée.
— Quoi ! monsieur Valentin, voudriez-vous ramener ma fille à Balme dès ce soir ?
— Pourquoi non ? Vous avez votre voiture ; j'accompagnerai ma pauvre cousine, et je puis promettre...
La porte intérieure s'ouvrit avec violence.
— Jamais, jamais !— s'écria-t-on d'une voix haletante ; — j'aime mieux mourir... N'est-ce pas, maman, que vous ne souffrirez pas qu'on m'emmène d'ici ?
Et la baronne entra dans le salon.
La pauvre femme, si brillante et si gaie quelques heures auparavant, était vraiment dans un état digne de pitié.
Elle avait la tête nue et ses cheveux humides tombaient en désordre sur ses tempes. Une pâleur livide couvrait ses joues, tandis que ses yeux étaient rouges et gonflés ; cependant elle ne pleurait pas, son regard avait au contraire une expression d'obstination, de colère et de révolte.
Le capitaine Champ-Rosay, très ému, vint à elle et lui prit la main.
— Ah ! chère cousine, — dit-il, quelle inquiétude vous nous avez causée, et pourtant vous n'étiez pas la moins à plaindre peut-être !
— Vous avez raison, Valentin, — répliqua-t-elle; — oui, je suis à plaindre, bien à plaindre... je souffre toutes les tortures de l'enfer ! — Elle ajouta presque aussitôt d'une voix sèche et brève : — Je sais ce qui vous amène, capitaine Champ-Rosay. Je ne vous suivrai pas. Dites à celui qui vous envoie que je le méprise, que je le hais... que je ne veux plus le voir.
— Chère Pauline, que s'est-il donc passé depuis quelques heures ? Pouvez-vous parler ainsi de votre mari,

du père de cette charmante enfant pour laquelle vous avez tant d'affection ?
— Ma fille est aussi sa fille à lui, et c'est pour cela... Mais non, — ajouta-t-elle aussitôt, — je ne peux pas, je ne veux pas lui abandonner ma fille... Une enfant si jeune ne doit pas être séparée de sa mère ; il faudra qu'il me rende ma petite Marie, et, s'il s'y refuse, je le contraindrai par la voie des tribunaux.
Mais elle ne put conserver son stoïcisme en parlant de son enfant bien-aimée, et les larmes coulèrent enfin de ses yeux avec abondance. Valentin poursuivit du même ton :
— Vous parlez de tribunaux, chère baronne ; eh ! quelle raison donnerez-vous pour obtenir que Léopold, qui vous aime passionnément, renonce ainsi à vous pour obtenir que votre fille vous soit rendue en dépit des droits égaux de son père ? Un caprice ne saurait briser les liens les plus sacrés.
— Quoi ! Valentin, vous ignorez donc ?... Il a commis un crime... un crime effrayant, horrible, dont le souvenir seul me fait dresser les cheveux sur la tête... J'ai tort de vous dire cela, à vous qui êtes son proche parent et son ami ; mais vous m'y forcez... Natha m'a raconté tous les détails de cet épouvantable événement.
— En ce cas, je n'hésite pas à soutenir que Natha s'est trompée.
— Y pensez-vous, Valentin ? Tout ce qu'elle nous a annoncé jusqu'ici ne s'est-il pas trouvé de la plus complète exactitude ? D'ailleurs ses révélations se rapportent parfaitement à certains faits connus de moi et qui avaient déjà excité mes soupçons... Je sais aujourd'hui pourquoi l'on m'avait défendu si rigoureusement d'adresser des questions à Natha ; on craignait qu'elle ne me dénonçât cette action criminelle... Mais je ne dois rien dire... je me suis promis de ne pas le déshonorer aux yeux du monde, de ne pas appeler sur lui le châtiment de la justice.
— Chère et malheureuse cousine, j'ai pitié de l'erreur où je vous vois, et bientôt vous la déplorerez plus que personne... Ainsi donc, — ajouta Valentin après une nouvelle pause, — vous ne consentirez pas à revenir avec moi à Balme, où vous êtes attendue si impatiemment ?
— Non, non ! — s'écria la baronne en se jetant dans les bras de madame de Savigny ; — je ne veux pas quitter ma mère... Je ne retournerai jamais à Balme... jamais, jamais ! N'est-il pas vrai, maman, que vous ne me repousserez pas, vous ne me chasserez pas ? Je resterai ici auprès de vous comme autrefois. Si vous me repoussiez maintenant, je ne saurais plus vivre !
Et elle comblait de caresses la bonne dame, qui pleurait.
— Laissez-la du moins passer la nuit auprès de moi, — dit madame de Savigny à Valentin ; — demain elle sera plus tranquille et écoutera mieux les conseils de ses amis.
— Soit, madame, — répondit le capitaine en soupirant ; — peut-être est-il préférable que son mari ne la voie pas dans cet état d'exaltation inconcevable. Quant à moi, je retourne bien vite là-bas rassurer Léopold, et excuser aux yeux des gens de la maison une absence qui pourrait donner lieu à des suppositions fâcheuses.
— Oui, oui, partez, — dit la baronne avec agitation; — vous avez un caractère franc et loyal, Valentin ; vous ne comprenez pas, vous, les hypocrisies et les lâchetés !
— Pauline, celui dont vous parlez vous a comblé de soins et de tendresse pendant quatre années, où vous avez été bien heureuse.
— Ce bonheur n'était que mensonge ! — s'écria madame de Champ-Rosay avec égarement ; — il ne m'a jamais aimée, j'en suis sûre aujourd'hui. Il est ambitieux ; en m'épousant, il n'avait en vue que ma richesse, et pour l'obtenir il a été capable d'un crime...
— Allons, — interrompit le capitaine tristement, —

toujours cette monstruosité à laquelle je ne saurais croire... Je vous laisse, chère cousine, et puisse la réflexion dissiper les rêves affreux dont je vous vois obsédée! Ne me chargerez-vous pas de quelque message pour Léopold?

— Non, — répliqua la baronne d'un ton farouche.
— Que lui dirai-je?
— Tout ce que vous voudrez, peu m'importe!
— Et à votre petite Marie, à cette douce et charmante enfant qui se désole en appelant sa mère?

Cette fois encore Pauline ne put conserver son apparente insensibilité; son cœur maternel se brisa.

— Marie! — s'écria-t-elle; — mon enfant adorée! ma joie et ma consolation sur la terre! et je ne la verrais plus? Non, non, je la lui disputerai par tous les moyens, je la lui volerai s'il le faut!... Ma fille! mon enfant! Je veux ma fille!

Et elle tomba sans connaissance dans les bras de madame de Savigny.

Joseph et une femme de chambre accoururent. Le capitaine Champ-Rosay, après s'être assuré que cet évanouissement ne présentait aucune gravité, prit rapidement congé de la vieille dame et redescendit dans la cour, où l'attendait son cheval. Quelques minutes plus tard, il se remettait en route pour Balme.

La nuit était si sombre que l'on ne pouvait voir à deux pas devant soi. Cependant Valentin, comptant sur l'instinct de son excellent cheval, ne cessait de l'exciter. Tous deux dévoraient l'espace au risque de rouler au fond d'un fossé, et ce fut par une espèce de miracle qu'ils arrivèrent sains et saufs au château.

Aussitôt une lumière apparut sur le seuil de la porte. On avait guetté le retour du capitaine; tous les domestiques de la maison étaient encore dans le vestibule, attendant des nouvelles. Comme ils entouraient Valentin couvert de boue et ruisselant de pluie, le baron lui-même accourut. Il ne fit aucune question, mais il attacha sur son cousin un regard si suppliant qu'il n'y avait pas à s'y méprendre. Le capitaine, sans paraître s'en apercevoir, dit à voix haute, de manière à être entendu de tous les assistants:

— Décidément, Léopold, nos craintes étaient ridicules. Je viens de voir la baronne; elle est à la ville, chez sa mère; et cette pluie battante l'a seule empêchée de revenir à Balme ce soir.

Toutes les personnes présentes poussèrent des exclamations de joie. Cependant Léopold continuait de regarder son cousin.

— En ce cas, — reprit-il, — pourquoi est-elle partie sans prévenir les gens de la maison?

— Natha, pendant un accès d'extase, lui avait annoncé que madame de Savigny était malade ou en danger... Il n'en a pas fallu davantage pour que la pauvre baronne perdît la raison. Elle s'est mise en route à l'instant, et elle est arrivée chez sa mère, qu'elle a trouvée sinon bien-portante, du moins dans un état qui n'a rien d'inquiétant.

Natha était assise dans un coin du vestibule.
— C'est donc moi encore qui suis cause de tout le mal! — dit-elle d'une voix gémissante.

L'explication donnée par Valentin paraissait fort naturelle quand on connaissait le caractère et les habitudes de madame de Champ-Rosay; aussi aucun des domestiques ne songea-t-il à la révoquer en doute.

— Ah çà! — reprit le capitaine, — je ne me soucie pas de faire encore une fois le chemin de la ville par ce temps de loup... Léopold, ne saurais-je coucher ici cette nuit?

Le baron ordonna qu'on préparât une chambre, et comme les domestiques rassurés se retiraient pour vaquer à leurs occupations, il entraîna Valentin dans la bibliothèque. Là, il le fit asseoir dans un fauteuil, devant un bon feu, et lui dit d'un ton triste:

— Tu as parfaitement arrangé l'affaire aux yeux de notre monde, et je t'en remercie. Maintenant apprends-moi la vérité et toute la vérité.

— Tu parles comme un président de cour d'assises, — répliqua le capitaine Champ-Rosay avec embarras; — la vérité je te l'ai dite.

— Allons donc! vas-tu me traiter comme un enfant? Je te conjure de ne rien me cacher, car des ménagements hors de saison pourraient avoir les conséquences les plus fâcheuses.

Ainsi pressé, l'officier dut se résigner à des aveux à peu près complets. Il atténua bien certaines circonstances, telles que l'exaspération de Pauline et ses projets de résistance obstinée; mais Léopold avait trop de sens pour ne pas comprendre la portée des faits en dépit des réticences du conteur. Après avoir adressé plusieurs questions à Valentin, il demeura sombre et pensif.

— Eh bien! — demanda le capitaine Champ-Rosay, — que décides-tu?

— Rien, — répondit le baron.
— Comment, rien! Ne viendras-tu pas demain matin à la ville avec moi pour chercher ta pauvre Pauline?
— Non, — répliqua Léopold d'un ton rigide.
— Ah çà! de par tous les diables! vas-tu faire de la dignité maritale avec ton excellente compagne prise d'un accès de vertige?... Tu n'auras qu'à te montrer à elle en tenant ta fille par la main; je la connais, elle t'ouvrira les bras.

— Valentin, je ne tenterai pas l'expérience. Je dois attendre que Pauline abusée revienne d'elle-même au toit conjugal, qu'elle n'aurait jamais dû quitter.

— Bah! phrases d'avocat que tout cela. Si vous vous exaltez ainsi l'un et l'autre, Dieu sait comment les choses tourneront... Voyons, Léopold, tu n'aimes donc pas ta femme, cette douce, bonne et intelligente Pauline, qui t'a donné tant de bonheur depuis votre mariage?

— Si je ne l'aime pas! — s'écria le baron. — Ah! Valentin, tu ne peux comprendre ce qui s'est brisé dans mon cœur quand il ne m'a plus été permis de douter... — Il s'arrêta suffoqué par les sanglots; mais il ne tarda pas à relever la tête, et reprit en s'animant peu à peu: — C'est elle plutôt qui ne m'aime pas!... Juges-en, mon cher Valentin: elle me connaît depuis mon enfance, et elle savait, en m'accordant sa main, combien ma vie était pure et honorable. Depuis cinq ans que nous sommes mariés, elle a pu apprécier mon caractère, observer mes actions, pénétrer mes sentiments les plus secrets. Je croyais donc avoir mérité son affection, sa confiance, son respect; et tout à coup, sans explication, sans réflexion, sur la foi d'une jeune fille visionnaire, elle ne voit plus en moi qu'un scélérat. Dans son cœur, la haine remplace brusquement la tendresse, le mépris remplace l'estime; elle s'abandonne à toutes les exagérations de la femme irritée. Elle quitte à l'instant sa maison, son mari, sa fille; elle ferme l'oreille aux supplications d'un bon parent tel que toi, qui vient lui rappeler les devoirs d'épouse et de mère... Et moi maintenant j'irais lâchement au-devant d'elle, je me justifierais de crimes que je n'ai pas commis, j'invoquerais mon pardon de fautes dont je suis innocent, je demanderais grâce pour mon affection méconnue, pour ma dignité outragée?... Non, Valentin, je ne ferai pas cela... je ne le ferai pas, quand je devrais en mourir!...

Le baron s'exprimait avec une netteté, une décision qui dénotaient une résolution irrévocable. Le capitaine Champ-Rosay essaya, sans y réussir, de la combattre, et la discussion se continua assez avant dans la nuit.

Cependant Valentin était brisé de fatigue, et il comprenait que son cousin devait aussi avoir besoin de repos ou du moins de solitude; il se leva.

— Allons! — dit-il, — on assure que la nuit porte conseil; éprouvons ce remède. Aussi bien une conversation trop prolongée pourrait donner aux domestiques le soupçon de la vérité... Bonsoir donc, Léopold, et demain matin, sans doute, nous nous entendrons mieux.

Il serra la main au baron, qui le remercia encore une fois de son dévouement, et se retira. Une lumière brûla toute la nuit dans la chambre du maître de la maison, et on eût pu voir jusqu'aux premières lueurs du matin une ombre passer et repasser derrière les fenêtres.

XVII

COUP D'ŒIL RÉTROSPECTIF.

Nous ne pouvons tarder davantage à faire connaître au lecteur l'événement qui avait causé ces perturbations douloureuses dans une maison jusque-là si calme et si prospère.

On se souvient que Natha, pendant le dîner champêtre, avait failli plusieurs fois éprouver une attaque de son mal mystérieux, et que, sur l'avertissement de la baronne de Champ-Rosay, elle était parvenue à le dominer. Cependant l'action de sa volonté ne pouvait s'exercer que dans une mesure restreinte sur son organisation, et, quand on arriva au château, la pauvre enfant fut prise, comme nous l'avons dit, d'une de ses crises accoutumées. On se trouvait alors dans le salon où la baronne était venue recevoir monsieur Rousselot. Natha, chargée du chapeau et du mantelet de sa maîtresse, se disposait à regagner sa chambre, quand tout à coup elle s'affaissa doucement sur le tapis; après quelques spasmes, elle demeura immobile, et les signes habituels de l'extase ne tardèrent pas à se manifester dans toute sa personne.

Adèle était allée déshabiller la petite Marie, tandis que Pierre rentrait la voiture sous la remise. En attendant leur retour, madame de Champ-Rosay, aidée du vieux Rousselot, transporta Natha sur un canapé; puis, comme elle s'habituait aux accidents de ce genre, qui devenaient de plus en plus fréquents, elle s'assit avec le juge de paix à l'autre extrémité du salon et entretint le visiteur avec une entière liberté d'esprit.

Rousselot venait offrir ses compliments au maître du logis, en raison de la fête qui devait avoir lieu le lendemain, et à laquelle son fils et lui étaient invités. Pendant qu'il causait avec la baronne, il se montrait préoccupé, et plusieurs fois il tourna les yeux vers Natha. Pauline s'apercevait pas de sa distraction et montrait beaucoup d'enjouement, quand il dit tout à coup :

— Si vous le permettiez, madame la baronne, je profiterais de l'occasion pour adresser à cette jeune fille certaines questions d'un vif intérêt pour moi... Vous ne voyez aucun mal à cela, j'imagine?

Madame de Champ-Rosay redevint sérieuse.

— Ne vous offensez pas de mon refus, monsieur Rousselot, — répondit-elle, — mais, le baron et moi, nous sommes convenus de ne jamais interroger Natha pendant ses extases, et de ne pas souffrir qu'on l'interrogeât. Trop de malheurs ont résulté de nos imprudences passées pour que nous ne soyons pas inexorables sur ce chapitre.

Le vieil homme de loi, si despote par caractère et si opiniâtre dans ses volontés, ne se laissa pas décourager par un premier refus.

— Je comprendrais ces scrupules, — dit-il avec insistance, — s'il s'agissait comme autrefois de trésors à découvrir, de secrets de famille à divulguer, d'avenir à pénétrer; mais je veux seulement consulter mademoiselle Natha sur plusieurs points historiques n'ayant aucune espèce de rapports avec le temps présent... Vous savez, madame, ajouta-t-il d'un ton confidentiel, — que je m'occupe de recueillir quelques documents sur l'histoire politique, artistique et littéraire de cette partie de la province; et, quoique les renseignements fournis par cette jeune fille ne puissent avoir beaucoup de valeur, je serai libre de les vérifier d'après des données plus authentiques.

La baronne se souvenait des recommandations expresses de son mari, et elle avait à cœur de les faire respecter des autres autant que de les respecter elle-même. Mais elle craignait de désobliger un vieil ami de la famille, et puis elle ne voyait aucun danger ni même aucun inconvénient à se prêter au désir du juge de paix. Après s'être fait prier encore un moment, elle finit donc par consentir.

Aussitôt Rousselot s'approcha de Natha et s'assit à côté d'elle, tandis que la baronne elle-même venait prendre place devant le canapé.

— M'entendez-vous, mademoiselle, — demanda-t-il, — et êtes-vous disposée à me répondre? — Natha garda le silence. Quand elle était en état d'extase, elle éprouvait, comme les somnambules, des sympathies très-vives ou des antipathies profondes, et le vieux Rousselot n'avait pas le don de lui plaire. Cependant il ne se décourage pas. — Vous me connaissez bien, mademoiselle, — reprit-il, — et pourquoi refuseriez-vous de satisfaire ma curiosité?

Toujours même silence.

— Réponds, mon enfant, — dit la baronne en touchant légèrement la main de Natha.

— Je suis prête, — répliqua la jeune fille de sa voix étrange et sans qu'un muscle de son visage bougeât.

— Eh bien! mademoiselle, — reprit le petit vieux Rousselot, — il y a dans le chœur de l'église paroissiale de Cuiseaux une sculpture en bois qui a beaucoup occupé les savants de ce pays. Un des bas-reliefs de cette sculpture représente un renard, en robe de moine et un chapelet à la patte, paraissant prêcher du haut d'une chaire, tandis que des poulardes bressanes, qui forment l'auditoire, l'écoutent avec admiration. Pourriez-vous me dire à quelle époque remonte ce monument, et si le sujet qu'il représente est, comme le supposent certaines personnes, une allégorie qui rappelle la trahison de Pille-Muguet envers les habitants de la ville, ou si elle est tout simplement un fantaisie de l'artiste?

Natha répondit avec lenteur mais d'un ton ferme :

— Une simple fantaisie de l'artiste. Ce bas-relief se trouvait à la place qu'il occupe aujourd'hui bien avant le temps de Pille-Muguet, car c'est un ouvrage du quatorzième siècle. Le Renard prêchant les poules était le sujet d'un fabliau fort répandu au moyen âge, et il existe dans plusieurs églises de la province des bas-reliefs en bois reproduisant le même sujet.

Rousselot réfléchit profondément.

— Eh bien! — lui demanda la baronne, — êtes-vous content de l'explication?

— J'avoue, madame, que mademoiselle Natha me semble avoir raison; seulement sa réponse se trouve à peu près mot à mot dans un livre fort connu sur les antiquités du département, et, cet ouvrage se trouvant dans votre bibliothèque comme dans la mienne, l'on pourrait croire...

— Que Natha l'a lu, voulez-vous dire? Il n'y aurait là rien d'impossible, car cette fille, surtout quand le baron et moi nous sommes à Paris, dévore tous les livres de la bibliothèque... Mais vraiment, monsieur Rousselot, vous voilà tout déconfit parce que la pauvre enfant, au lieu d'une explication surnaturelle, vous donne une version adoptée par les savants du pays!

— Encore une fois, je suis satisfait de sa réponse, qui s'accorde en tous points avec mon opinion personnelle; cependant je serais curieux de savoir si réellement cette jeune fille rêve, ou si elle ne fait que se souvenir, ou enfin si, par un don particulier, elle pénètre les choses cachées.

— Je vois où vous voulez en venir, monsieur Rousselot; auriez-vous encore une question du même genre à lui adresser?

— Ce n'est plus, madame, sur un fait d'archéologie que je désirerais être éclairé. Depuis longtemps je souhaite ardemment d'apprendre la vérité sur un événement qui a dû fort vous intriguer vous-même, car vous en avez été témoin...

— De quel événement s'agit-il ?

— D'une aventure qui vous arriva un soir dans la vallée de Giziat, en vous promenant avec madame de Savigny. Avez-vous oublié cette pauvre fille séduite, Clarisse Menot, que vous trouvâtes noyée dans le canal du moulin, et ne tendriez-vous pas à connaître le secret de cette lugubre affaire ?

— Si, si, monsieur le juge de paix ! — s'écria la baronne ; — la pensée m'est venue bien souvent... Mais, poursuivit-elle aussitôt, — c'est là une de ces questions que la prudence nous interdit de poser à Natha. Qu'arriverait-il si nous venions à apprendre qu'il y a un crime dans la mort de Clarisse Menot, et si l'on nous révélait le nom de l'assassin ?

— Nous serions du moins en garde contre ce misérable qui sans doute a habité et peut-être habite encore le pays.

Madame de Champ-Rosay paraissait violemment tentée.

Ainsi qu'elle le disait, sa réflexion s'était bien souvent exercée au sujet de cet événement, qui l'avait jadis si profondément émue, et la proposition de Rousselot venait de réveiller en elle une de ces curiosités passionnées comme en éprouvent les femmes nerveuses et à imagination vive. Elle ne sut pas y résister.

— Essayez donc, — murmura-t-elle en détournant les yeux.

Après avoir obtenu cette permission, le juge de paix pressa Natha de questions sur le drame lugubre de la vallée de Giziat. Mais Natha gardait le silence, et ce fut seulement à force d'importunités qu'elle consentit à répondre :

— Non, non ! laissez-moi... Ce serait offenser Dieu... et les personnes présentes auraient cruellement à souffrir si je cédais à vos sollicitations.

La baronne tressaillit ; oubliant ses résolutions et ses promesses, elle n'hésita plus à intervenir directement dans cette espèce de lutte.

— Natha, — s'écria-t-elle en saisissant la main inerte de la jeune fille, — pourquoi affirmes-tu que les personnes présentes auraient cruellement à souffrir de tes révélations ? Il n'y a ici que monsieur et moi... Allons ! tu en as déjà dit trop ou trop peu... Explique-toi sans détours ; je le veux... je t'en prie.

La violence des sentiments de Natha dominant l'espèce de paralysie générale qui pesait sur sa frêle organisation, elle fit plusieurs mouvements convulsifs. Son visage rayonnait pour ainsi dire de terreur, et ses paupières frémissaient sur ses yeux clos.

— Non, maîtresse, non, — disait-elle d'une voix oppressée ; — par pitié pour moi, par pitié pour vous-même, ne me demandez pas cela !

— Je le veux, je le veux, — répéta la baronne.

Elle était à peine moins pâle que Natha, et des gouttes de sueur perlaient sur son front. Rousselot remarqua ces signes inquiétants.

— Madame la baronne, — dit-il, — toute réflexion faite, il serait sage peut-être de renoncer...

— Assez, monsieur, — répliqua sèchement madame de Champ-Rosay. Blessé de cette brusquerie, le vieillard prit un air fâché. Pauline, sans s'inquiéter de lui davantage se pencha de nouveau vers Natha. — Allons ! que sais-tu de Clarisse Menot ? — demanda-t-elle.

— Je la vois, — reprit Natha avec effort ; — c'est une jeune femme, maigre et pâle, misérablement vêtue ; elle erre dans les rues de Cousance, portant dans ses bras un pauvre petit enfant qui pleure.

— Ces particularités sont connues de tout le pays... Toi-même tu as dû plusieurs fois rencontrer la pauvre Clarisse quand tu habitais la vallée de Giziat... Mais ne peux-tu nous nommer son lâche séducteur ?

— C'était un jeune homme qui venait quelquefois le soir, en se cachant, lui apporter de faibles et insuffisants secours...

— Mais son nom... ? Dis-nous son nom ? — Natha garda le silence. — N'importe !... passons... Maintenant, Clarisse Menot a-t-elle péri par un crime ou par un suicide ?

— Par... un... crime.

— Je m'en doutais ! — s'écria le vieux juge de paix ; — j'ai consigné cette opinion dans mon procès-verbal, et nul n'a voulu me croire.

Mais la baronne ne s'arrêta pas à cette observation.

— Eh bien ! — poursuivit-elle, — quel motif avait-on pour se défaire de cette créature inoffensive ?

— Son séducteur devait épouser une demoiselle riche et de haute condition ; Clarisse l'avait menacé, s'il se mariait, de causer du scandale...

— Et c'est pour prévenir cet éclat qu'il a voulu se débarrasser d'elle ? Ainsi se terminent parfois ces tristes histoires de séduction... Mais de quelle manière le crime a-t-il été accompli ?

Natha reprit d'une voix saccadée :

— Je vois Clarisse portée dans les bras d'un homme... elle est mourante et se débat faiblement... Elle a les jambes attachées avec un mouchoir... il la précipite dans l'écluse... elle s'agite, elle veut crier... il lui enfonce la tête dans l'eau... Ah !

Natha se tut, saisie d'une horreur profonde, comme si en effet elle avait devant les yeux la scène affreuse qu'elle dépeignait.

— Le monstre ! — dit la baronne toute palpitante elle-même. — Mais il m'importe de connaître le scélérat capable d'un pareil crime... Natha, nomme-le moi !

— Pas cela, maîtresse, n'exigez pas cela, je vous en prie ! Ecoutez : il fait presque nuit... il me tourne le dos... je ne peux voir son visage...

— Regarde bien... Je veux savoir son nom.

— Grâce ! grâce !

— Son nom, te dis-je... je te l'ordonne.

— Eh bien ! c'est...

— Parle... parle donc.

— C'est le baron Léopold de Champ-Rosay.

A peine ce nom, qui paraissait arraché par une atroce torture, eût-il été prononcé, que Pauline se renversa en arrière comme frappée au cœur ; un silence de mort régna dans le salon. Le vieux Rousselot, de son côté, était en proie à mille sentiments tumultueux ; mais, s'apercevant que la baronne défaillait, il allait lui donner des secours quand elle domina sa faiblesse et se redressa tout à coup.

— Tu te trompes, Natha, — reprit elle d'une voix saccadée ; — pauvre visionnaire... pauvre folle ! Tu te trompes, je te le répète... Reviens à toi, recueille tes pensées. Ce n'est pas Léopold de Champ-Rosay que tu as vu ! Léopold était un jeune homme studieux, plein d'honneur et de loyauté ; il n'avait jamais aimé que moi. Comment serait-il le séducteur de Clarisse Menot ? A la vérité, ce soir-là, nous le rencontrâmes, ma mère et moi, dans la vallée de Giziat, sur le bord du ruisseau ; mais c'était nous qu'il cherchait, entends-tu !... Oui, il venait au-devant de moi, sa fiancée... n'était-ce pas tout naturel ?

— Quoi ! madame la baronne, — demanda Rousselot entraîné par l'intérêt puissant de cette scène, —monsieur de Champ-Rosay ne vous avait-il pas accompagnées, votre mère et vous, à Giziat ? Y était-il donc venu seul ? J'avais toujours pensé.

Pauline le regarda en face, mais elle ne parut pas encore l'avoir entendu.

— Parleras-tu, Natha ?—poursuivit-elle avec violence ; — vas-tu enfin reconnaître tes erreurs, tes mensonges ? On a raison de le dire, tes soi-disant révélations ne sont rien que des rêves de malade !... Créature stupide, ajouta-t-elle d'un ton terrible, — soutiendras-tu que ce séducteur, ce lâche, cet assassin, était Léopold de Champ-Rosay... mon Léopold à moi... le père de ma fille?

— Maîtresse, — balbutia Natha, — je vous avais averti... je savais...

— Ainsi donc tu persistes dans ton odieuse calomnie? — Natha ne répondit pas. Pauline se leva et se mit à se promener dans le salon avec une impétuosité qui tenait de la folie. Elle frappait du pied, se tordait les mains. — C'est impossible, c'est impossible! — s'écriait-elle avec égarement; — lui un homme du monde, un fonctionnaire éminent, destiné aux plus hautes positions administratives; lui si fier, lui qui m'a témoigné tant de tendresse et qui adore sa fille!... Et pourtant que faisait-il dans la vallée de Giziat pendant cette funeste soirée? Pourquoi se montra-t-il embarrassé en nous rencontrant, ma mère et moi? Pourquoi insistait-il pour qu'on n'attribuât pas à un crime la mort tragique de Clarisse Menot? Enfin, plus tard, quand Natha nous annonçait des choses étranges qui se réalisaient infailliblement, pourquoi craignait-il tant que j'interrogeasse Natha? Pourquoi insistait-il sur le danger de ces révélations? Prévoyait-il donc...? Oh! malheureuse... malheureuse que je suis! — Elle se couvrit le visage, pendant que ses deux pieds battaient frénétiquement le plancher. Rousselot ne savait que dire et que faire en présence de cette frénésie. Tout à coup il se tut et demeura immobile; puis, se tournant vers le vieux juge de paix, il lui dit brusquement:—Pourquoi m'écoutez-vous? Venez-vous dans ma maison pour épier mes paroles?

— Ce n'est pas mon intention, madame, — répondit Rousselot; — j'éprouve la plus vive sympathie...

— Vous croyez donc que Natha dit vrai? — interrompit Pauline; — vous qui avez une si grande expérience, vous ne repoussez pas cette accusation absurde, insensée, incompréhensible? Oh! dites-moi, dites-moi, je vous en conjure, que Natha s'est trompée!

— J'aime à le penser, madame la baronne; bien que cette jeune fille ait souvent rencontré juste, il ne faut pas accorder une confiance trop complète... Mais pardon, madame, — continua le vieillard que l'état de Pauline commençait à effrayer tout de bon; — le temps se brouille, et je dois me hâter si je veux arriver chez moi avant la pluie.

En même temps il prit sa canne et son chapeau. Comme il se dirigeait vers la porte, madame de Champ-Rosay le saisit par le bras :

— Vous allez le dénoncer, le livrer aux gendarmes! — dit-elle.

Rousselot essaya de se dégager.

— Oh! madame la baronne, comment avez-vous pu concevoir une pareille idée? J'ai été l'ami du père de monsieur de Champ-Rosay, j'ai été toujours le défenseur des intérêts de la famille...

— Oui, mais vous alléguerez votre devoir, votre conscience, et malgré son crime je ne veux pas qu'il soit traîné à l'échafaud... Monsieur Rousselot, vous ne sortirez pas d'ici avant d'avoir juré solennellement que vous ne révélerez à qui que ce soit ce que vous venez d'entendre.

— Je vous répète, madame, que je n'ai nullement le projet...

— Jurez, jurez! — dit Pauline avec énergie et sans lâcher le bras du juge de paix; — vous hésitez? J'avais donc deviné juste... vous voulez le dénoncer!

— A Dieu ne plaise, madame! — répliqua le vieux Rousselot presque aussi troublé qu'elle.—Eh bien! puisque vous l'exigez, je jure de ne répéter à personne au monde ce que je viens d'entendre.

— Il suffit... vous êtes chrétien, monsieur Rousselot, et rien ne pourra, je le sais, vous faire enfreindre votre serment... Maintenant adieu! — Elle tira le cordon d'une sonnette et Pierre ne tarda pas à paraître. — Natha vient d'avoir une de ses crises, — dit-elle en détournant la tête afin que le domestique ne pût voir ses traits bouleversés ;

— emportez-la dans sa chambre. — Pierre enleva Natha dans ses bras avec précaution et sortit. Alors la baronne se dirigea vers la porte à son tour, mais elle se trouva face à face avec Rousselot, qui la contemplait d'un air d'anxiété : — Etes-vous encore ici ?—demanda-t-elle avec impatience.

— Je pars, madame ; mais j'éprouve quelques scrupules à vous quitter quand je vous vois livrée à un semblable emportement.

— Que craignez-vous? que j'attente à mes jours? Moi aussi je suis chrétienne. J'attendrai que la douleur et la honte m'aient tuée... je n'attendrai peut-être pas longtemps ! — Et elle s'enfuit dans sa chambre, tandis que Rousselot, en proie à une émotion qu'il n'avait pas éprouvée depuis bien des années, retournait chez lui. La pauvre baronne n'avait pas l'intention de rester longtemps dans sa chambre. Elle s'empressa de mettre un châle et un chapeau, sans appeler aucune de ses femmes ; puis elle se disposait à sortir de nouveau quand un bruit soudain, qui partait d'une pièce voisine, l'arrêta toute tremblante. Ce bruit c'était un éclat de rire d'enfant, un de ces rires argentins, frais, joyeux, qui réjouissent toujours le cœur d'une mère. — Ma fille ! — murmura Pauline. — je ne peux pas quitter cette maison sans avoir embrassé ma fille ! — Elle allait donc se diriger vers la pièce où la petite Marie était en train de jouer sous la surveillance d'Adèle ; mais, en levant les yeux par hasard, elle aperçut suspendu à la boiserie le portrait en pied du baron Léopold. La vue de ce portrait, présent de son mari lui-même et qui était d'une extrême ressemblance, réveilla toute sa colère. — Non, non, — dit-elle ; — si j'embrassais ma fille en ce moment, je ne partirais pas... et je veux partir, quitter cette maison pour toujours... Cher ange, pardonne-moi ; mais j'ai besoin de tout mon courage !

Elle descendit en courant l'escalier, traversa la cour, et put gagner l'avenue, puis la grand'route, sans avoir rencontré aucun habitant du château.

Nous avons dit déjà qu'il y avait près d'une lieue de Balme à Cuiseaux et que, au moment où Pauline se mit en marche, la nuit était proche, tandis que la pluie commençait à tomber en gouttes larges et serrées ; rien ne put arrêter la baronne.

Bientôt ses légers vêtements furent traversés par l'eau ; ses fines chaussures ne pouvaient protéger ses pieds contre la boue visqueuse de ce sol argileux ; elle ne s'en inquiétait pas, et continuait d'avancer d'un pas rapide. Les rares passants qui remarquèrent cette femme voilée se glissant comme une ombre silencieuse à travers les tourbillons de pluie n'auraient eu garde de soupçonner en elle la plus belle, la plus riche, la plus honorée de toutes les dames du canton.

Pauline atteignit ainsi la ville, où l'obscurité croissante ne permit pas heureusement qu'elle fût reconnue. Elle se rendit aussitôt à la demeure de sa mère. Madame de Savigny, que son état maladif empêchait de sortir, était assise au coin du feu dans le salon, quand elle vit tout à coup entrer sa fille pâle, haletante, les vêtements ruisselant d'eau.

— Pauline ! — s'écria-t-elle éperdue en se levant, — est-ce bien toi?

La baronne lui dit :

— Chère maman, l'homme que vous m'avez donné pour mari est indigne de moi. Je ne saurais vivre désormais auprès de lui, car il ne m'inspire que du dégoût et de l'aversion... Je viens chercher un refuge chez vous... Aimez-moi, protégez-moi!

Et elle se jeta dans les bras de sa mère.

XVIII

UN ENFER CONJUGAL.

Le lendemain matin, le capitaine Champ-Rosay, revêtu d'un uniforme de petite tenue qu'il avait envoyé chercher à Cuiseaux pour remplacer son costume de chasse, entra dans la bibliothèque où il savait trouver Léopold. Cette pièce, ainsi que le salon voisin, était remplie de fleurs que les gens du château et de la ferme, ignorant la gravité des événements de la veille, avaient apportées au baron. Léopold écrivait, et plusieurs lettres déjà closes étaient éparses sur la table autour de lui. Il paraissait calme, quoiqu'il fût très-pâle. Les deux cousins échangèrent une poignée de main; puis le baron continua sa besogne, tandis que Valentin s'asseyait en face de lui sans prononcer une parole.

Au bout d'un moment, le capitaine demanda :
— Pour qui ces lettres?
— Ne faut-il pas que je contremande les personnes invitées à la fête d'aujourd'hui? Une fête! — ajouta Léopold avec un sourire amer, — regarde ces bouquets... n'est-ce pas une dérision?
— Tu te presses trop, ce me semble.
— Supposes-tu donc que Pauline viendra faire les honneurs du dîner? J'annonce aux invités que, par suite d'une indisposition de madame de Savigny, indisposition qui retient aujourd'hui la baronne à Cuiseaux, la fête est indéfiniment ajournée... Ils en croiront ce qu'ils voudront, mais les apparences seront sauvées... Voici, de son côté, le vieux Rousselot qui s'excuse de venir.
— Ah! ah! quel prétexte donne-t-il?
— C'est Charles qui écrit, et il me prévient que, son père étant souffrant, ils ne pourront ni l'un ni l'autre assister à notre réunion d'amis; comprends-tu? Le refus empressé du père ne saurait m'étonner, car depuis hier nous sommes au plus mal ensemble; mais Charles... lui!
— Bah! le fils obéit servilement aux impulsions du père, — reprit Valentin; — mais, toute réflexion faite, Léopold, tu ne devrais pas trop te presser d'envoyer ces lettres à leur adresse... Tu sais que ce matin je veux aller... là-bas?
— Je le sais, mais tu n'obtiendras rien. Quand une femme est arrivée à ce degré d'exaltation et d'aveuglement...
— Je parie que je trouverai la baronne douce comme un agneau, et ma démarche réussirait infailliblement si tu voulais bien me charger de tout petit bout de lettre.
— Je ne lui écrirai pas, — répliqua le baron d'un ton ferme et péremptoire. — Que lui écrirais-je? Elle a cru sans hésitation une calomnie contre laquelle protestait toute ma vie passée; que puis-je à cela, sinon attendre avec patience et dignité qu'il lui plaise de reconnaître son erreur?... Et c'est ce que je ferai.
— Bon! encore ta dignité! Confie-moi du moins la petite Marie pendant quelques heures; je l'emmènerai dans la voiture, et j'espère...
— Ma fille ne sortira pas de chez moi. En m'abandonnant, sa mère l'a abandonnée de même. Si Pauline veut la voir, qu'elle revienne au foyer domestique, où est la place des enfants, à côté de leur père et de leur mère.
— Du diable si j'arrive jamais à quelque chose avec toutes ces têtes de fer! — murmura le capitaine.

Comme il allait sortir, Léopold lui dit :
— Tu ne peux te rendre à la ville sans avoir déjeuné... viens manger un morceau pendant que l'on préparera ton cheval.

. . . .

Léopold et Valentin entrèrent dans la salle à manger, où on leur servit quelques mets froids. Comme le déjeuner tirait à sa fin, Adèle vint annoncer au baron que la petite Marie avait passé une nuit affreuse, qu'elle ne cessait d'appeler sa mère, et que ni Natha ni elle ne pouvaient la calmer.
— Je vais la voir, — dit Léopold en se levant, — et peut-être serai-je plus heureux.
— Annoncez à cette chère enfant, — reprit le capitaine à son tour, — que je cours chercher sa mère, et que dans deux heures la baronne sera ici.

Léopold le regarda comme pour lui demander s'il pourrait en effet remplir une semblable promesse, mais il ne dit rien et ils se séparèrent.

Le baron trouva la petite tout en larmes et appelant avec désespoir sa mère, qu'elle n'avait jamais perdue de vue aussi longtemps. Il la prit dans ses bras, et à force de caresses parvint à l'apaiser. Natha et Adèle l'avaient aidé dans cette tâche. Natha, plus faible et plus languissante que jamais, semblait très-affligée du chagrin de la charmante enfant. Comme elle respirait enfin en voyant Marie sourire, Léopold attacha sur elle son regard sévère et lui dit :
— Vous êtes toujours souffrante, mademoiselle Natha, et, si je ne me trompe, hier encore vous avez eu un accès de votre maladie ordinaire?
— Il est vrai, monsieur le baron.
— Dans l'état de santé où vous vous trouvez, votre séjour à Balme présente de graves inconvénients, et d'ailleurs peut-être vos services ici vont-ils devenir inutiles.
— Quoi donc! — demanda Natha avec un accent de terreur, — madame la baronne, ma bonne maîtresse, ne doit-elle plus revenir?
— Qu'elle revienne ou non, le repos de cette maison est à jamais compromis, et vous ne pouvez ignorer que ce malheur est votre ouvrage.
— Grand Dieu! est-il possible?

Et la pauvre Natha se mit à pleurer.
— J'ai donc décidé, — poursuivit le baron, — que dans trois jours vous quitterez Balme. Soit que vous retourniez chez votre mère, soit que vous cherchiez un refuge dans une maison de santé, je vous assurerai une pension convenable tant que vous ne pourrez vous suffire à vous-même. Agissez donc en conséquence; écrivez aujourd'hui à votre famille, afin que dans trois jours au plus tard... Nous nous sommes bien entendus, n'est-ce pas?

Ce congé un peu brutal éveilla la fierté indomptable dont Natha avait fait montre lors de sa première entrevue avec Pauline. Elle releva la tête, et ses yeux noirs s'attachèrent hardiment sur Léopold.
— Il suffit, monsieur le baron, — dit-elle; — puisque ma présence ici peut être un motif de gêne pour ma chère protectrice et pour vous, je ne saurais y demeurer davantage... Dans trois jours, bien plus tôt peut-être, j'aurai quitté votre maison, je vous le promets.

Cette noble résignation sembla toucher Léopold plus que des plaintes; il ajouta doucement :
— Ne voyez aucune inimitié dans mes paroles, pauvre Natha; vous devez céder comme moi à une inexorable nécessité... Du reste, je vous le répète, je ne vous retirerai pas mon appui et, quoique à distance, j'assurerai votre bien-être... En ceci je crois me conformer aux intentions de la baronne, qui vous a toujours aimée...
— Ah! ce n'est pas elle qui m'eût chassée de Balme! — s'écria Natha dans un transport de douleur.

Léopold ne dit rien et se retira.

Plusieurs heures s'écoulèrent. Le baron s'était enfermé dans sa chambre et nul ne l'avait vu depuis sa visite à sa fille. Son calme apparent faisait supposer qu'il n'avait aucune inquiétude au sujet de madame de Champ-Rosay, et sa sécurité était partagée par toutes les personnes de la maison. Cependant si quelqu'un eût pu l'examiner pendant ces heures de solitude, on eût remarqué sur ses joues des traces de larmes. Parfois il était violemment agité, il allait et venait comme un fou. Souvent aussi, s'approchant d'une fenêtre qui donnait sur la campagne et dominait la grand'route, il demeurait en observation.

Quoique le ciel fût encore chargé de nuages blancs, un soleil capricieux éclairait par intervalles la cime des montagnes. La route s'étendait à perte de vue, toute parsemée de flaques d'une eau jaunâtre tombée la nuit précédente. Léopold suivait des yeux avec anxiété les voyageurs et les voitures, qui d'abord apparaissaient comme des points noirs dans l'éloignement, du côté de la ville. Peu à peu les points noirs grossissaient, devenaient plus distincts, et se changeaient tantôt en quelque vieux paysan qui cheminait avec lenteur pour aller visiter ses vignes, tantôt en un attelage de vaches qui traînait une de ces charrettes longues et étroites, de construction grossière, en usage dans la Bresse. Alors le baron poussait une exclamation de colère et se remettait à se promener dans sa chambre, pour revenir bientôt à la fenêtre, où une force irrésistible l'attirait.

Une fois pourtant son attente ne parut pas devoir être trompée.

Depuis quelques instants, un de ces points noirs dont nous avons parlé se montrait du côté de la ville, et Léopold ne tarda pas à s'assurer que l'objet en question était une voiture qui avançait avec toute la rapidité d'un vigoureux cheval; bientôt même il put distinguer un cavalier, qui tantôt précédait la voiture, tantôt paraissait se confondre avec elle. Le cœur du baron commença à battre avec violence. Enfin il n'eut plus de doute : ce cavalier, fort reconnaissable à son uniforme, c'était Valentin de Champ-Rosay; la voiture, c'était la petite calèche dans laquelle madame de Savigny venait fréquemment faire visite à sa fille.

— Valentin l'avait bien dit! — s'écria Léopold, au comble de la joie. — Le brave garçon me *la* ramène?...! Comment a-t-il fait? N'importe! merci, Valentin !

Il regarda encore. La voiture n'était pas maintenant à plus de cent pas de l'avenue du château, et le cavalier semblait se disposer à prendre les devants. Après avoir échangé quelques mots avec les personnes qu'il escortait, il partit au galop, et on le voyait glisser rapidement derrière les arbres, tandis que la voiture marchait avec plus de lenteur.

Le baron s'empressa de descendre à la bibliothèque. Il avait repris ses allures graves et son masque de dignité.

Bientôt le capitaine entra comme une trombe en s'écriant :

— Victoire ! j'ai tenu ma promesse... *Elle* me suit :
— Qui donc? — demanda Léopold avec une froideur affectée.

— Pardieu ! ta femme... Pauline... la baronne ; qui serait-ce donc? Elle arrive avec sa mère... Ne te réjouis pas trop pourtant, car elle n'est pas encore complètement apprivoisée; ce sera à toi d'achever la besogne.

— C'est un vrai miracle! Comment t'y es-tu pris pour la décider ?

— Rien de plus simple; je lui ai dit que Marie était malade, qu'elle n'avait cessé de pleurer toute la nuit, qu'elle mourrait si elle ne revoyait bientôt sa mère ; Pauline n'a pu y tenir... et elle arrive !

— Ah ! c'est seulement pour sa fille qu'elle vient ! — dit le baron avec amertume.

En ce moment on entendit le bruit de la voiture qui s'arrêtait dans la cour.

— Allons au-devant de ces dames ! — dit l'officier en prenant Léopold par le bras.

Léopold ne fit aucune résistance. Quelles que fussent les raisons qui avaient déterminé sa femme à revenir, il éprouvait une satisfaction immense de la savoir revenue, et son cœur tout entier s'élançait vers elle.

Quand les deux cousins arrivèrent dans la cour, la baronne et madame de Savigny descendaient de voiture. Madame de Savigny paraissait triste et fatiguée ; quant à Pauline, elle avait les traits tirés et les yeux cernés sous son voile de deuil ; ses mouvements heurtés témoignaient d'une violente tension nerveuse.

Léopold s'approcha d'elle, la bouche souriante.

— Vous voilà donc, méchante ! — lui dit-il ; — n'auriez-vous pas dû avoir quelque pitié de mes cruelles inquiétudes ?

Pauline ne parut pas l'avoir entendu ; elle s'occupait de soutenir madame de Savigny, dont la démarche était chancelante.

— Ma fille ! où est Marie ? — demanda-t-elle impérieusement.

Léopold blessé recula d'un pas et se contenta de saluer avec froideur.

En ce moment Natha, avertie du retour de la baronne, accourait émue et palpitante.

— Ah ! madame, ma chère protectrice, — s'écria-t-elle, — que je suis contente de vous voir ! Dieu soit loué ! La joie et le bonheur vont reparaître ici.

Mais Pauline ne sembla pas plus s'apercevoir de sa présence qu'elle ne s'était aperçue de celle du baron. Laissant madame de Savigny au bras de Valentin, elle passa entre son mari et Natha, en s'écriant :

— Où est cette chère petite ? Personne n'aura donc la charité de m'amener ma fille ?

Et elle entra en courant dans la maison.

Léopold demeurait immobile et sombre ; Natha, les yeux pleins de larmes, regagna sa chambre en murmurant :

— C'est maintenant que je n'ai plus rien à faire ici... Ma maîtresse ne m'aime plus !

Le baron paraissait si consterné, si malheureux, que sa belle-mère en fut touchée et lui dit avec compassion :

— *Elle* est bien dure pour vous, n'est-il pas vrai, mon bon Léopold? Que voulez-vous? elle a maintenant la fièvre, le délire... Prenons patience ; si vous ne redoutez pas trop la présence d'une pauvre malade, je vais m'installer ici pendant quelques jours ; et à nous deux, je devrais dire à nous trois, car cet excellent capitaine de Champ-Rosay nous aidera, nous réussirons, je l'espère, à calmer cette petite tête folle.

On venait d'entrer dans le salon et on établit la vieille dame dans un fauteuil. Le baron, malgré son chagrin, assura madame de Savigny qu'elle était la bien venue à Balme et la remercia affectueusement de sa visite.

— Vous ne croyez donc pas, chère mère, — ajouta-t-il avec un sourire forcé, — aux calomnies abominables qui ont exalté Pauline à ce point ? Vous ne connaissez pas le crime odieux dont on m'accuse et dont, pour ma part, je n'ai pas la moindre idée ?

— Je n'en sais pas plus que vous à cet égard. Pauline en parlait hier d'une manière vague. Ce matin, elle s'est renfermée dans un mutisme obstiné; elle a refusé de répondre à mes questions au sujet des torts mystérieux qu'elle vous reproche... Aussi, mon gendre, jusqu'à preuve du contraire, — poursuivit madame de Savigny avec un sourire fin, — continuerai-je d'avoir pour vous l'estime et l'affection que vous me paraissiez mériter quand je vous ai confié le soin de rendre ma fille heureuse.

— Merci, chère mère, — répliqua le baron dont les yeux devinrent humides ; — ah ! voilà ce que Pauline eût dû penser quand on lui a fait ces contes ridicules ! Aussi importe-t-il que j'aie sans retard une explication avec elle...

— Ne précipitez rien, Léopold, — dit madame de Savigny d'un ton suppliant ; — Pauline est encore trop agitée pour qu'une explication de cette nature puisse amener un bon résultat pour elle et pour vous. Ce feu effrayant s'éteindra de lui-même, comme un feu de paille, et vous profiterez du premier mouvement favorable... Jusque-là, sachez attendre. Cher Léopold, me promettez-vous de ne pas brusquer une explication ?

— Soit, — répondit le baron avec un soupir ; — et pourtant si cette situation se prolonge, ne fût-ce que quelques jours, elle deviendra intolérable.

— Il y aura en effet, je le crains, de mauvais moments à passer encore.

— Il est impossible, — dit Valentin avec sa rondeur habituelle, — que ma cousine persiste dans cette absurde colère. Une chose doit nous rassurer, c'est qu'en dépit de ses violences elle a toujours une vive affection pour sa fille, pour sa mère, je crois même pour son mari, et, dans de pareilles conditions, il ne faut désespérer de rien.

Le baron soupira encore ; mais comme madame de Savigny avait besoin de repos, on la conduisit à l'appartement qu'elle occupait d'ordinaire à Balme, et on se sépara.

Pendant le reste de la journée, Pauline demeura dans sa chambre avec sa fille, qu'elle mangeait de caresses, et madame de Savigny n'avait pas tardé à la rejoindre. Le capitaine, de son côté, tint fidèlement compagnie au baron dans la bibliothèque ; ainsi la maison fut partagée en deux camps. L'heure du dîner devait pourtant réunir tout le monde dans la salle à manger ; mais la baronne, prétextant sa fatigue et sa souffrance, envoya prévenir qu'elle ne pourrait assister au repas commun.

— Je m'en doutais ! — murmura Léopold avec douleur, — cela commence.

Vers le soir, le docteur Philibert vint au château visiter Natha. Avant de monter chez elle, il entra dans la bibliothèque, où se trouvaient Léopold et Valentin.

Le capitaine Champ-Rosay, après les compliments d'usage, demanda au docteur ce qu'il pensait de l'état de la jeune fille.

— Sa maladie actuelle, si mystérieuse qu'elle soit, — répondit le médecin, — n'est pas de celles qui d'habitude compromettent l'existence, comme je l'ai déjà dit bien des fois. Cependant j'ai constaté récemment chez cette pauvre demoiselle plusieurs symptômes qui ne me plaisent pas.

— Quels symptômes ? — demanda le capitaine dont la voix s'altéra en dépit de lui-même ; — n'a-t-elle pas une saine et robuste organisation, qui triomphera sans peine de ces accidents ?

— Je l'espère ; cependant ces secousses et ces perturbations ont leur danger ; ce n'est pas impunément qu'une organisation, aussi forte qu'elle soit, éprouve des sentiments violents, des terreurs, de véritables frénésies, comme nous avons vu Natha en éprouver pendant ses extases. S'il faut l'avouer, j'ai cru reconnaître dans ma jeune malade des signes de phthisie du plus mauvais caractère.

— Mais, grâce au ciel, docteur, cette maladie si récemment déclarée ne peut avoir fait encore de grands progrès ?... Vous l'arrêterez, n'est-ce pas ? Vous sauverez Natha... Il faut la sauver ! Aurait-elle encore dit vrai en affirmant qu'elle n'avait plus que peu de temps à vivre ?

— Quand elle affirmait cela, aucun des symptômes dont je parle ne s'était manifesté... Du reste, il s'accomplit chez cette malade des phénomènes moraux qui ne sont pas de ma compétence.

— Pour des raisons particulières, — reprit le baron, — j'avais congédié Natha, et elle devait quitter Balme d'ici à trois jours ; mais si son état avait une pareille gravité, elle pourrait rester au château jusqu'à nouvel ordre.

— Tu l'as congédiée ? — s'écria Valentin avec indignation ; — renvoyer ainsi une pauvre fille malade, dénuée de ressources, c'est de l'inhumanité, c'est...

Il s'interrompit en voyant le regard étonné que Léopold attachait sur lui.

— Valentin, — reprit le baron, — j'avais, tu le sais, des motifs très-sérieux pour prendre une semblable mesure, et ce matin elle était une nécessité de convenance.

L'officier retint avec effort une vive réponse qui monta jusqu'à ses lèvres. Philibert ne comprenait rien à ce qui se passait entre les deux cousins, il dit en se levant :

— Si mes prévisions sont fondées, ma malade ne pourra de sitôt se mettre en voyage ; mais je vais l'examiner avec le plus grand soin, et, tout à l'heure sans doute, je vous dirai si les symptômes dont il s'agit étaient trompeurs ou non.

— Mais, docteur, — reprit Valentin, — j'ai toujours cru que la phthisie était une consomption lente, facile à guérir quand on la prenait à son début.

— Il est vrai, mais il existe aussi certains cas terribles où nous ne pouvons pas grand'chose ; tel est celui que nous appelons *phthisie galopée*, et c'est précisément celui que je crains pour mademoiselle Natha.

— Et si vous ne vous êtes pas trompé...

— Alors peut-être la pauvre enfant aura eu raison d'annoncer sa mort prochaine, — répliqua le docteur avec tristesse.

Et il monta précédé par une personne de service, à la chambre de Natha.

Le docteur Philibert, en exprimant sans ménagements ses craintes devant les deux Champ-Rosay, n'avait pas remarqué l'impression profonde qu'elles avaient produites sur Valentin. Quand il eut disparu, le capitaine demeura plongé dans ses réflexions, tandis que Léopold reprenait une lecture commencée. Tous les deux se taisaient. Un bruit de voix animées, qui partaient de l'étage supérieur et parmi lesquelles on distinguait celle de la baronne, attira leur attention.

— Bon ! qu'y a-t-il encore ? — demanda Léopold avec inquiétude.

— Allons voir ! — dit Valentin en s'élançant vers l'escalier. Le baron, poussé par un vague désir de rejoindre Pauline, monta derrière son cousin, et tous les deux arrivèrent bientôt à la chambre de Natha. Ils y trouvèrent la baronne et madame de Savigny, le docteur Philibert, Adèle et la petite Marie ; mais Natha n'y était pas. On voyait des effets disposés avec soin sur un meuble, comme pour être prochainement emportés ; et, dans leur cage modeste, le bouvreuil et le chardonneret de la pauvre fille s'agitaient tristement, comme s'ils avaient conscience de leur abandon. Tous les assistants semblaient surpris et consternés. Pauline tenait à la main une lettre que l'on venait de trouver ouverte sur la table. Léopold s'était arrêté sur le seuil de la porte ; mais le capitaine Champ-Rosay se précipita dans la chambre en s'écriant : — Natha ! où donc est Natha ?

— Partie ! — répliqua tristement madame de Savigny.

— Partie, — répéta la petite Marie en pleurant, — ma bonne amie Natha !

— Il fallait bien qu'elle quittât la maison, — dit la baronne avec colère, — puisqu'on l'en avait chassée... Sans doute on avait hâte de se débarrasser d'une personne protégée par moi.

— Où est-elle allée ? Le sait-on ? — demanda Valentin.

— Personne ne l'a vue sortir, — répondit Adèle ; — elle est partie à l'insu de tout le monde.

— La protégée a suivi l'exemple de la protectrice, — murmura Léopold avec amertume.

Heureusement cette observation pleine d'aigreur ne fut pas entendue.

— Si elle est partie à pied, — reprit le docteur, — elle ne saurait être allée bien loin ; car elle doit être d'une faiblesse extrême.

— Eh bien ! — dit le capitaine Champ-Rosay, — cette lettre qu'elle a laissée pour la baronne nous expliquera sans doute...

— Lisez vous-même, Valentin, — répliqua Pauline en lui présentant la lettre ; — ma main tremble, mes yeux se troublent ; je ne peux parvenir à déchiffrer cet écrit.

Et elle s'assit d'un air abattu dans le petit fauteuil de Natha.

Valentin se mit à lire tout haut, d'une voix qui n'avait pas sa sonorité habituelle :

« Chère et bonne maîtresse, pardonnez-moi le chagrin

» que je vais vous causer peut-être, mais le devoir, aussi
» bien que la nécessité, m'oblige de quitter Balme. Je
» porte malheur à tout ce qui m'approche ; votre maison
» est pleine de confusion et de larmes à cause de moi.
» Comment cela s'est-il fait? Pour moi, je ne comprends
» le mal dont je suis cause que par ses terribles résul-
» tats ; mais ceux que j'aime et que j'honore le plus au
» monde sont cruellement frappés ; je suis victime moi-
» même de l'influence funeste que j'exerce sur les autres.
» Tout le monde à présent me fuit ou me repousse ; j'au-
» rais tant besoin d'affection pour mon cœur, d'indul-
» gence pour ma faiblesse, et je ne rencontre plus par-
» tout que haine et colère !... Vous le voyez donc, il faut
» que je parte au plus vite, et peut-être la paix et le bon-
» heur reviendront-ils quand je n'y serai plus.

» J'ai le cœur déchiré, mais je n'hésite pas... Adieu
» donc, ma généreuse protectrice ; le souvenir de vos
» bienfaits me suivra jusqu'à mon dernier jour, qui, j'en
» ai le pressentiment, n'est pas éloigné. Quand vous m'a-
» vez prise auprès de vous, j'étais une enfant à demi
» sauvage, livrée aux instincts les plus grossiers ; vous
» avez éclairé mon intelligence, ennobli mes sentiments ;
» vous m'avez fait connaître tout ce qu'il y a de beau,
» de pur et de saint sur la terre. Soyez bénie pour tant
» de services ! soyez bénie pour votre affection constante,
» pour votre infatigable dévouement !

» Je remercie de même tous ceux que j'ai connus dans
» cette maison et qui se sont associés parfois à votre
» bienveillance pour une pauvre fille. Je leur demande
» humblement pardon si j'ai eu le malheur de les of-
» fenser ; et, si l'un d'eux m'avait offensée, j'affirme que
» je n'emporte contre lui ni aversion ni ressentiment.
» J'attribue ces torts à l'influence maligne qui me pour-
» suit et à laquelle Dieu, j'espère, voudra me soustraire
» bientôt.

» Adieu encore une fois, chère et bonne maîtresse ; et,
» je vous le demande avec instance, n'oubliez pas, aimez
» toujours un peu

» Votre pauvre NATHALIE. »

Dans un *post-scriptum*, la jeune fille recommandait ses oiseaux aux bons soins d'Adèle, et elle annonçait qu'elle comptait se rendre dans sa famille, aux Salinières.

Pendant la lecture de cette lettre touchante, la plupart des assistants ne pouvaient retenir leurs larmes. Tout à coup Valentin se redressa :

— Le village des Salinières est-il loin d'ici? — demanda-t-il.

— A trois lieues, dans la montagne, — répondit Adèle.

— Trois lieues, — reprit le docteur, — je crois impossible, dans l'état où est Natha, qu'elle accomplisse un pareil trajet à pied.

— Et si elle n'a voulu invoquer aucun secours étranger, — dit le capitaine de Champ-Rosay, — si elle a craint d'entrer dans une maison inconnue, elle sera tombée mourante au bord du chemin ?

— C'est fort probable.

— En ce cas, — dit Pauline, — je vais envoyer quelques-uns de nos métayers à sa recherche. Elle ne saurait aller vite ; ils la rejoindront sans peine.

— C'est inutile, — répliqua Valentin ; — je vais y aller moi-même... Le temps de faire seller mon cheval, et je saurai bien la retrouver.

— Merci, mon cher Valentin, — dit la baronne ; — toujours prêt à agir selon les nobles inspirations de votre cœur !... Ainsi vous ramènerez Natha, n'est-ce pas ?

— Et pourquoi la ramènerais-je dans cette maison dont on l'a chassée ? — répliqua l'officier avec colère ; — ne semblons-nous pas tous avoir pris à tâche de persécuter cette malheureuse enfant, de l'humilier, de lui briser le cœur, moi comme les autres ? Non, non, ce qu'il lui faut maintenant, c'est une tranquille retraite où elle soit à l'abri des haines, des jalousies, des obsessions de toute nature dont on l'accable ; et, de par le ciel ! ce sera moi qui lui procurerai cette retraite. Oui, que m'importent les propos des sots ! ce sera moi qui la soutiendrai, qui l'encouragerai, qui la protégerai... Et ne vous en étonnez pas... je l'aime, entendez-vous ? Je l'aime ! je l'aime !

Et il sortit en courant ; cinq minutes plus tard il avait quitté le château.

Dès qu'il fut parti, le baron s'écria d'un ton consterné :

— Qui se serait attendu à ce nouveau malheur ? Valentin est très-opiniâtre dans ses résolutions, et s'il aime vraiment Natha...

— Un malheur ! — répéta Pauline, — et pourquoi cela, monsieur ? Un malheur parce que le capitaine Champ-Rosay aime une simple et honnête fille de naissance obscure ? Valentin est un homme de cœur, et il a autant de droiture que de passion ; oui, il voudra peut-être épouser Natha, et où serait le mal dans l'état actuel de nos mœurs ? Ah ! ce ne serait pas lui qui, pour faire un riche mariage, romprait les liens les plus sacrés, et serait capable...

Elle s'interrompit brusquement ; le baron répondit avec fermeté :

— Songez, madame, qu'il y va de la considération de notre famille ! Valentin de Champ-Rosay n'a pas le droit de disposer de son nom honorable.

— Il suffit, monsieur, — dit sèchement Pauline ; — dans cette affaire, comme dans beaucoup d'autres, nous ne saurions nous entendre.

Elle saisit sa fille par la main et rentra chez elle.

Léopold paraissait navré de cette nouvelle insulte. Madame de Savigny voulut lui glisser à l'oreille quelques paroles consolantes ; il répondit avec désespoir :

— Ah ! chère mère, je savais bien que la maison allait devenir un enfer... Il vaudrait mieux être mort que de vivre ainsi !

XIX

LA POURSUITE.

Le capitaine Champ-Rosay savait que pour se rendre au village des Salinières, habité par la mère de Natha, il avait à traverser la vallée de Giziat dans toute sa longueur. Aussitôt donc qu'il eut quitté l'avenue de Balme, il prit la grande route, qui devait le conduire à l'entrée de la vallée pittoresque et sauvage que nous connaissons déjà.

Il était alors six heures du soir environ et le cavalier avait trois lieues à faire dans les montagnes, par des routes détestables, si toutefois Natha ne s'était pas arrêtée en chemin. Il pressait donc son cheval avec d'autant plus d'ardeur que ce mouvement impétueux concordait avec le désordre de ses pensées.

Dans sa nature ardente et mobile, les sentiments opposés se succédaient avec rapidité, et la réaction ne tardait jamais à suivre l'impression première. Ainsi, après avoir affirmé tout à l'heure, en présence de sa famille, son amour pour Natha, il éprouvait une sorte de colère contre lui-même, et la moquerie était venue insensiblement remplacer ses élans de cœur, ses transports de passion.

— Ah çà ! Champ-Rosay, — se disait-il à lui-même, — quel diable de métier faites-vous depuis deux jours ? Hier au soir vous battiez la campagne à la poursuite d'une noble dame qui avait jugé à propos de planter là son mari, et ce soir vous courez après une gentille camériste qui a pris la clef des champs ! Savez-vous que cela devient pour vous une véritable spécialité, et que feu Don Quichotte ne vous valait pas ? Vous pourrez désormais, à l'instar de certains industriels de bas étage, énumérer vos nombreux talents sur vos cartes de visite, et on y lira à la suite de vos noms et qualités : « *recherche* femmes fugitives, *retrouve*

» jeunes vierges égarées, *ramène* au logis dames et fil-
» lettes... et fait tout ce qui concerne son état. » Oui,
morbleu ! voilà à quoi nous sommes toujours occupés
maintenant, moi et mon bon cheval *Babazoun*... Mes
camarades du régiment en riraient bien s'ils apprenaient
la chose, et je la leur dirai, quand ce ne serait que pour
avoir l'occasion de donner un coup de sabre à celui qui
rira le plus fort ou d'en recevoir un qui mettra fin à mes
prouesses chevaleresques ! — Cependant ce sentiment de
moquerie contre lui-même n'eut pas plus de durée que
l'exaltation dont il avait fait montre à Balme. Bientôt il
redevint triste et rêveur. — Quel attrait dans cette Natha !
murmurait-il ; — quelle femme au monde présente ainsi
une double nature, l'une douce, timide, affectueuse,
pleine de candeur ; l'autre fière, dominatrice, armée d'un
pouvoir surnaturel. L'une agit sur mon cœur, l'autre sur
mon intelligence ; l'une m'attire et me charme, l'autre
me subjugue, m'effraye et me dompte. Je n'ai jamais rien
éprouvé de pareil pour ces pauvres créatures vulgaires
dont je me croyais amoureux. Je le sens maintenant, je
n'ai de ma vie aimé véritablement que Natha. A tous les
diables donc le monde, le ridicule, les préjugés de caste
et d'éducation !... J'ai lieu de croire que Natha m'aime
aussi, du moins sous une forme de cette double nature...
Cela me suffit. J'agirai selon ma volonté.

Sa résolution ainsi prise, et cette fois elle paraissait irrévocable, il ne songea qu'à remplir sa mission. A l'entrée de la vallée, il ne fut plus possible d'aller grand
train ; la route devenait si étroite, si tortueuse, si hérissée de roches, et d'autre part les parois perpendiculaires
de cet immense abîme, où les grands arbres qui s'élevaient
de toutes parts, interceptaient si bien le jour, qu'il y aurait eu danger réel à se hâter outre mesure. Valentin se
trouva donc forcé de modérer l'allure de son cheval, et,
sans cesser d'avancer, il regardait à droite et à gauche
avec attention, comme si déjà il se fût attendu à rencontrer Natha.

Il atteignit ainsi la partie la plus creuse de Giziat, et
il longeait le ruisseau où, quelques années auparavant,
avait péri la malheureuse Clarisse Menot. Mais Valentin
n'avait ouï que vaguement entendu parler de cette histoire,
et aucun souvenir lugubre ne se rattachait pour lui à ces
lieux solitaires. Comme il tournait un coude du chemin,
une personne qui venait en sens contraire se rejeta brusquement de côté pour lui faire place. Sans doute cette
personne était distraite, car elle se trouvait très-près du
cheval au moment où elle s'avisa de prendre cette précaution. Valentin n'avait pas remarqué une circonstance
aussi insignifiante, et il allait passer outre quand on lui
dit d'un ton amical :

— Bonsoir, capitaine Champ-Rosay.

Quoique l'ombre commençât à s'épaissir autour de lui,
Valentin reconnut Charles Rousselot.

— Bonsoir, monsieur Charles, — dit-il à son tour en
touchant son képi ; — je ne m'attendais guère à vous
rencontrer ici... Vous y avez des affaires, sans doute ?

— Non, capitaine ; ayant passé la journée auprès de
mon père qui est souffrant, j'ai eu la fantaisie de sortir de
me promener à Giziat. J'aime beaucoup cet endroit, et
j'y viens dès que je peux m'échapper de la maison.

La voix de Charles était légèrement altérée en pro-
nonçant ces paroles. Valentin reprit, sans s'en apercevoir :

— Votre père est souffrant, dites-vous ? C'est donc bien
pour cela que l'on ne vous a vus ni l'un ni l'autre à
Balme aujourd'hui ?

— C'est pour cela ; et puis je ne sais ce qui lui est arrivé au château, mais mon père, depuis hier, paraît bouleversé. Malgré tous mes efforts, je n'ai pu tirer un mot
de lui à ce sujet... Il est vrai, — ajouta-t-il avec un soupir, — que mon père a l'habitude de se cacher de moi.

— C'est votre faute, mon garçon, et je vous ai dit déjà...
Mais, pardon ! — ajouta l'officier brusquement, — je suis
pressé, et ce n'est pas le moment de revenir sur cette
question. — Il toucha de nouveau son képi, et allait s'é-
loigner quand il se ravisa. — Monsieur Charles, — reprit-
il, — vous venez sans doute de l'autre extrémité de la
vallée ; auriez-vous rencontré par hasard... mademoiselle
Natha ?

— Natha ! la protégée de madame la baronne ? — demanda Charles Rousselot avec étonnement.

— Elle a quitté le château il y a quelques heures, et
elle s'est dirigée de ce côté.

— Je ne l'ai pas vue. A la vérité, je suis resté longtemps assis là-bas au bord du ruisseau, et elle a pu passer dans le chemin sans que je la visse... Mais, bon Dieu !
capitaine, comment se fait-il que mademoiselle Natha se
trouve ainsi loin du château et que ce soit vous...?

— Et que ce soit moi qui me mette à sa recherche ? —
acheva Champ-Rosay ; — pardieu ! c'est qu'apparemment
je m'intéresse plus que les autres à cette pauvre fille !...
On pensera peut-être que ce n'est pas là précisément
une tâche convenable pour un capitaine de lanciers, et
on n'aura pas tort... mais je me soucie fort peu de l'o-
pinion.

Charles le regarda en face.

— Capitaine Champ-Rosay, — dit-il, — vous aimez
Natha ?

— Et quand cela serait ?

— Oh ! je ne vous en blâme pas, — répliqua Charles
Rousselot avec une émotion extraordinaire ; — l'amour se
joue de toutes les inégalités de fortune et de rang. Si
donc vous aimez cette jeune fille d'une affection profonde et sincère, comme il s'en trouve quelquefois, je
vous dirai : Ne tenez aucun compte des barrières que la
société élève entre elle et vous ; ne reculez pas lâchement
devant certaines réprobations ; vous souffririez trop plus
tard d'avoir cédé aux convenances, à la crainte des railleries, à des volontés despotiques... Oui, capitaine Champ-
Rosay, Natha n'est qu'une pauvre créature sans naissance ; vous, au contraire, vous êtes riche, vous avez un
grand nom, un brillant avenir militaire : et cependant,
croyez-moi, ne rougissez pas de cet amour, avouez-le
hautement, n'hésitez pas à élever jusqu'à vous la femme
que vous aurez choisie.

Après avoir prononcé ces mots d'un ton égaré, il lâcha
la main du capitaine et s'éloigna rapidement.

Valentin, tout surpris, le suivit un moment des yeux.
L'idée ne lui vint pas que Charles, en lui adressant ces
étranges paroles, avait pu céder à l'impulsion de quelque
souvenir personnel.

— Sur ma foi ! — pensait-il, — le père, à force de dureté
et de tyrannie, a fini par détraquer l'esprit de ce pauvre
garçon. Un feu qui couve sous la cendre produit souvent
des explosions terribles... Mais je perds mon temps ; son-
geons à Natha.

Et il se remit en route.

Bientôt il sortit de la vallée de Giziat par une brèche
profonde, pratiquée dans la paroi du rocher, et il se
trouva dans une nouvelle vallée ; mais autant la première
était sombre, sauvage, mélancolique, autant celle-ci était
riante.

Les montagnes qui l'entouraient de toutes parts,
quoique fort élevées encore, ne présentaient plus que des
croupes arrondies, égayées par des bouquets d'arbres
feuillus. Sauf quelques champs de maïs, la culture n'y
paraissait pas très-florissante ; mais sur les coteaux s'éta-
geaient des vignes dont les pampres déjà vermeils s'har-
monisaient avec les tons roux des rochers. Quelques habitations, disséminées dans les plis du terrain, écartaient
l'idée d'une solitude absolue et vivifiaient le paysage.

Quand Valentin s'engagea dans ce vallon, le soleil était
couché depuis quelques instants déjà. Le ciel demeurait
clair, mais les hauteurs environnantes se dessinaient
d'une manière crue sur l'horizon ; les objets un peu
éloignés perdaient insensiblement leur forme et leur
couleur.

Tout à coup, au milieu du silence majestueux de la

campagne, une voix douce, qui semblait venir des espaces célestes, appela distinctement :

— Valentin ! Valentin ! — Le capitaine Champ-Rosay arrêta de nouveau son cheval et prêta l'oreille ; mais la voix se taisait, et, quoiqu'il regardât de tous côtés, il ne pouvait deviner d'où elle était partie. Se croyant dupe de son imagination frappée, il se remit en route ; au bout de quelques pas, on appela encore : — Valentin ! Valentin de Champ-Rosay !

Cette fois, l'officier avait reconnu la voix de Natha ; mais, au lieu de venir d'en haut, cette voix semblait à présent monter des profondeurs obscures de la vallée. Cependant son regard scruta vainement les nombreuses inégalités du sol au-dessous de l'espèce de corniche que formait la route. Rien ne bruissait ou ne se mouvait, rien, excepté quelques feuilles sèches que traînait languissamment la brise du soir.

Valentin avait été témoin de tant de choses extraordinaires au sujet de Natha, que les idées les plus bizarres traversèrent son cerveau.

— Morbleu ! — dit-il, — Natha est-elle morte et est-ce son âme qui m'appelle, comme dans les légendes... ou bien est-ce moi-même qui deviens fou ?

Après quelques secondes de réflexion, il mit pied à terre. Pendant près d'une minute il n'entendit que les légers craquements de la selle sur sa monture qui bougeait et les battements de son propre cœur. Enfin on appela pour la troisième fois :

— Valentin de Champ-Rosay !... Valentin ! — Le capitaine s'aperçut alors que la voix venait, non d'en haut ni d'en bas, mais de deux ou trois roches saillantes, semblables à des pierres levées druidiques, qui se dressaient au bord de la route. Il s'empressa d'entortiller la bride de son cheval autour d'un jeune châtaignier, et courut vers les roches. Dans l'enfoncement formé entre elles, sur un lit de mousse et de gazon, Natha était couchée ou plutôt assise. Les yeux fermés, la tête appuyée contre la pierre, elle semblait plongée dans son extase habituelle, et ses deux bras retombaient inertes le long de son corps. A côté d'elle on voyait son chapeau de paille et le paquet léger qui formait tout son bagage. Sans doute la pauvre fille épuisée de fatigue s'était arrêtée là pour se reposer, et cette fatigue même avait déterminé une crise. Soit qu'elle eût vu venir Valentin, soit que, par un sens particulier, elle eût deviné son approche, elle l'avait appelé, et selon toute apparence l'écho des rochers avait produit les effets bizarres qui avaient tant intrigué le capitaine. Comme Valentin restait debout en face d'elle, ne sachant que faire dans une circonstance si exceptionnelle, Natha lui dit : — Je vous attendais... Je vous ai vu sortir du château de Balme, où mon départ a causé tant de trouble. Ainsi, malgré votre orgueil, malgré vos colères contre moi et contre vous-même, vous ne m'avez pas abandonnée ?

Valentin s'agenouilla sur le gazon.

— Chère Natha, — dit-il, — vous ne doutez donc plus que je vous aime ?

— La lutte a été longue et opiniâtre ; les instincts du gentilhomme, du militaire, du... séducteur se révoltaient contre l'amour chaste et pur que je pouvais seul accepter.

— Eh bien ! à présent, Natha, puisque, par un pouvoir merveilleux et inexplicable, vous lisez dans les cœurs, je vous en conjure, lisez dans le mien ; n'est-il pas plein de cet amour chaste que vous ne repoussez pas ?

— C'est vrai... votre âme est enfin dégagée de ces sentiments égoïstes et vulgaires qui la remplissaient dans les premiers temps. J'accepte ton amour, mon Valentin, car je sais qu'il ne te sera pas fatal selon les idées du monde. Ce ne sera pas la pauvre Natha qui pourra nuire à ton avenir ; tu n'auras pas à fouler aux pieds pour elle ton orgueil de naissance, tes préjugés de caste. Le temps qu'elle doit passer sur la terre sera bien court à présent !

— Ne dites pas cela, Natha, — répliqua Valentin avec un accent de désespoir ; — ne me dites pas qu'un jour viendra où nous serons séparés.

— Ce jour viendra pourtant, et il est proche... Mais mon regard perce l'avenir, et je vois qu'une longue suite de prospérités vous est assurée quand je ne serai plus. D'abord vos regrets seront poignants et cruels, puis ils s'amoindriront au milieu des agitations tumultueuses de la vie, et vous deviendrez le chef d'une famille dont vous serez l'orgueil et la joie. Mon souvenir n'excitera plus en vous qu'un sentiment paisible et mélancolique. Les événements de notre courte liaison seront pour vous comme un rêve plein de douceur qui ont dissipé les lueurs matinales ; je vous semblerai une forme vague, aérienne, qui n'a jamais appartenu à la terre. L'heure où nous sommes surtout se reproduira souvent à votre mémoire, et vous donnerez un soupir à la pauvre Natha... C'est là mon lot, Valentin, et je n'en désire pas d'autre... En attendant, aimez-moi, aimez-moi comme on aime une morte !

Cette scène était d'un effet poétique et solennel. Natha, blanche et glacée, immobile, les yeux fermés, avait réellement l'aspect d'une morte ; sa voix, au timbre voilé, qui s'échappait de sa bouche entr'ouverte sans mouvement sensible de ses lèvres, paraissait sortir d'un tombeau. Valentin, prosterné devant elle, la contemplait avec une sorte de respect religieux. La nature grandiose des montagnes voisines, les teintes sombres du crépuscule, le calme de la campagne, contribuaient à produire sur lui une impression qui, comme l'avait dit la jeune fille, ne devait plus s'effacer de sa mémoire.

Il versa quelques larmes en silence.

— Natha, — reprit-il enfin, — laissez-moi croire que vous vus êtes trompée dans vos tristes prévisions en ce qui vous concerne. Déjà une fois, Natha, malgré votre étrange clairvoyance, vous avez commis une grave erreur au sujet de mon cousin de Champ-Rosay, j'en ai la certitude ; pourquoi ne seriez-vous pas dans l'erreur encore une fois ?

Natha ne répondit rien. Valentin ne voulut pas donner à ce silence son interprétation la plus naturelle, et il s'imagina que la crise touchait à sa fin. Il s'empressa de demander :

— Natha, où irons-nous et que ferons-nous ? La nuit approche ; vous êtes faible et malade... quel parti prendre ?

— A deux cents pas d'ici, sur la gauche, — répondit Natha d'une voix presque inintelligible, — se trouve une maison où l'on peut me donner asile... Elle est habitée par une personne qui m'a toujours témoigné de l'aversion, mais qui est bien heureuse en ce moment... Le bonheur la rendra compatissante.

Valentin promena ses yeux autour de lui pour s'assurer de l'exactitude de ces indications. A la place désignée s'élevait une petite maison proprette où brillait déjà une lumière. L'officier n'hésita pas ; il souleva Natha et la posa sur son épaule ; puis il ramassa les légers effets de la jeune fille, passa le bras dans la bride de son cheval, et se dirigea lentement vers la maison isolée.

XX

L'ASILE.

Le capitaine Champ-Rosay, en s'avançant vers cette habitation, cherchait à deviner quelle sorte d'hospitalité la pauvre malade pouvait y recevoir. Elle paraissait fraîchement bâtie, et sa blancheur la faisait ressortir au milieu de l'obscurité croissante. Par derrière s'étendait un jardin potager, et, sur le flanc de la montagne qui la dominait, on voyait une belle vigne dont le produit devait être assez considérable.

La situation de cette maisonnette, à deux pas de la route, l'eût fait prendre pour une auberge, si une enseigne ou quelque autre signe extérieur eût provoqué l'attention des passants; mais, en l'absence des indications habituelles, on pouvait croire qu'un petit propriétaire avait eu la fantaisie de s'établir dans cette solitude.

Valentin, du reste, ne s'amusa pas à réfléchir sur cette question. Plein de confiance dans les paroles de Natha, il s'approcha de la porte qui était ouverte, et, avant d'entrer, il jeta un regard curieux dans l'intérieur du logis.

La lumière qu'on apercevait du dehors provenait d'un feu de sarments et éclairait une pièce assez grande, où tout était neuf, reluisant de propreté. Le lit, les armoires de chêne, les chaises de paille, tout semblait sortir des mains de l'ouvrier. Sur une table, le couvert était mis pour le souper. La nappe de grosse toile ne présentait pas une tache, et la vaisselle en faïence jouait à s'y méprendre la porcelaine. Plusieurs mets du pays étaient déjà servis, et un pot de terre plein de vin du crû promettait d'égayer le festin.

Une jeune paysanne, le jupon retroussé pour être plus agile, achevait les préparatifs du repas. Son mari, grand garçon à figure bonasse, était assis au coin du feu. Il paraissait revenir de son travail et n'avait pas encore quitté son tablier de cuir. Il suivait des yeux avec complaisance tous les mouvements de la ménagère, qui parlait haut et d'un ton assuré. Enfin il y avait là encore un petit garçon de cinq ou six ans, fort proprement mis, qui s'agitait avec l'intention évidente de se rendre utile. Toutefois cet enfant ne pouvait être le fils du maître ou de la maîtresse de la maison, car le mari n'avait pas plus de vingt-deux ans et la femme plus de dix-huit.

Pendant que le capitaine Champ-Rosay contemplait ce tableau du bonheur domestique, la ménagère, en se retournant, aperçut le visiteur. Elle eut d'abord un mouvement d'effroi, puis elle s'écria d'un ton joyeux:

— Sainte Vierge! est-il possible? Voilà monsieur Valentin de Champ-Rosay?

Valentin, à son tour, envisagea la personne qui paraissait le connaître si bien.

— Tiens! — dit-il, — c'est Fanchette, la fille du métayer de Balme.

C'était en effet la canéphore si hostile à Natha que Valentin avait rencontrée dans le parc, lors de sa première visite chez le baron. Du reste, Fanchette se hâta de faire valoir tous ses titres à la considération publique:

— Oui, c'est moi, — reprit-elle. — Vous ne savez donc pas, monsieur le capitaine, que je suis mariée depuis un mois?... Et maintenant je m'appelle madame Bruchard; et la maison, la vigne, le pré d'en bas, tout cela nous appartient... et voici mon mari... Remue-toi donc, Bruchard!

Bruchard se leva et salua gauchement.

Valentin se souvint alors d'avoir entendu parler du mariage de Fanchette avec un vigneron fort riche; mais ce mariage ayant eu lieu à peu près à l'époque de la mort du vieux Champ-Rosay, le capitaine avait eu bien d'autres soucis. Il se remit promptement de sa surprise.

— Enchanté de vous voir, Fanchette, — reprit-il; — eh bien! je vous prie de donner vos soins à une jeune fille que je viens de trouver mourante à quelques pas de chez vous.

Alors seulement Fanchette remarqua de quel fardeau l'officier était chargé.

— Qui est donc cette pauvre créature? — demanda-t-elle; — on la dirait morte!

— Elle ne l'est pas, grâce au ciel... Mais si votre mari veut tenir mon cheval, je pourrai entrer.

— Oui, oui... va donc, Bruchard. — Le vigneron sortit et attacha le cheval à un anneau de la muraille, pendant que Valentin pénétrait dans la maison. De son côté, Fanchette s'empressa d'allumer une chandelle. A peine eut-elle envisagé la malheureuse enfant dont la tête reposait sur l'épaule de Valentin, qu'elle s'écria d'un air stupéfait: — C'est mademoiselle Natha... la sorcière!

— Oui, c'est Natha, la protégée de la baronne de Champ-Rosay... la mienne. Lui refuserez-vous l'assistance dont elle a besoin?

— Dame! si elle allait porter malheur à notre maison! Nous sommes si contents ici, Bruchard et moi!

— Elle sera au contraire pour votre maison une cause nouvelle de prospérités.

— Cela est-il bien vrai? Au fait, si vous m'en donnez votre parole... —Puis, voyant que Valentin s'approchait du lit pour y déposer Natha: — Pas ici! — ajouta Fanchette précipitamment; nous avons là, à côté, une autre chambre qui est destinée à la sœur de mon mari quand elle viendra nous voir... Mademoiselle Natha s'y trouvera fort bien.

Elle prit la lumière et ouvrit une porte qui donnait dans une seconde pièce. Valentin la suivit avec son fardeau.

On était maintenant dans une chambrette qui, malgré sa rusticité, rappelait celle de Natha au château de Balme. La couchette de sapin, les chaises de paille, la commode en noyer, semblaient n'avoir jamais servi, et, en effet, le mobilier comme la maison était tout battant neuf. Valentin plaça Natha sur le lit avec précaution, puis il dit à Fanchette:

— Je vous laisse avec elle... Donnez-lui tous les soins que vous jugerez nécessaires; mais n'essayez pas de la faire revenir à elle; vos efforts seraient inutiles, la crise devant cesser naturellement.

— Oui, oui, monsieur le capitaine, — répliqua madame Bruchard d'un ton capable; — nous connaissons cela. La demoiselle a son accès de *calessie*... je vais la soigner comme j'ai vu Adèle la soigner à Balme, une fois qu'on m'avait appelée pour l'aider.

Valentin, rassuré, alla rejoindre Bruchard dans la pièce d'entrée. Le vigneron lui offrit un siège, tandis que l'enfant jetait une brassée de sarments dans le feu; puis, éprouvant le besoin de se montrer homme du monde et de dire un mot obligeant à un hôte aussi distingué, il fit observer que la soirée était très froide.

Le capitaine Champ-Rosay ne parut avoir aucune objection à élever contre cette remarque judicieuse; il regardait autour de lui avec curiosité.

— Vous paraissez très bien ici, monsieur... monsieur Bruchard, — reprit-il, — et vous devez être fort à l'aise?

— J'ai une bonne femme, monsieur, — répliqua le vigneron, — et il a fallu lui donner un joli ménage. Ensuite nous avons bien récolté, cette année, dans *les* trente barriques de vin... Et le vin de notre vigne n'est pas mauvais... Vous plairait-il d'en goûter, monsieur?

Il alla prendre le pot sur la table, et en remplit un verre. Valentin accepta sans cérémonie et but d'un trait. Cette condescendance charma Bruchard, qui commença une dissertation sur le temps, sur la rareté des futailles vides, sur le prix des céréales au dernier marché. Comme on peut croire, Valentin ne donnait aucune attention à ces banalités. En cherchant un moyen d'échapper à l'éloquence un peu trop spéciale de Bruchard, son regard tomba sur le petit garçon, qui allait et venait autour d'eux, et dont la jolie figure, l'air intelligent, excitaient son intérêt.

— Il me semble, — dit-il à Bruchard en déposant un baiser sur les joues roses de l'enfant, — que vous êtes bien nouvellement marié pour avoir déjà un fils de cet âge?

— Aussi n'est-il pas à nous, monsieur, — répliqua le vigneron, — c'est un enfant de l'hospice.

— Un enfant de l'hospice! — répéta Champ-Rosay avec tristesse; — quel dommage!... il est si gentil!...

— Ensuite, — poursuivit Bruchard, — quoique nous

ayons été chargés de le réclamer à l'hospice, ne faut pas croire qu'il soit tout à fait abandonné ; nous recevons pour lui une bonne pension, et toujours d'avance... On dit, — ajouta le vigneron en baissant la voix, — qu'il appartient à des gens huppés et qu'il sera réclamé plus tard par son père. E t attendant nous devons ne le laisser manquer de rien.

— Mais vous, du moins, vous connaissez les gens qui prennent intérêt à son sort ?

— Nullement, monsieur ; la pension nous est payée par mon beau-père, le métayer de monsieur le baron à Balme, et mon beau-père prétend que lui-même ne connaît pas les parents du petit... Comme ça nous profite, nous n'en demandons pas plus long.

— C'est singulier ! — dit Valentin tout rêveur, en suivant des yeux le petit garçon, qui s'était mis à jouer avec l'insouciance de son âge ; — et vous ne savez absolument rien au sujet de sa famille ?

— On sait quelque chose de sa mère, mais c'est un grand secret... Tenez, cet enfant est le fils de Clarisse Menot, la pauvre créature qui périt il y a quatre ans, là, dans la vallée de Giziat... Vous avez dû entendre parler de cette affaire ?

— J'en ai entendu parler en effet, quoique je fusse en Afrique à cette époque.

— Elle fit grand bruit dans le pays ; mais on ne put jamais s'assurer si Clarisse Menot avait été tuée ou si elle s'était tuée elle-même ; on ne put rien découvrir non plus sur le père de l'enfant. Cependant il existe, et dans le voisinage, et si mon beau-père voulait ne pas être si discret... Mais, chut ! — poursuivit le vigneron avec inquiétude, — Fanchette va revenir, et il ne faut pas qu'elle se doute que je vous ai conté... J'aurais *ma danse* ; bien sûr !

Fanchette en effet ne tarda pas à rentrer.

— Eh bien ? — demanda Valentin avec empressement.

— La demoiselle est couchée et rien ne lui manque.

— A-t-elle repris connaissance ?

— Je ne sais trop ; elle a fait quelques mouvements, puis elle a prononcé des mots sans suite ; mais elle n'a pas ouvert les yeux.

— N'importe ! selon toute apparence l'accès est fini, et elle va s'endormir d'un sommeil paisible jusqu'à demain.

En ce moment une toux sinistre se fit entendre dans la chambre où l'on avait transporté Natha. Les traits de Valentin se rembrunirent. — Fanchette, — demanda-t-il, avez-vous du lait ici ?

— Certainement, il y a dans l'étable la meilleure chèvre du canton.

— Ce n'est pas, — reprit le vigneron, — que ma femme et moi nous buvions du lait ; nous ne buvons que du vin... J'ai acheté la chèvre à l'intention du petit Clément, qui n'a pas bon estomac.

— Il est vrai, — dit Fanchette, — et, quoique ce soit un pauvre enfant que nous avons recueilli par pure charité, nous ne voulons pas le laisser pâtir.

Valentin ne songea pas à relever la différence notable qui existait entre la version de chaque époux au sujet de leur petit commensal.

— En ce cas, Fanchette, — reprit-il, — ne manquez pas de donner du lait de votre chèvre à mademoiselle Natha, quand elle aura besoin de nourriture.

Madame Bruchard le promit, puis elle ajouta :

— Est-ce que mademoiselle Natha restera longtemps chez nous ?

— Morbleu ! — s'écria Valentin impétueusement, — vous êtes donc bien pressée de... Mais il se calma aussitôt et reprit d'un ton posé : — Ecoutez-moi, Fanchette, et vous aussi, maître Bruchard : En raison des derniers événements, Natha ne peut plus habiter Balme, et elle se rendait chez sa mère lorsque, en me promenant par hasard de ce côté, je l'ai trouvée sans connaissance au bord du chemin. Cette jeune fille, vous le savez, intéresse beaucoup la baronne de Champ-Rosay, qui sera fort satisfaite

de la savoir chez vous. Votre maison est isolée, comfortable ; l'air y est pur ; vous possédez une chèvre dont le lait pourra faire grand bien à Natha, qui a, dit-on, la poitrine attaquée... Pourquoi donc Natha ne demeurerait-elle pas ici comme pensionnaire jusqu'à nouvel ordre ?

A cette proposition inattendue, les deux époux se regardèrent. Bruchard n'osa pas exprimer une opinion avant que sa femme eût fait connaître son avis ; Fanchette répondit, après un moment d'hésitation :

— Je ne voudrais rien dire contre elle, monsieur Valentin ; mais on raconte des choses effrayantes à son sujet... on prétend qu'elle a un commerce avec les esprits, qu'elle prédit toujours des malheurs...

— Ça n'est pas rassurant, — ajouta le vigneron.

Valentin s'éleva vivement contre ces idées superstitieuses, et finit par proposer une pension mensuelle tellement au-dessus de ce qu'imaginaient les époux Bruchard, qu'ils en parurent éblouis.

— Et qu'est-ce qui nous la payera cette pension ? — demanda Fanchette avec l'avarice de la paysanne.

— Moi... bien entendu au nom de la baronne de Champ-Rosay. En attendant, comme votre hospitalité ne doit pas vous être à charge, prenez ceci.

Et une pièce d'or passa de la main de l'officier dans celle de Fanchette.

— Cela peut se faire, — dit alors Bruchard ; — qu'en penses-tu, ma femme ?

— Oui, cela peut se faire, — répliqua Fanchette ; — en définitive, je n'ai rien, moi, contre mademoiselle Natha. Elle était peut-être un peu fière avec nous autres de la ferme, mais pas méchante. Aussi, puisqu'il n'y a pas de maléfice à craindre...

— Avant tout, — interrompit Valentin, — il faut que mademoiselle Natha se plaise ici. Ce sera donc à vous de vous entendre avec elle demain matin.

— On s'entendra, — dit Fanchette d'un air de suffisance ; — elle ne trouverait pas chez sa mère le bien-être et les soins qu'elle trouvera chez nous. Comme nous allons la mijoter, la dorloter ! Si donc elle n'est pas trop exigeante...

— Elle aura besoin particulièrement du calme le plus absolu. Vous veillerez avec un soin extrême à écarter les importuns ; vous vous efforcerez de lui rendre la vie douce et facile. Quand elle sera prise d'un accès de son mal, comme en ce moment, vous ne lui adresserez aucune question, vous ne souffrirez pas que personne lui en adresse. Si vous ne suivez pas exactement ces prescriptions, d'abord il pourra vous arriver malheur, puis on cherchera pour Natha une retraite plus tranquille.

— Ne craignez rien de pareil, monsieur Valentin, — dit Fanchette ; — les voisins ne nous gênent pas ici ; il y a des jours où je n'ai pas l'occasion d'échanger une parole avec d'autres personnes que Bruchard et le petit Clément. Quant à questionner la demoiselle lorsqu'elle est dans ses *états*, n'ayez pas peur que je l'ose ! En la voyant comme cela, blanche, froide, sans mouvement, le frisson me prend, et j'ai besoin de tout mon courage pour ne pas m'enfuir.

Valentin était très-satisfait de cet arrangement.

— Allons, — reprit-il en se levant, — je vais retourner à Balme, et demain, dans la matinée, je viendrai savoir ce que Natha aura décidé. Jusque-là, prenez soin d'elle comme si elle était votre sœur... Il ne sera pas nécessaire, — poursuivit-il en baissant la voix, — de lui parler de nos petites conventions pécuniaires, car elles pourraient blesser sa délicatesse. Il vaudra mieux lui laisser croire qu'elle reçoit ici une hospitalité *écossaise*... qui paraît être dans les habitudes de la maison.

Ces dernières paroles, accompagnées d'un sourire moqueur, ne furent pas comprises, comme on peut croire. Au moment où le capitaine allait sortir, le petit Clément qui n'avait cessé de jouer avec les boutons brillants de sa tunique, se trouva sur son passage. Valentin l'enleva dans ses bras et lui donna encore un baiser.

— Monsieur, — lui dit le petit bonhomme avec tristesse, — est-ce que vous ne reviendrez plus ici ?

— Si, si, mon garçon ; pourquoi me demandes-tu cela ?

— Parce que vous êtes beau.. et puis vous me caressez. Là-bas où j'étais, on ne me caressait jamais.

— Pauvre enfant ! — dit Valentin, touché de cette plainte naïve ; — et ici, te caresse-t-on quelquefois ?

— Pas beaucoup ; mais l'autre soir, pendant que j'étais seul devant la porte, il a passé un beau... beau monsieur, qui m'a embrassé aussi, mais embrassé !... Il me serrait à me faire mal, et il pleurait !... Mais quand il a entendu tante Fanchette qui revenait du jardin, il s'est sauvé bien vite, bien vite, et je ne l'ai plus vu.

Valentin regarda les époux Bruchard.

— Son père peut-être ? — demanda-t-il à demi-voix.

— Non, non, monsieur, — répliqua Fanchette avec empressement ; — Clément n'a pas de famille. Il s'agit sans doute de quelque passant qui, ayant perdu un enfant de cet âge, aura eu la fantaisie de caresser celui-ci.

Valentin n'insista pas et dit à Clément :

— Eh bien ! cher petit, je laisse ici une jolie dame qui t'aimera bien et qui t'embrassera si tu es sage... Voudras-tu l'aimer aussi ?

— Celle que vous portiez et qui dort ? Je veux bien... mais elle ne parle pas.

— Elle parlera demain. Tu lui tiendras compagnie, tu lui obéiras docilement, et elle te comblera de caresses. Moi, je te promets une charge de gâteaux.

— Des gâteaux ? — répéta le fils de Clarisse Menot avec étonnement.

Le pauvre enfant de l'hospice ne savait pas ce que c'était.

Il se faisait tard, et Valentin, après avoir réitéré ses recommandations aux époux Bruchard au sujet de leur nouvelle pensionnaire, alla reprendre son cheval. En sortant, il entendit encore dans la chambre de Natha cette toux sinistre qui l'avait déjà frappé.

Néanmoins, tandis qu'il traversait la vallée de Giziat, il se disait à lui-même :

— Je crois avoir pris le meilleur parti. L'air pur, la tranquillité de cette maison, les soins intéressés mais attentifs de ses hôtes, la gaieté et l'affection de ce charmant enfant, tout cela ne peut manquer de plaire à Natha, de ramener la sérénité dans ses idées, de produire sur sa délicate organisation l'impression la plus favorable... Je la sauverai, oui, je la sauverai !

Arrivé à Balme, il trouva le baron qui achevait solitairement de souper dans la salle à manger du château. Les dames s'étaient encore excusées de descendre pour le repas du soir, et Léopold avait dû se mettre à table seul.

— Il n'y a pas à s'inquiéter de Natha, — dit le capitaine en s'asseyant ; — j'ai eu la chance de lui trouver une retraite qui lui conviendra parfaitement.

— Où donc, Valentin ? — demanda le baron.

— Dans une habitation appelée les Buissons, au delà de Giziat.

Léopold tressaillit, malgré sa préoccupation.

— Les Buissons ! chez Fanchette, la fille de mon métayer ?

— Précisément.

Et le capitaine de Champ-Rosay raconta ce qui s'était passé chez les Bruchard. Léopold l'écouta d'un air pensif.

— Pauvre Valentin, — dit-il, — toute ta prévoyance n'empêchera pas une catastrophe, qui du reste t'épargnera quelque grosse sottise... Enfin agis à ton gré... Seulement, si tu veux faire cesser les inquiétudes de la baronne à l'égard de Natha, il te faut monter toi-même chez elle.

— J'y vais, — dit Valentin en se dirigeant vers la porte.

— Peut-être, — reprit Léopold avec hésitation, — feras-tu bien de ne pas parler...

— De quoi donc ?

— De cet enfant trouvé que tu as vu aux Buissons et que cet imbécile de Bruchard t'a dit être le fils de Clarisse Menot

XXI

LE PROJET DE LA BARONNE,

Quelques jours plus tard, madame de Savigny et la baronne achevaient de déjeuner dans un petit salon affecté à l'usage de la mère de Pauline. Pendant le repas, qui se composait seulement de laitage et de menues pâtisseries, les deux dames s'étaient montrées tristes et silencieuses, échangeant à peine une parole à longs intervalles.

Tout, chez la mère et la fille, trahissait le profond chagrin dont elles étaient accablées. Madame de Savigny, qui malgré sa santé chancelante avait conservé jusqu'alors ce léger embonpoint, cette fraîcheur de teint que donnent une vie régulière et un esprit tranquille, semblait avoir subitement vieilli de dix ans. Pauline elle-même était faible, décolorée, languissante ; elle avait les yeux caves ; son innocente coquetterie avait disparu. Par moments elle demeurait morne, immobile ; puis elle avait des gestes impétueux qui trahissaient un véritable égarement d'esprit.

Le repas terminé et les gens de service étant sortis, la baronne se rapprocha de sa mère et lui dit à demi-voix :

— Vous êtes allée hier à la ville et vous avez vu sans doute votre notaire, comme nous en étions convenues... Pendant que nous sommes seules, apprenez-moi bien vite le résultat de cette démarche. L'homme d'affaires croit-il possible... ?

— Ma fille, — interrompit madame de Savigny d'un air de malaise, — ton mari ne peut tarder à venir. Voici l'heure où chaque matin il monte ici pour s'informer de mes nouvelles... et sans doute aussi pour avoir des tiennes.

— Il ne montera pas de sitôt ; aujourd'hui il visite le vieux Rousselot, qui est très-gravement malade, et, à travers ma persienne, je l'ai vu partir à pied pour Cousance. Il ne reviendra pas si vite, surtout s'il a eu l'audace de chercher à voir le malade.

— L'audace ! que veux-tu dire, Pauline ? pourquoi Léopold craindrait-il de voir le juge de paix ?

— C'est que monsieur Rousselot sait comme moi... Mais laissons cela, chère maman, et répétez-moi, de grâce, la réponse du notaire. Cette séparation que je rêve, que j'appelle de tous mes vœux, est-elle possible ?

— Hélas ! non, ma Pauline ; on m'a énuméré tous les cas de séparation prévus par la loi, et pas un ne se rapporte à la situation actuelle. Il y a bien la séparation à l'amiable, pour incompatibilité d'humeur ; mais je doute que ton mari y consente.

— Vous avez raison, il ne consentira jamais ; et, s'il n'existe aucun moyen de le contraindre... Mais alors, mon Dieu ! quel parti prendre ? — poursuivit la baronne en donnant cours à ses larmes. — La vie que je mène ici est devenue un supplice intolérable, et, si je ne quitte pas promptement cette odieuse maison, je mourrai bientôt à la peine.

— Ne dis pas cela, Pauline, mon enfant chérie ! — reprit madame de Savigny en pleurant elle-même ; — que veux-tu que je fasse ? Ton malheur, je le crains, est sans remède.

— Sans remède ! Non, — répliqua la baronne d'un ton ferme ; — j'en connais un, moi, et, si vous voulez m'aider...

— Quel est-il, ma fille ? Ah ! je donnerais ce qui me reste de temps à vivre pour t'épargner un chagrin.

— Eh bien ! ma mère, un seul parti me reste, c'est de fuir cette maison maudite et de me cacher quelque part où il ne puisse jamais me découvrir.

— Y penses-tu, Pauline ? Le monde est bien sévère pour

ces démarches scandaleuses... La réprobation tomberait sur toi.

— Qu'importe ! D'ailleurs, je ne vous quitterai pas; sous votre protection je braverai le jugement des sots et des méchants.

— Mais où pourrions-nous aller, Pauline, que ton mari ne sût nous retrouver et réclamer ses droits sur ta personne ?

— A Paris, d'abord; au milieu de cette immense agglomération humaine, il est facile de se cacher ; puis nous chercherons autre part, s'il y a lieu, une retraite plus conforme à vos goûts et aux miens. Ecoutez, chère maman ; depuis quelques jours j'ai bien réfléchi à ce projet : sous un prétexte quelconque, vous allez retourner à la ville, et vous ferez secrètement tous les préparatifs de départ. Ce soir, votre voiture viendra m'attendre à l'extrémité de l'avenue, avec Joseph pour me conduire. Quand tout le monde ici sera couché, je m'esquiverai sans bruit, je monterai dans la voiture, et j'irai vous rejoindre à la ville. Quelques heures nous suffiront pour arriver à la station du chemin de fer, et nous nous rendrons à Paris par le train de nuit. Demain, quand on s'apercevra de notre absence, il sera trop tard pour nous atteindre. D'ailleurs je connais Léopold : il a horreur du scandale, et l'amour-propre l'empêchera de nous poursuivre... Maman, chère maman,—ajouta la baronne avec véhémence, — il n'y a plus que ce moyen... Consentez; oh ! consentez vite, je vous en supplie !

Madame de Savigny était mortellement embarrassée. Son expérience, sa raison droite lui faisaient comprendre les difficultés et les dangers de cette résolution extrême ; mais elle n'osait la combattre ouvertement. Tout à coup elle crut avoir trouvé un argument sans réplique contre le plan proposé.

— Eh bien ! et ta fille ? — dit-elle ; — vas-tu donc renoncer à ta chère Marie ?

— Non, Dieu m'en garde ! J'ai déjà trop souffert de passer quelques heures loin d'elle. Si je la laissais ici, le besoin impérieux de l'embrasser ne tarderait pas à m'y ramener, en dépit de moi-même, comme cela est arrivé déjà une fois... Aussi, j'y suis résolue, Marie nous accompagnera.

— Réfléchis donc, Pauline ; monsieur de Champ-Rosay ne permettra jamais...

— C'est tout réfléchi, nous nous passerons de sa permission, — répliqua la baronne, dont les yeux maintenant étaient secs et dont la voix avait des intonations dures; — ma fille est à moi, et je ne veux pas m'en séparer... Quant à l'emmener d'ici, rien n'est plus simple. Nous trouverons un prétexte pour la petite vous accompagner à Cuiseaux, et, quand nous nous mettrons en route, elle nous suivra, sans opposition de personne.

— Et tu ne songes pas, Pauline, à l'isolement cruel où tu vas laisser le baron ? Si coupable que tu le supposes, l'abandon de sa fille et de sa femme... Oh ! comme tu le hais !

Pauline baissa la tête et garda un moment le silence. Enfin elle reprit avec une sorte d'impatience contre elle-même :

— Si bizarre que cela vous paraisse, chère maman, je ne le hais pas... autant du moins qu'on pourrait le croire. Quand il est absent, et quand j'évoque certains souvenirs, il m'inspire une véritable horreur. Mais quand il est devant moi, quand je contemple sa figure douce et sereine, quand j'entends sa voix caressante, ma colère tombe malgré moi ; je ne me souviens plus que de mon bonheur passé, de ses chaleureux témoignages d'affection, de ses nobles qualités. Dans ces moments-là ma haine se fond, et j'éprouve une tentation irrésistible... Tenez, maman, il faut que je parte au plus vite, car je serais capable de lui pardonner, et alors ce serait moi qui mériterais la haine et le mépris.

— Eh bien ! pourquoi ne lui pardonnerais-tu pas, ma Pauline ? — dit madame de Savigny, prompte à profiter de cet aveu ; — comment encourrais-tu la haine et le mépris si tu pardonnais une faute unique à l'homme que ton devoir est d'aimer et de respecter, quoi qu'il fusse ? Sois bonne et généreuse, Pauline ; sois miséricordieuse. Léopold est le père de ta fille ; tu reconnais toi-même que ces dernières années ont été les plus heureuses de ta vie... je t'en conjure donc, reviens à ton mari, oublie ses torts, aime-le... Dieu te l'ordonne et ta pauvre vieille mère t'en prie !

Cette adjuration ne pouvait manquer de produire un grand effet sur la baronne. Madame de Savigny serrait sa fille dans ses bras ; ses joues vénérables étaient inondées de larmes ; et puis sa voix était si touchante, si pleine de tendresse ! Pauline bouleversée et frémissante fut sur le point de céder ; sa bouche s'ouvrit comme pour laisser échapper un cri du cœur, une parole de pardon : mais aussitôt une image nouvelle surgit, un revirement s'opéra dans son âme.

Elle se dégagea brusquement des étreintes de sa mère, et dit avec effort :

— Non, non, maman, ne me demandez pas cela... ce serait au-dessus de mes forces... Si vous saviez !... Son crime est si odieux, si révoltant... !

— Mais plus ce crime est affreux, moins je suis disposée à croire que ton mari s'en soit rendu coupable... Pauline, quand tu souffres ainsi, quand tu es en proie aux inspirations de cette aveugle colère, la pensée ne t'est-elle jamais venue que Léopold pouvait être innocent ?

— Innocent ! — répéta la baronne avec épouvante ; — voilà ce que vous me dites toujours... Mais si cela était, maman, ce serait moi qui... Allons ! c'est impossible, impossible, je vous l'affirme pour la centième fois. — La pauvre madame de Savigny sentait que toutes ses objections, toutes ses instances, échoueraient contre la détermination obstinée de sa fille. — Chère mère, — poursuivit madame de Champ-Rosay, — n'insistez pas sur ce point, car vous me rendriez folle. Il n'y a et il ne peut y avoir aucun doute dans mon esprit... aussi est-il absolument nécessaire que je parte au plus vite... Voyons, maman, consentez-vous à me prêter votre appui ?

— Et si je te le refusais, Pauline ?

— En ce cas-là j'agirais seule, à tous risques.

— Mais ce que tu me proposes serait abominable ! Moi, à mon âge, employer la ruse pour soustraire une femme à son mari, une fille à son père ! Tromper Léopold, qui hier encore me disait avec des larmes dans les yeux et dans la voix : « Je ne compte plus que sur vous ! » Quel rôle m'assignes-tu dans ces tristes dissentiments ? As-tu songé à sauvegarder ma dignité de mère ? Absorbée par tes propres souffrances, n'as-tu donc aucune pitié des miennes ?

— Soit, n'en parlons plus, — répliqua la baronne d'un ton bref ; — puisque vous refusez de m'assister dans cette funeste circonstance, je ne prendrai conseil que de moi-même.

— Tu ne réussiras pas, et ton obstination amènera une catastrophe nouvelle.

— J'en courrai les chances.

— Eh bien ! ma Pauline, laisse-moi du moins quelques heures de réflexion ; nous ne devons pas prendre inconsidérément une détermination si grave... Je verrai... Peut-être me déciderai-je à agir selon tes désirs.

Ce demi-acquiescement causa une grande joie à la baronne, et elle remercia sa mère avec chaleur.

L'une et l'autre étaient épuisées d'émotion. Pendant que madame de Savigny demeurait accablée dans son fauteuil, Pauline s'était approchée d'une fenêtre ouverte pour respirer un peu d'air frais. Bientôt elle aperçut dans l'avenue un cavalier qui se dirigeait vers le château.

— Chère maman, — dit-elle, — voici le capitaine de Champ-Rosay qui vient nous faire visite, comme il fait chaque matin en allant aux Buissons voir Natha. Sans doute il ne s'arrêtera que quelques minutes ici suivant

son habitude... Voulez-vous que nous descendions ensemble au salon pour le recevoir?
— Volontiers, ma fille.

Elles arrivèrent au salon en même temps que Valentin. Le capitaine les salua, et, après leur avoir adressé machinalement les compliments d'usage, il se laissa tomber sur un siége. Il demeura un moment silencieux, la tête baissée, comme s'il eût oublié déjà où il était.

— Cousin Champ-Rosay, — demanda la baronne, — comment avez-vous trouvé hier notre pauvre Natha?

— Elle s'affaiblit de plus en plus, malgré les soins qu'on lui prodigue chez les Bruchard, — répondit Valentin avec tristesse; — mais vous, ma cousine, vous avez dû voir le docteur Philibert; que dit-il de l'état de la malade?... Oh! parlez sans crainte... Elle est perdue, n'est-ce pas?... Morbleu! je suis un homme, et l'on n'a pas besoin de tant lanterner pour m'apprendre la vérité.

— La baronne, sans s'offenser de cette brusquerie, s'empressa d'affirmer qu'elle n'avait pas vu le docteur ces derniers temps. — La chère enfant ne se plaint jamais, — poursuivit Valentin; — c'est un ange de résignation, mais elle souffre, j'en suis sûr... Parfois elle ne peut contenir sa toux en ma présence, et je crois avoir vu sur ses lèvres quelques gouttes de sang... Si cet âne de médecin campagnard ne la guérit pas, je lui romprai les os!

— Allons!... capitaine Champ-Rosay, ne vous en prenez pas à cet excellent docteur de l'imperfection actuelle de la science... Par malheur, je crains bien que le repos de Natha ne soit troublé aujourd'hui.

— Comment cela, ma cousine?

Alors la baronne raconta que, la veille au soir, la Chizerotte était venue au château de Balme pour voir sa fille. Ne l'y trouvant plus, elle avait dû, le matin même, se rendre aux Buissons, chez les Bruchard, dans l'intention de la reprendre.

. . . .

Expliquons cette exigence nouvelle de la vieille rabala. On se souvient que les premières révélations de Natha et les découvertes singulières qui en étaient la suite avaient fait grand bruit, non-seulement dans le pays, mais encore dans toute la France, grâce aux journaux qui les avaient propagées en les exagérant. A Paris, un de ces médecins *magnétiseurs* qui assistent les *somnambules* avait cru voir dans Natha un moyen de grande et rapide fortune pour lui. Il s'était rendu sur-le-champ à Cuiseaux, où il avait pris des informations, et les faits merveilleux que l'on racontait sur les lieux même où ils s'étaient accomplis avaient encore exalté ses désirs et ses espérances. Il s'était alors présenté à Balme, où le baron, auquel il s'était adressé, l'avait éconduit sans vouloir lui donner aucun renseignement sur la retraite actuelle de l'ancienne protégée de sa femme. Le magnétiseur, en désespoir de cause, s'était enquis de la Chizerotte, qui seule désormais lui semblait avoir de l'autorité sur Natha; il était allé la trouver et, à force de promesses, il l'avait décidée à réclamer sa fille, qu'il comptait exploiter à son profit.

En écoutant ces détails, le capitaine Champ-Rosay éprouva une violente colère. Son visage s'était empourpré, ses narines se gonflaient d'indignation.

— Natha! ma belle, ma chaste, ma divine Natha livrée à cet ignoble spéculateur! — s'écria-t-il; — l'exposer pour de l'argent à la stupide curiosité des badauds et des commères qui auront à le consulter sur mille sottises!... Je ne le souffrirai pas, de par tous les diables!.. Adieu, mesdames; je vais bien vite aux Buissons; et que ce charlatan ne se trouve pas sur ma route, ou je le tuerai comme un chien! Quant à la mère, je ne me gênerai pas pour la congédier rudement elle-même, si elle m'échauffe trop la bile.

Tout en parlant, il gagna la cour où l'attendait son cheval. Les dames le suivaient à pas lents.

— Pas d'imprudence, mon cousin! — dit la baronne, — la violence ne peut avoir aucun bon résultat. Natha est mineure, et par conséquent elle dépend de sa mère. Si méprisable que soit la Chizerotte, de quel droit prétendriez-vous soustraire une pauvre fille à l'autorité maternelle?

— De quel droit? — répéta l'officier d'un ton farouche; — parbleu! du droit que je saurai bien m'arroger.

— Encore une fois, prenez garde. Si vous aviez voulu me permettre de veiller, comme par le passé, sur Natha, mon intervention en cette circonstance eût été toute naturelle, et peut-être...

— On l'a chassée de Balme; elle ne peut, elle ne veut, elle ne doit pas y revenir.

— Aussi n'ai-je pas l'intention de la rappeler au château, car il se pourrait que dans un terme prochain.. Seulement, de grâce, considérez combien vos assiduités auprès de Natha peuvent avoir d'inconvénients pour elle. Vous passez presque toutes vos journées aux Buissons; si loyale et si désintéressée que soit votre affection, elle n'en compromet pas moins cette pauvre petite, et je vous supplie de réfléchir...

Pendant qu'elle parlait, Valentin avait détaché la bride de son cheval.

— Ne me parlez pas de réfléchir, ma cousine, — dit-il avec résolution; — je n'ai plus à me rompre la tête en prévision de telles ou telles éventualités... En deux mots, voici mes projets : si Natha guérit, je l'épouserai, en dépit du monde entier; si elle meurt, je me brûlerai la cervelle... Vous voyez que tout est prévu. Adieu donc!... Ah! si je pouvais rencontrer cet effronté charlatan!

En même temps il se mit en selle et partit. La baronne et madame de Savigny se dirigèrent vers le jardin pour faire un tour de promenade.

— Valentin est dans cette fâcheuse disposition d'esprit où l'on commet de grandes fautes, — dit Pauline.

— Hélas! — reprit madame de Savigny d'une voix plaintive, — il semble qu'en ce moment la famille de Champ-Rosay, autrefois si heureuse, soit vouée tout entière au désespoir, à la souffrance et à la folie.

La promenade de la fille et de la mère fut très-courte; bientôt madame de Savigny se sentit fatiguée. En sortant du jardin, on rencontra tout à coup le baron de Champ-Rosay, qui arrivait de Cousance et venait de rentrer par la porte du parc.

Léopold marchait d'un air abattu. En approchant de la maison, son premier mouvement avait été de lever les yeux vers les fenêtres de la chambre de sa femme. Comme elles étaient fermées, il soupira, et il continuait d'avancer quand il aperçut à son tour madame de Savigny et Pauline à quelques pas de lui. Pauline voulut éviter son mari, mais sa mère la retint fortement par le bras et l'obligea d'attendre. Le baron les aborda avec un empressement marqué.

— Bonjour, chère mère, — dit-il affectueusement à madame de Savigny, — je suis heureux de vous voir ce matin en disposition de promenade... Bonjour, Pauline, — ajouta-t-il d'un ton plus doux encore; — j'espère que vous allez bien?

— Très-bien, — répondit la baronne en détournant la tête. Madame de Savigny lui lança un regard de reproche, puis elle se mit à énumérer la longue série de maux dont elle se croyait atteinte. Pauline ne tarda pas à l'interrompre : — Cependant, chère maman, — reprit-elle d'un ton délibéré, — vous devriez dire à monsieur de Champ-Rosay que vous vous sentez assez forte aujourd'hui pour aller passer un jour ou deux à Cuiseaux et que, dans la crainte de vous ennuyer, vous désirez emmener avec vous la petite Marie.

La pauvre vieille femme éprouvait une anxiété cruelle.

— En effet, — balbutia-t-elle, — j'avais l'intention... à la chose était possible... mais je crains...

— Vous voulez nous quitter, bonne mère? — répliqua le baron avec un accent mélancolique; — mais quand vous serez partie quel espoir me restera-t-il...? Et vous allez encore m'enlever Marie! Elle est mon unique consolation dans cette triste demeure, où je vis à présent comme un étranger.

— C'est, précisément parce que cette maison n'est pas gaie et ne semble pas près de le devenir, — reprit la baronne sans se retourner, — que ma mère et Marie feront bien de la quitter... du moins pendant un jour ou deux.

Léopold essaya mais inutilement de rencontrer le regard de sa femme.

— Il suffit, — dit il enfin avec un mélange de dignité et de chagrin ; — si madame de Savigny veut absolument nous quitter, je n'ose la retenir... Seulement je le conjure d'avoir pitié de mon isolement et de revenir au plus vite avec l'enfant bien-aimée que je lui confie.

En même temps il s'éloigna rapidement, comme pour cacher l'émotion qui le gagnait. Les deux dames remontèrent à leur appartement.

— Comme il est bon ! — disait madame de Savigny, — le départ de la petite Marie, pour laquelle il a tant d'affection, lui causait une peine extrême, et pourtant il n'a pas hésité... Pauline, Pauline, il est impossible qu'un homme si sage et si généreux ait les torts que tu lui reproches !

— Ah ! maman, s'il me restait un doute, un seul !... Enfin, il n'y a plus à s'en dédire ; on va préparer la voiture, et vous partirez dans une heure avec Marie. *Il* n'a aucun soupçon, et ce soir...

— Mais, Pauline, si je n'étais pas encore entièrement décidée ; cette résolution mérite un examen sérieux... D'ailleurs je suis bien fatiguée, bien souffrante, pour entreprendre un long voyage.

— En ce cas, restez ici, et je partirai seule.

Madame de Savigny se remit à pleurer.

— Ingrate et cruelle enfant, — dit-elle, — je vais commettre une grande faute ; mais puisque rien ne peut te toucher, je suis prête et je ferai ce que tu voudras.

XXII

AU DERNIER MOMENT.

Grâce à l'activité de Pauline, le départ de madame de Savigny et de Marie pour Cuiseaux eut lieu sans encombre quelques instants plus tard. Le baron, auquel on avait amené sa fille pour lui dire adieu, éprouvait une vive répugnance à se séparer d'elle, bien que cette séparation, comme il le croyait, dût seulement se prolonger un jour ou deux. Enfin, après avoir embrassé plusieurs fois la petite, qui semblait ravie de voyager avec sa grand'mère, il prit congé de madame de Savigny, et la voiture contenant la vieille dame et Marie quitta le château.

De ce moment la baronne redevint invisible pour tout le monde ; mais les gens de la maison avaient remarqué depuis longtemps déjà la mésintelligence qui régnait entre les deux époux, et les bizarreries de leur maîtresse ne pouvaient plus les étonner.

Pauline, du reste, n'éprouvait pas la satisfaction qu'elle avait espérée en voyant son projet de fuite près de se réaliser. Après avoir empaqueté le petit nombre d'objets qu'elle comptait emporter et vaqué à sa toilette de voyage, elle s'abandonna aux plus douloureuses réflexions. A mesure que la journée avançait, sa résolution était moins ferme : mille doutes se présentaient à son esprit. Les observations de sa mère, bien qu'elle les eût repoussées avec énergie, lui revenaient à la mémoire ; elle se demandait si réellement Natha ne l'avait pas induite en erreur, et si elle, baronne de Champ-Rosay, était bien fondée à risquer son bonheur, celui de sa fille peut-être, sur la foi d'affirmations si contestées et si mystérieuses.

Le temps s'écoula dans ces poignantes incertitudes et la nuit vint. Pauline sonna pour avoir de la lumière, puis elle congédia Adèle en annonçant qu'elle ne tarderait pas à se coucher. En effet, elle fit quelques tours dans la chambre pour donner à croire qu'elle se disposait à se livrer au repos ; puis elle éteignit sa lumière, et vint s'asseoir auprès de sa fenêtre entr'ouverte ; elle attendait l'heure où la voiture de sa mère devait se trouver à l'extrémité de l'avenue.

Un calme profond régnait dans la campagne. Tout le monde semblait dormir au château et à la ferme. Les lumières s'étaient éteintes successivement aux fenêtres ; une seule persistait à la fenêtre de la bibliothèque, située, comme nous le savons, au rez-de-chaussée. Sans aucun doute Léopold se trouvait encore dans cette pièce, et peut-être, absorbé par son travail, se proposait-il de prolonger sa veille assez avant dans la nuit. Or, Pauline ne pouvait traverser le vestibule et gagner la grande porte du château sans passer devant la bibliothèque et sans courir le risque d'être vue ou entendue.

Si son projet de fuite n'eût rencontré aucun obstacle, peut-être la baronne, au dernier moment, fût-elle revenue sur sa décision ; mais ce contre-temps inattendu absorbait sa pensée, et elle ne songeait plus qu'aux moyens d'en triompher.

Dix heures sonnèrent à l'horloge placée dans l'escalier du château : c'était l'heure convenue avec madame de Savigny, et Pauline crut distinguer au milieu du silence le bruit d'une voiture roulant avec précaution sur la route voisine. Par malheur, le rayon lumineux continuait de filtrer à travers les vitres de la bibliothèque. La jeune femme résolut d'aborder franchement la difficulté.

— Je passerai, — murmura-t-elle ; — et, si je rencontre quelqu'un, nous verrons qui aura l'audace de me retenir !

Elle mit à tâtons sa mante et son chapeau ; puis, saisissant son petit paquet, elle descendit l'escalier avec précaution.

Elle savait que la porte extérieure, grâce à la sécurité dont on jouit dans les campagnes, ne pouvait être fermée encore, et d'ailleurs elle était certaine de faire jouer aisément verrous et serrures, malgré l'obscurité. Si donc elle parvenait à traverser le vestibule sans donner l'éveil, son entreprise ne devait plus rencontrer de difficultés sérieuses. Or, elle avait un pas si furtif, elle connaissait si bien les êtres du logis, qu'elle espérait franchir le passage dangereux avec la légèreté d'une ombre.

Mais elle avait compté sans l'émotion que sa nature nerveuse devait éprouver à cette heure décisive. Son cœur battait, elle était tremblante, un poids de cent livres semblait s'attacher à chacun de ses pieds. En dépit d'elle-même, elle pensait que, le seuil de la maison conjugale une fois franchi, elle ne pourrait plus peut-être le repasser jamais ; elle pensait à la réprobation dont le monde la frapperait pour cette démarche audacieuse. Sa détermination ne tenait maintenant qu'à un fil. Le moindre bruit la faisait tressaillir ; le craquement du plancher lui causait des transes horribles, et elle avait besoin d'un effort sur elle-même pour ne pas regagner sa chambre au plus vite.

Elle atteignit ainsi le bas de l'escalier. Au courant d'air plus vif qui frappait son visage, Pauline jugea, comme elle l'avait prévu, que la porte extérieure était ouverte, circonstance tout à fait favorable pour son projet. Aussi se disposait-elle à traverser rapidement le vestibule, quand elle en fut empêchée par un incident imprévu.

Des pas précipités se firent entendre dans la cour, et les aboiements des chiens de garde réveillèrent les échos endormis de la vieille demeure. Au même instant, un inconnu, tout haletant, sans chapeau, s'élança dans le vestibule, puis dans la bibliothèque, dont il ne referma pas la porte. Son apparition avait été si subite, si impétueuse, que la baronne eut à peine le temps de se blottir dans l'enfoncement de l'escalier.

Le visiteur nocturne fut accueilli dans la pièce voisine par une exclamation d'étonnement échappée à Léopold ;

et, quand il prit la parole, la baronne reconnut la voix du jeune Rousselot. Ne pouvant deviner la cause de cette visite à une heure aussi avancée, elle prêta l'oreille, sans songer à profiter de l'occasion pour gagner la cour.

Du reste Charles Rousselot ne paraissait nullement vouloir cacher sa présence au château de Balme. Il était en proie à une agitation extrême ; sa voix, habituellement basse et timide, avait des intonations fermes et hardies.

— Ah ! cher baron, — disait-il avec une véhémence qui touchait à l'égarement, — je savais bien que vous ne deviez pas être encore couché, et je n'ai pas voulu tarder d'une minute à vous apprendre l'événement qui va changer la face de mon existence... Champ-Rosay, je suis libre enfin !... mon père n'est plus. — Cette manière révoltante d'annoncer la mort du vieux Rousselot indigna le baron, et il adressa au fils dénaturé quelques mots de reproche qu'on n'entendit pas. — Vous avez raison, Champ-Rosay, — reprit Charles, — en présence du monde cette joie que je ne peux cacher serait abominable, impie et attirerait sur moi la haine universelle... mais vous qui avez connu mes humiliations, mes souffrances, mon désespoir, vous comprendrez le sentiment irrésistible auquel je cède dans ce premier moment !... Oui, *il était mon père*, mais *il* ne m'a jamais aimé. Quand je suis devenu un homme, il n'a pas su respecter en moi la dignité, l'indépendance que j'étais en droit de faire respecter de tous. Abusant de son autorité, à laquelle, par une infirmité fatale de ma nature, il m'était impossible de résister, il m'a rendu ridicule et méprisable aux yeux de tous ceux qui me connaissaient. J'étais pour lui un serviteur, un esclave, un ilote et non pas un fils. Bien plus, dans un but d'égoïsme calculé, il a comprimé en moi énergiquement en moi tous les instincts généreux, qu'il m'a mis dans la nécessité de commettre des actions viles, basses, criminelles même ; il nous a condamnés au malheur et à la honte, moi et d'autres innocents... Ne me blâmez donc pas, Champ-Rosay, si je me réjouis parce que l'air arrive enfin à mes poumons, parce que je peux mouvoir mes membres, relever ma tête, exprimer tout haut ma pensée. De quoi se plaindrait-il ce vieillard qui vient de mourir ? Jusqu'à son dernier jour, jusqu'à sa dernière heure, j'ai été docile et tremblant devant lui. Tout à l'heure encore, après plusieurs journées et plusieurs nuits passées à son chevet, je lui prodiguais les soins les plus attentifs. Tant qu'il a conservé un souffle de vie, j'ai rempli mon devoir ; mais à présent je ne dois plus que la vérité à sa mémoire. Et qui pourrait me blâmer si je me réjouis de me sentir libre de corps et d'esprit ? Ma joie actuelle est le châtiment de celui qui, pendant sa longue existence, a mieux aimé se faire craindre que de se faire chérir.

Comme nous l'avons dit, Charles Rousselot s'exprimait avec une volubilité, une animation qui touchait à la folie. On l'entendait aller et venir à pas saccadés dans la bibliothèque. Son haleine était sifflante, son geste brusque, et cet état violent semblait encore plus digne de pitié que de colère.

Certes, si en ce moment la baronne de Champ-Rosay eût voulu traverser le vestibule, nul ne l'aurait aperçue ; mais quelques mots prononcés par Charles l'avaient singulièrement frappée, et elle continua d'écouter.

Au bout de quelques instants le baron reprit avec douceur :

— Allons ! calmez-vous, mon pauvre Charles, calmez-vous, je vous en prie ; si l'on vous entendait... ! Seul au monde je connais les faits que vous pouvez alléguer pour excuser ces sentiments dénaturés ; seul au monde je sais quelles poignantes angoisses...

— Eh bien ! alors, — s'écria Charles éclatant en sanglots, — laissez-moi, pour la première fois de ma vie, pleurer librement et sans crainte. La douleur qui couve en moi depuis tant d'années me suffoque, et me tue... Il est un nom que j'éprouve le besoin de prononcer tout haut, après m'être efforcé de ne jamais le prononcer même tout bas, même dans mes songes... Il est une femme dont il faut que je parle, après l'avoir reniée lâchement ! Je veux dire combien je l'aimais, combien je fus coupable envers la bonne et simple créature qui s'était donnée à moi avec tant de confiance et d'amour... Clarisse ! pauvre Clarisse ! — ajouta-t-il dans un éclat de désespoir, — où es-tu ? si tu vivais encore, comme nous serions heureux avec notre enfant !

Le baron s'était élancé vers lui.

— Charles, taisez-vous, je vous en conjure ! Toutes les personnes de la maison peuvent ne pas être couchées, et si l'on venait à savoir...

— Que m'importe, maintenant ! Je n'ai plus rien à cacher, je veux tout dire, je veux pleurer tout haut !... Oh ! ma Clarisse ! ma bien-aimée Clarisse !

Léopold s'efforçait de lui imposer silence, quand une femme, drapée dans un grand châle noir, apparut tout à coup et marcha droit à Rousselot d'un pas rapide. On a deviné la baronne.

Pauline était d'une pâleur effrayante. Elle ne jeta pas un regard sur son mari ; arrivée près de Charles, elle lui posa une main sur l'épaule, comme pour l'empêcher de fuir, et lui dit avec volubilité :

— Est-ce vous qui étiez l'amant de Clarisse et le père de son enfant ? Est-ce vous qui l'avez tuée ? Répondez ; je ne vous trahirai pas, mais je veux savoir la vérité. — Charles et le baron, stupéfaits l'un et l'autre, gardaient le silence. Pauline secoua le bras de Rousselot. — Répondez... répondez donc ! — bégaya-t-elle ; — n'est-ce pas vous qui avez noyé Clarisse Menot dans le ruisseau de Giziat ?

Charles ouvrait de grands yeux, comme s'il n'eût pu comprendre ce qu'on lui demandait.

— Moi ! — répliqua-t-il impétueusement, — moi donner la mort à la seule femme que j'aie aimée sur la terre, à la mère de mon enfant ?

— Alors, si ce n'est pas vous, c'est donc *lui*... lui, comme l'avait annoncé Natha ?

Et la baronne attachait sur son mari un regard étincelant.

Cette question fut pour Léopold et pour Charles Rousselot un trait de lumière.

— Pauline, — s'écria le baron, — voilà donc la cause de l'inimitié étrange que vous me témoignez depuis quelque temps ?

— Attendez ! — s'écria Charles à son tour ; — je commence à comprendre les paroles obscures que prononçait mon père dans sa dernière maladie, paroles que j'attribuais au délire... Grand Dieu ! monsieur de Champ-Rosay, votre générosité envers moi a-t-elle eu des conséquences si funestes pour vous et pour les vôtres ?

— Eh bien ! oui, — reprit la baronne, — votre père, comme moi, a entendu les révélations de Natha ; comme moi il en a frémi, et peut-être l'impression profonde qu'elles ont produites sur lui a-t-elle contribué à accélérer sa fin. Mais, par tout ce qu'il y a de plus sacré ! ne me faites pas languir davantage. Monsieur Charles Rousselot, étiez-vous le séducteur de Clarisse Menot ?

— C'est là, madame, — répliqua Charles avec une sombre mélancolie, — une question à laquelle je n'aurais pas répondu s'il y a seulement quelques heures, quand même on m'eût déchiré en morceaux ; mais à présent j'ose et je veux dire la vérité... Oui, madame, j'étais ce séducteur inconnu que le pays tout entier a couvert de malédiction, et qui par malheur les avait méritées.

— Mais *lui*..., — interrompit encore madame de Champ-Rosay d'une voix tremblante, — lui... Léopold... le baron, quel rôle a-t-il joué dans cette lugubre histoire ?

— Celui d'un protecteur bienfaisant, d'un ange tutélaire, — répondit Charles chaleureusement. — Écoutez-moi, madame, et vous verrez si je ne dois pas une reconnaissance éternelle à l'homme de cœur qui m'a soutenu dans cette douloureuse période de mon existence.

En même temps il fit à la baronne un récit dont nous nous bornerons à rapporter les événements principaux.

Nous avons déjà dit, en racontant la catastrophe de Giziat, dans quelle position précaire s'était trouvée, deux ou trois années auparavant, la jeune ouvrière Clarisse Menot, chez sa tante, couturière à Cuiseaux. A peu près à la même époque, Charles Rousselot, qui se préparait alors à l'étude du droit, avait été placé par son père chez un notaire de la même ville. Comment Clarisse et Charles se virent, comment ils s'aimèrent, comment ils eurent l'occasion de se le dire, cela importe peu. Il suffira de savoir qu'il y eut absence complète de réflexion des deux parts. Ils se sentaient entraînés l'un vers l'autre par un penchant irrésistible, et ils cédèrent à ce penchant sans songer aux conséquences. Charles, si timide et si lâche devant son père, était partout ailleurs, comme nous l'avons vu, ardent, impétueux; et, dans la fièvre d'un premier amour, il avait dû montrer cette fougue qui renverse tous les obstacles, domine toutes les volontés.

Une circonstance particulière avait caractérisé cette liaison d'un jeune clerc et d'une grisette, c'était le secret absolu dont ils avaient su l'envelopper. Clarisse avait des précautions infinies à prendre afin de ne pas éveiller la défiance de la parente dont elle dépendait. Quant à Charles Rousselot, il eût mieux aimé mourir que de mettre son père dans la confidence de ses amours, et il s'exposait aux plus grands périls pour en dérober la connaissance au monde entier. Etant à Cuiseaux, il ne voyait Clarisse que la nuit; pour parvenir jusqu'à elle, il devait passer sur le toit de plusieurs bâtiments dont la pente effrayante eût donné le vertige à tout autre qu'un amoureux. Plus tard, ayant été rappelé à Cousance par le juge de paix, ses visites à sa bien-aimée Clarisse furent accompagnées de fatigues et de dangers plus grands encore. A chacune de ces visites il avait plusieurs lieues à parcourir, souvent par des temps horribles et par une obscurité profonde; il avait eu des murailles à franchir, des fenêtres à escalader. Grâce à la prudence des deux jeunes gens et à cette chance heureuse qui favorise parfois les amoureux, ces entrevues étaient restées ignorées de tous. Charles savait si bien composer son maintien et son visage, mesurer ses paroles, affecter l'indifférence, que, lorsque la faute de Clarisse fut connue, il était le seul jeune homme du voisinage sur lequel ne pesât aucun soupçon.

Aussitôt que Clarisse eut été chassée ignominieusement par sa tante, la malheureuse, alors enceinte de huit mois, se rendit à Cousance; ce n'était pas, comme on pourrait le croire, pour cacher sa honte dans un pays nouveau, c'était pour se rapprocher de Charles. Cependant elle n'oublia pas de prendre encore les précautions les plus minutieuses afin de ne pas trahir son timoré séducteur. Comme autrefois, elle ne vit que la nuit, dans un lieu solitaire, et elle lui apprit dans quelle affreuse situation elle se trouvait.

Charles faillit devenir fou de douleur; mais il importait d'agir et de pourvoir aux besoins les plus pressants de la pauvre créature qu'il avait perdue. Par suite de la dépendance où il vivait dans la maison paternelle, il n'avait que fort peu d'argent à sa disposition; d'ailleurs il était encore mineur à cette époque, et la loi ne lui permettait pas de réclamer la fortune assez ronde qui lui revenait du chef de feu sa mère. A qui donc s'adresser? Il n'avait que son père au point d'amis, car le juge de paix, craignant ou feignant de craindre pour lui des influences dangereuses, avait pris soin d'éloigner tous les jeunes gens qui eussent pu se lier d'une façon trop étroite avec son fils. Enfin Charles, poussé par l'inexorable nécessité, eut l'idée de se confier à Léopold do Champ-Rosay.

Jusqu'à ce moment il n'y avait pas eu de grande intimité entre Léopold et lui. Malgré leurs rapports de bon voisinage, une ligne de démarcation bien réelle n'avait jamais cessé d'exister entre le jeune représentant d'une des plus nobles familles de la province et le fils du juge de paix campagnard. Mais ce qui décida surtout Charles à invoquer l'assistance de Léopold, ce fut que le futur baron de Champ-Rosay était grave, posé, plein de tenue, et que son caractère donnait toute garantie contre les imprudences ou les indiscrétions.

Charles Rousselot alla donc le trouver secrètement à Balme; il lui apprit sa situation désespérée et celle de Clarisse. Léopold se montra tel qu'on pouvait le souhaiter, c'est-à-dire plein de sympathie et de dévouement. Bien qu'il fût encore lui-même sous la dépendance de son père, il avait beaucoup plus d'argent que Charles, et ne manquait pas de moyens pour s'en procurer. Il fournit donc à son ami la somme nécessaire afin que Clarisse allât faire ses couches dans une ville voisine. Plus tard, quand Clarisse fut revenue à Cousance avec son enfant, espérant pouvoir y vivre de son travail, ce fut encore lui qui, en diverses circonstances, pourvut à l'insuffisance des ressources de la pauvre ouvrière. Il était ainsi devenu le confident de ces tristes amours; souvent il encourageait, il consolait les deux jeunes gens, et sa bienveillance ne s'est un pas instant démentie.

Les choses restèrent dans cet état pendant plus de deux ans. Charles devait à Léopold des sommes dont la rigoureuse économie à laquelle le condamnait son père exagérait l'importance à ses yeux. Bien que la mort du vieux baron de Champ-Rosay eût rendu Léopold maître de sa fortune, Charles Rousselot se faisait scrupule de recourir incessamment à une bourse étrangère; il lui semblait odieux de paraître exploiter la générosité de son confident, et il résolut à tous risques de couper court à ces emprunts, dont le remboursement était soumis à tant d'éventualités plus ou moins éloignées. Pour rassurer la conscience de l'obligeant Léopold, il lui annonça que Clarisse trouvait dans les produits de sa modeste industrie de quoi pourvoir à ses besoins et à ceux de son enfant. Le jeune baron, de son côté, était alors tout occupé de son prochain mariage avec la charmante Pauline de Savigny, et il craignait un jour, devons-nous l'avouer, que ses rapports avec Charles et Clarisse ne finissent par se découvrir, ce qui eût pu lui nuire auprès de sa fiancée. Aussi n'en avait-il pas demandé davantage, et il avait éprouvé cette satisfaction sereine que donne la conscience d'une bonne action accomplie.

Ce fut à cette époque qu'une personne fort peu digne de confiance pénétra par hasard ce douloureux secret. Les jeunes gens avaient souvent rendez-vous dans un endroit désert de la vallée de Giziat, et la Chizerotte, qui habitait le voisinage, les aperçut un soir en rentrant de ses travaux. Comme tout le pays désirait ardemment de connaître l'amant mystérieux de Clarisse, la rabala ne se gêna pas pour adresser le lendemain quelques grossières plaisanteries à Charles Rousselot en passant. Elle fut bien surprise de voir sa terreur au premier mot qu'elle prononça. Il la supplia de se taire et lui remit tout l'argent qu'il avait sur lui, en s'engageant à payer plus tard une forte somme. La Chizerotte ne savait pas grand'chose, et elle promit le silence. Elle se borna, pendant quelque temps, à tirer de Charles de misérables aumônes quand elle le rencontrait; mais, après la catastrophe qu'il nous reste à raconter, soupçonnant à ses révélations une réelle importance, elle éleva les prétentions que nous l'avons vue faire valoir avec tant d'âpreté contre le fils du juge de paix.

Cependant Charles n'avait pas dit vrai; les ressources de Clarisse n'augmentaient pas; souvent même l'ouvrage manquait d'une manière complète, et la détresse devenait cruelle dans la petite chambre où vivaient la mère et l'enfant. Charles donnait à Clarisse tout l'argent qu'il possédait, tout ce qu'il pouvait emprunter à l'insu de son père; il allait quelquefois jusqu'à lui apporter du pain et de la nourriture qu'il prélevait sur ses propres repas. Malgré tout cela Clarisse souffrait, et ses souffrances, surtout celles de son enfant, aigrissaient son humeur. Elle reprochait à Charles sa faiblesse; elle le conjurait de prendre un parti pour la tirer de cet état de pauvreté et d'humiliation. Charles, toujours frappé d'épouvante à la seule pensée de braver en face le vieux Rousselot, hésitait, tergiversait, si bien que la malheureuse femme, poussée à bout, finit par ne plus écouter que les inspirations du désespoir.

Charles en était là de son récit quand la baronne l'interrompit avec impatience.

— A quoi bon tous ces détails? — dit-elle; — venez-en bien vite aux événements de Giziat... Comment est morte Clarisse? comment monsieur de Champ-Rosay se trouvait-il dans la vallée le soir de l'événement? par qui étaient poussés les gémissements que ma mère et moi nous entendîmes pendant que nous nous rendions au moulin Neuf? Ne me cachez rien, je veux tout savoir.

— Et vous saurez tout, madame la baronne, — répliqua Charles en pleurant; — vous connaissez mes torts, à présent vous allez apprendre les angoisses mortelles qui en furent l'expiation.

« Clarisse m'avait menacé plusieurs fois de terminer par un suicide ses chagrins et sa misère; mais je l'avais toujours trouvée si timide et si soumise que je ne la croyais pas capable d'exécuter un pareil dessein. Cependant un matin elle partit de Cousance avec son enfant, et, comme tous les habitants du bourg, j'ignorais ce qu'elle était devenue. Le lendemain seulement elle reparut, mais seule. Vers le milieu du jour, elle passa devant les fenêtres du cabinet de mon père où je travaillais. Je savais ce que signifiait sa présence; une lettre pour moi venait d'être déposée derrière une borne, dans une ruelle solitaire qui longeait notre jardin. Par malheur, mon père se trouvait en ce moment dans son cabinet, et surveillait mon travail, qui était pressé. Malgré mon impatience, je ne pouvais m'esquiver. Il était déjà tard quand, ma tâche accomplie, il me fut permis de sortir. Alors je courus en toute hâte où je savais trouver la lettre de Clarisse.

» Comment en la lisant ne tombai-je pas moi-même mort de douleur et de honte? Dans cette lettre, Clarisse m'annonçait que la force lui manquait pour supporter plus longtemps sa triste situation; qu'elle avait mis son enfant à l'hospice de Z..., où je pourrais le reconnaître à des signes certains; que, pour elle, sa détermination était bien prise de mourir, et que l'on trouverait son corps dans le ruisseau de Giziat.

» J'étais frappé de vertige; je courais comme un fou, sans savoir où j'allais, quand je me heurtai contre un passant qui m'interpella aussitôt et dont la voix connue me rendit un peu de présence d'esprit. C'était Léopold de Champ-Rosay. Il se rendait à pied dans la vallée où il savait que vous vous promeniez avec votre mère. Voyant mon agitation, il m'en demanda la cause et je n'hésitai pas à la lui apprendre.

» Son affection ne se démentit pas encore cette fois; il exprima l'espoir que Clarisse n'aurait pu exécuter son affreux projet, et il s'offrit à parcourir la vallée avec moi. Incapable d'aucune initiative, j'acceptai sa proposition; mais, toujours préoccupé de la redoutable inquisition de mon père, je craignis de donner soupçon de la vérité si j'étais rencontré en compagnie de monsieur de Champ-Rosay. Il fut donc convenu que nous opérerions nos recherches chacun de son côté, et que nous nous retrouverions à l'extrémité de la vallée, dans l'endroit le plus solitaire.

» Vous savez le reste, madame; Léopold venait de vous rejoindre lorsque vous aperçûtes près de l'écluse du moulin le corps de Clarisse. Attiré par vos cris, j'accourus à mon tour; mais mon indomptable poltronnerie me retint encore sous les arbres, à quelque distance, et ce fut seulement après votre départ, quand Léopold fut seul, que j'osai approcher... Les sanglots que vous entendîtes étaient les miens...

— Mais alors d'où venait ce mouchoir qui liait les jambes de Clarisse? — reprit la baronne. — On ne me persuadera jamais qu'une main criminelle n'avait pas voulu mettre cette pauvre créature dans l'impuissance d'échapper à la mort; c'était là l'opinion de votre père lui-même, fort expérimenté en pareille matière.

— Et cependant, madame, cette opinion n'avait rien de fondé, je vous l'affirme. Le fait dont il s'agit ne pouvait être qu'une horrible précaution...

— Enfin cette lettre dont vous parlez, — s'écria Pauline, — cette lettre qui vous innocente tous, où est-elle? Pourquoi ne la voit-on pas? L'auriez-vous détruite?

— Non, madame, et je vais vous la montrer à l'instant même. Vous savez peut-être jusqu'où allait la surveillance de mon père à mon égard; il fouillait tous mes papiers, il avait une double clef des meubles à mon usage. Pour soustraire à ses investigations cette funeste et précieuse lettre, je la porte toujours sur moi pendant le jour; la nuit, je la cache sous mon oreiller. De temps en temps je la relis et je pleure... Pas une fois encore elle n'est sortie de mes mains; mais je veux réparer le mal involontaire dont je suis cause, et la voici :

En même temps Charles Rousselot chercha dans sa poche un petit portefeuille de cuir facile à dissimuler sous les vêtements. Il l'ouvrit et en tira une lettre usée, maculée, dont la grossièreté du papier avait seule préservée d'une destruction complète. Madame de Champ-Rosay la saisit avidement et lut tout haut ce qui suit :

« Charles, je n'y peux plus tenir. Je n'espère plus que
» vous aurez la force nécessaire pour amener un chan-
» gement dans ma situation et dans celle de votre fils.
» Je veux donc mettre un terme à ses souffrances deve-
» nues intolérables, et vous délivrer d'une charge dou-
» loureuse maintenant, importune plus tard peut-être.
» Je viens de faire admettre notre petit Clément à
» l'hospice de Z...; vous le reconnaîtrez aux marques sui-
» vantes... » (Ici il y avait quelques indications qui devaient permettre de retrouver l'enfant avec facilité.) « Charles, je vous en conjure, retirez-le de l'hospice
» aussitôt que vous le pourrez... Elevez-le, aimez-le...
» Surtout parlez-lui quelquefois de moi, et apprenez-lui
» à ne pas maudire sa pauvre mère!
» Dans quelques heures je n'existerai plus. Je ne re-
» grette pas la vie, j'ai trop souffert. Aussi vais-je pren-
» dre toutes les précautions pour que la mort ne trompe
» pas mon attente... On trouvera mon corps dans le ruis-
» seau de Giziat... Adieu, Charles; encore une fois, ai-
» mez notre enfant.

» CLARISSE MENOT. »

La baronne était fort émue en achevant cette lecture. Après un moment de stupeur, elle s'écria d'une voix vibrante :

— Ainsi donc Natha a menti!... Clarisse est morte par un suicide! Mais alors... — Elle s'arrêta et regarda monsieur de Champ-Rosay, qui, debout, la figure calme, lui souriait d'un air d'indulgence. Par un mouvement impétueux elle se précipita à ses genoux : — Grâce! grâce! mon Léopold, mon mari, le plus noble, le plus loyal de tous les hommes! — s'écria-t-elle en fondant en larmes; — pourras-tu oublier jamais combien j'ai été cruelle et stupide! Oh! pardonne-moi!... Au nom de ta fille, au nom de tout ce que tu as de plus cher, oublie mes injustices, mes colères insensées! Toute ma vie sera désormais employée à te vénérer, à te bénir, à t'aimer!

Il y avait dans les paroles, dans l'accent, dans l'attitude de Pauline, tant de regrets et d'abandon qu'elle devait être irrésistible pour son mari; aussi Léopold ne résista-t-il pas. Il l'enleva doucement dans ses bras, lui donna un baiser presque paternel sur le front, et lui dit, toujours souriant, quoique fort attendri lui-même :

— Eh bien! folle! voilà donc la raison revenue?... Je savais bien qu'elle reviendrait, et je prenais patience, bien que tu m'aies cruellement torturé, méchante! Enfin je sais quelle monstrueuse idée on avait insufflée dans ta charmante petite cervelle... On m'accusait d'une séduction, puis d'un assassinat, rien que cela!... Parbleu!

ton amie Natha n'y allait pas de main-morte !... Si encore tu m'avais fait connaître dès le premier jour cette ridicule accusation, j'aurais pu demander à Charles Rousselot la permission de te détromper; tu nous aurais épargné ainsi de grands chagrins à tous deux.

— Et cette permission je vous l'eusse accordée volontiers, Champ-Rosay, — répondit Charles, — car mon secret eût été en sûreté avec madame la baronne. De plus, je lui eusse dit moi-même combien vous aviez été plein de bonté, de zèle, d'abnégation à mon égard ; je lui eusse dit encore que, grâce à vous, j'avais pu, depuis quelque temps déjà, retirer de l'hospice mon petit Clément pour le placer chez les époux Bruchard... Hélas ! j'ai eu le triste courage de ne pas l'embrasser, de peur de me trahir, quoique je sois souvent allé me cacher dans le voisinage de la maison afin de le regarder de loin... Mais, à présent que je suis libre, je vais reconnaître mon fils, le réclamer, et la mort seule pourra désormais me séparer de lui.

Le baron et la baronne, occupés uniquement de leur réconciliation, l'écoutaient à peine. Tout à coup Léopold remarqua le petit paquet que sa femme venait de laisser tomber à ses pieds.

— Qu'est ceci, Pauline ? — demanda-t-il avec étonnement. — Aviez-vous donc l'intention...?

La baronne l'interrompit par un baiser.

— Puisque tu as dit toi-même que j'étais folle, — reprit-elle, — dois-tu t'étonner si j'ai porté la folie jusqu'à la dernière limite ?... Mais, j'y songe... la voiture de ma mère m'attend depuis une heure au bout de l'avenue.

— La voiture... de votre mère ? Serait-il possible que madame de Savigny eût prêté les mains...

— Tu sais bien qu'elle ne peut rien me refuser, l'excellente femme ? Eût-il mieux valu me laisser partir seule ?... Mais écoutons... Qu'y a-t-il donc ? — On entendait dans la cour, au milieu du silence de la nuit, le roulement sourd et lent d'une voiture auquel se mêlait le piétinement de plusieurs chevaux. Puis s'éleva la voix forte du capitaine Valentin, qui appelait un domestique pour avoir de la lumière. Pierre, qui sommeillait au coin du feu dans la cuisine, s'empressa d'accourir ; il y eut quelques pourparlers au dehors. Enfin madame de Savigny, encapuchonnée dans une mante, portant dans ses bras la petite Marie endormie, entra, suivie de près par Valentin. En apercevant sa mère, Pauline courut à elle. — Ah ! chère maman, — lui dit-elle, — vous êtes donc venue vous-même ? Sans doute vous vous êtes impatientée d'attendre. Si vous saviez...!

Madame de Savigny ne parut pas l'avoir entendue.

— Pauline, — dit-elle d'une voix haute et ferme, — ce soir je me suis sentie moins souffrante ; et comme ma présence pouvait encore être nécessaire ici, comme surtout cette chère petite devait manquer à son père, j'ai voulu revenir au plus vite...

— Madame, — dit Léopold froidement, — il est inutile de dissimuler ; je sais la vérité...

— Vous croyez ? — répliqua madame de Savigny en souriant ; — mais, avec votre permission, mon gendre, vous ne savez rien du tout, du moins en ce qui me concerne. Croyez-vous bonnement qu'à mon âge et avec mes infirmités j'allais courir les aventures en compagnie de ma fille et de ma petite-fille, uniquement pour satisfaire une colère aveugle et fondée sur des chimères ?... Vous connaissez, Léopold, ma faiblesse pour Pauline, et il m'est impossible de lui résister en face ; voilà pourquoi j'ai paru ce matin céder à ses instances. Mais, en réalité, je comptais que quelques heures de solitude et de méditation modifieraient ses desseins ; je voulais qu'elle vît dans toute son horreur l'abîme où elle allait se jeter. Je me croyais sûre que Pauline reculerait au dernier moment et, dans tous les cas, j'avais pris la détermination de m'opposer à son désir insensé. Aussi, au lieu d'envoyer ma voiture attendre ma fille à l'extrémité de l'avenue, comme on m'en avait arraché la promesse, suis-je venue moi-même directement ici avec cette pauvre enfant, qui doit être un gage de réconciliation pour vous.

— Merci, chère maman, — dit Léopold ; — je ne devais pas moins attendre de votre sagesse ordinaire.

— Merci aussi, ma bonne et tendre mère, — reprit Pauline avec effusion. — Ah ! vous aviez raison d'espérer que je finirais par faire un retour sur moi-même ; je le sais maintenant, j'ai été la plus ingrate, la plus insensée des femmes.

Et elle se suspendit au cou de son mari, qui lui rendit ses caresses.

Il y eut une touchante scène de famille. Madame de Savigny, tout en larmes, fut serrée à son tour dans les bras de sa fille et de son gendre. Néanmoins la bonne dame, qui avait bien aussi un grain de curiosité féminine, paraissait fort impatiente d'apprendre les causes de cette réconciliation inattendue.

— Pour Dieu ! mes enfants, — reprit-elle, — ne m'expliquerez-vous pas ?...

— Plus tard, chère maman, — répondit la baronne ; — pour le moment, contentez-vous de savoir que Natha n'est pas infaillible dans ses divinations.

— Que dit-on de Natha ? — demanda tout à coup le capitaine Champ-Rosay. Jusqu'à ce moment Valentin s'était tenu à l'écart, spectateur distrait sinon indifférent de la scène précédente. Nul ne savait la cause de sa visite à cette heure avancée, et madame de Savigny l'avait rencontré par hasard dans l'avenue, où le cheval du capitaine, sans doute par une distraction de son maître, avait failli se briser la tête contre la voiture au milieu de l'obscurité. Valentin s'approcha de l'heureux groupe et reprit d'un air préoccupé : — Eh bien ! voilà donc la paix faite ? Tant mieux. Vous deviez du reste finir par vous entendre, parce que vous avez tous les deux de bons et braves cœurs... Mais que disiez-vous de Natha ?

— Mon Dieu ! mon cousin, — répliqua Pauline, — il s'agissait d'une assertion fausse de cette pauvre fille...

Valentin, sans lui laisser le temps d'achever, demanda encore :

— Natha n'est-elle pas venue à Balme aujourd'hui ?

— A Balme ? — répéta la baronne ; — non pas, que je sache.

— Et toi, Léopold, l'as-tu vue ?

Léopold répondit négativement. On questionna toutes les personnes de la maison ; Natha n'avait pas paru au château.

— Mais alors où peut-elle être ? — reprit Valentin avec désespoir.

— Ah çà ! cousin Champ-Rosay, — dit la baronne avec étonnement, — vous n'avez donc pas rencontré Natha aux Buissons, chez les Bruchard ?

— Je l'y ai rencontrée en effet ; mais on l'a cruellement tourmentée, et, pendant qu'on la croyait enfermée dans sa chambre, elle s'est enfuie. Faible et souffrante comme elle est, ces émotions, ces fatigues nouvelles lui auront porté le dernier coup.

— Elle se sera réfugiée peut-être dans quelque habitation de Giziat.

— Aussitôt que je me suis aperçu de son absence, j'ai visité toutes les habitations des alentours ; nulle part on n'a pu me donner de ses nouvelles. Alors j'ai galopé jusqu'à Cousance, jusqu'à Cuiseaux même, sans retrouver ses traces. Enfin j'ai poussé jusqu'ici, bien que je sache, — ajouta-t-il avec amertume, — que Balme est le dernier endroit du monde où Natha serait venue chercher un asile.

— C'est que peut-être, cousin Champ-Rosay, il n'est pas d'endroit au monde où Natha ait causé tant de maux et fait verser tant de larmes.... Cependant, je vous l'affirme, si elle s'était présentée ici, elle y eût été accueillie avec bonté.

On se taisait. L'événement annoncé par Valentin avait refoulé la joie de cette famille, si heureuse tout à l'heure. Le capitaine reprit :

— Peut-être Natha n'a-t-elle pas osé se montrer au château, mais il se pourrait qu'elle ne fût pas loin d'ici... Ma cousine, je vous prie de me faire donner une lumière afin que je visite le parc avec soin.

— En effet, — reprit la baronne, — la pauvre petite affectionnait beaucoup le parc, surtout le voisinage de la grotte.. On va allumer des flambeaux... Pierre et les autres domestiques vous accompagneront... Moi-même je vous assisterai dans vos recherches, pendant que ma bonne mère s'occupera de faire coucher Marie et de remettre tout en ordre dans la maison.

— Je vous accompagnerai aussi, — dit Léopold. Et il ajouta plus bas : — Pauline, je ne te quitte plus... j'ai eu trop peur.

Pour toute réponse la baronne glissa son bras sous celui de son mari.

Bientôt une grande lumière brilla dans la cour. Pierre et les gens de la ferme venaient d'allumer des lanternes pour opérer les recherches projetées. Charles Rousselot, que l'on avait oublié au milieu de ces agitations, s'approcha de Valentin et lui dit :

— Capitaine, puisque vous venez des Buissons, n'avez-vous pas vu mon petit Clément ?

— Clément ! — répéta Valentin machinalement ; — ah ! oui, lui gentil enfant que Natha chérissait et dont le babil égayait la solitude.

Charles était gonflé d'orgueil et de joie.

— Eh bien ! capitaine, — reprit-il, — ce bel enfant, c'est mon fils. Il y a bien longtemps que je n'ai pu l'embrasser ; mais demain, aussitôt que mon père aura été transporté à sa dernière demeure, j'irai réclamer mon bien-aimé Clément et...

Il s'arrêta ; Valentin venait de s'élancer dans la cour, où il était attendu, et bientôt une troupe nombreuse portant des lumières se dispersa dans le parc.

XXIII

LE MAGNÉTISEUR.

Il nous reste à faire connaître au lecteur ce qui s'était passé aux Buissons pendant la journée précédente.

En approchant de la demeure des époux Bruchard, Valentin de Champ-Rosay aperçut une carriole d'osier arrêtée devant la porte. La maigre haridelle qui formait l'attelage de cette laide machine avait été débridée et mâchonnait une botte de foin jetée à ses pieds. Le voiturier, vieux bonhomme en blouse et en large chapeau, était assis sur une pierre à quelques pas de là, et déjeunait de son côté, avec un morceau de pain et un oignon. La présence de cet homme et de son piètre véhicule annonçait que la retraite de Natha contenait des visiteurs étrangers et que l'intervention de Valentin pouvait être fort nécessaire.

Le capitaine eut encore moins de doutes à cet égard quand, après avoir mis pied à terre et attaché son cheval à l'anneau de fer scellé dans la muraille, il entendit des voix animées à l'intérieur de la maison. Il s'empressa donc de soulever le loquet de la porte et entra.

Il y avait en effet nombreuse compagnie dans la salle basse. Outre Bruchard et sa femme, qui semblaient avoir été dérangés pendant leur déjeuner, on y voyait Natha, la Chizerotte, un individu tout à fait inconnu de l'officier, et enfin le petit Clément.

Pendant la période qui venait de s'écouler, la maladie de Natha avait fait de cruels progrès. La pauvre fille était d'une maigreur extrême ; son visage avait la blancheur de la cire vierge, ce qui faisait ressortir encore l'éclat de ses grands yeux, où la vie semblait s'être réfugiée. Son costume consistait en une robe de chambre très-ample et à larges manches, que la baronne de Champ-Rosay lui avait envoyée en prévision de ses crises subites, et elle avait pour toute coiffure ses longues et luxuriantes tresses noires. Elle occupait au coin du feu un fauteuil de bois foncé de paille, sur le dossier duquel une main attentive avait glissé un oreiller. Malgré la langueur et la souffrance empreintes d'ordinaire dans tous ses mouvements, Natha était en ce moment fort agitée, et une teinte vermeille colorait les pommettes saillantes de ses joues. Le petit Clément, son favori, appuyé contre le bras du fauteuil, un sarment de vigne à la main comme pour la défendre, semblait partager sa peine et regardait avec colère un second groupe placé de l'autre côté du foyer.

Ce groupe se composait de la Chizerotte et du personnage dont nous avons parlé déjà. La mère de Natha était vêtue avec une somptuosité tout à fait insolite ; elle avait un chapeau bressan d'une entière fraîcheur, avec l'accompagnement obligé de dentelles flottantes, une robe neuve et un tablier de soie à corsage ; une petite croix d'or se balançait sur son cou rouge et ridé. Toute fière de cette élégance, la rabâla parlait haut, d'un ton d'autorité, et c'était sa voix qui avait frappé Valentin en approchant de la maison.

L'inconnu était un homme jeune encore, mince, aux cheveux blonds et pendants, à l'œil morne et presque éteint. Il portait un costume entièrement noir. Sa parole était pâteuse, son geste lent ; sa personne avait ce je ne sais quoi de compassé et d'hypocrite.

La présence subite de l'officier impressionna vivement toute l'assistance. Les époux Bruchard levèrent les mains vers le ciel d'un air de soulagement ; la Chizerotte, qui donnait carrière à son éloquence naturelle, s'arrêta tout à coup et fit une révérence embarrassée, tandis que l'inconnu saluait avec une raideur automatique. En revanche, Natha s'écria toute joyeuse :

— Ah ! vous voilà donc, monsieur Valentin ? Je n'espérais plus qu'en vous !

— Oui, oui, voilà mon ami le capitaine ! — ajouta le petit Clément en renforçant sa voix et en agitant sa baguette d'une façon belliqueuse ; — nous verrons s'il laissera emmener Natha !

— Emmener Natha ! — répéta Valentin.

Il pressa doucement la main de la jeune fille, qui lui souriait avec mélancolie, et s'assit sur un siège que Fanchette Bruchard venait d'apporter.

Il y eut un silence. Enfin le personnage vêtu de noir fit signe à la Chizerotte, qui dit d'une voix mal assurée :

— Ah çà ! monsieur l'officier, vous n'allez pas sans doute nous causer de l'embarras ? Je suis la mère de cette petite, en définitive, et, puisqu'elle n'est plus au château de Balme, chez sa maîtresse, elle m'appartient complètement. C'est une honnête fille, et je n'entends pas qu'elle tourne mal, vous comprenez ! Or, je la trouve ici, dans une maison contre laquelle je n'ai rien à dire, mais que je connais pas ; et c'est vous, un officier, qui payez sa pension. C'est en tout bien tout honneur, je le sais ; cependant on pourrait en jaser, et cela ne me convient pas. Faut donc pas tant vous étonner si je remmène ma fille ; je lui ai trouvé une bonne place, et je prétends la gouverner à ma guise. Bien grand merci pour vos services ; mais c'est assez, et elle va monter avec nous dans cette bonne voiture qui est là devant la porte... Elle viendra, qu'elle le veuille ou non... Ah ! mais, je donnais mes droits, voyez-vous !

Valentin, au lieu de s'emporter comme on devait s'y attendre, demeura calme et presque souriant.

— Fort bien, la Chizerotte, — dit-il avec ironie ; — vous êtes en effet la mère de Natha, et une bonne mère encore ! Vous lui avez témoigné jusqu'ici tant d'affection, vous avez veillé sur elle avec tant de sollicitude ! Il serait odieux de la soustraire à une autorité si respectable. Seulement votre fille est malade, hors d'état d'être transportée, et un voyage, si court qu'il fût, présenterait des dangers pour elle en ce moment.

La Chizerotte fut dupe du ton de modération qu'affectait le capitaine Champ-Rosay.

— A la bonne heure! — reprit-elle, — vous êtes raisonnable. Pour ce qui est de la maladie de la petite, voyez-vous, faut pas s'en inquiéter... Voilà monsieur, qui est un grand médecin et qui en sait mille fois plus long que nos mauvais médecins d'ici. Je lui confierai Natha pour qu'il la conduise à Paris. Il la guérira et fournira à tous ses besoins... Elle sera désormais une vraie demoiselle, et elle gagnera tant d'argent, tant d'argent que ses sœurs et moi nous pourrons un jour aller en carrosse... C'est cela un sort! Ce n'est pas comme votre madame la baronne, qui avait promis de se charger de ma fille et qui ne s'en soucia guère, en fin de compte.

Natha voulait protester en faveur de sa bienfaitrice, mais Valentin l'invita par un geste amical à garder le silence ; puis il se tourna vers le personnage vêtu de noir, et dit avec sa tranquillité étudiée :

— Ainsi donc, c'est monsieur qui doit remplir toutes les promesses de ce brillant programme ? Pourrait-on, du moins, savoir qui est monsieur ?

Le soi-disant médecin crut le moment favorable pour intervenir d'une façon directe dans cette discussion.

— Je ne suis pas le premier venu, — répliqua-t-il avec un accent germanique des plus prononcés, en se redressant ; — je m'appelle Wolf ; je suis docteur en médecine de la faculté de Berlin. Je suis connu dans toute l'Europe par un grand ouvrage sur le *magnétisme naturel*, et, j'ose le dire, aucun magnétiseur de Paris n'a obtenu de succès aussi éclatants que moi. Quant à ma position de fortune, il est facile de prendre des informations chez mon notaire, et les amis de mademoiselle Natha peuvent être certains que je tiendrai rigoureusement mes engagements envers elle.

— Eh bien! monsieur... Wolf, qu'attendez-vous de mademoiselle Natha pour prix des avantages que vous êtes disposé à lui assurer?

— Rien de plus simple, monsieur. J'ai lu dans les journaux les étonnantes découvertes opérées à Cuiseaux sur les indications de cette jeune fille, qui me semble atteinte d'un cas particulier d'extase et somnambulisme naturel. Comme je dirige à Paris un cabinet de consultations médicales très-fréquenté, j'ai pensé que, soumise à l'influence magnétique, elle pourrait être un *sujet* d'une lucidité vraiment exceptionnelle, et j'ai voulu me l'attacher au prix des plus grands sacrifices. Grâce à l'habileté avec laquelle je conduirai cette affaire, grâce aux réclames dans les journaux, et à certains autres moyens de publicité dont je connais l'emploi, mademoiselle Natha, avant deux ans, aura fait sa fortune...

— Et la vôtre par la même occasion, n'est-il pas vrai, docteur ? Je comprends maintenant la spéculation dont il s'agit, et à vrai dire je l'avais en partie devinée. Les marchands d'orviétan ne sont plus de mode aujourd'hui ; en revanche les magnétiseurs... Enfin vous avez obtenu déjà le consentement de la mère ; c'est beaucoup, mais ce n'est pas tout... Que pense Natha de cette proposition ? Consentirait-elle à suivre le docteur Wolf à Paris, et accepterait-elle l'honorable condition qui lui est offerte ?

Natha étendit ses bras amaigris vers l'officier et lui dit avec un accent douloureux :

— Par pitié ! monsieur Valentin... mon ami... mon protecteur, mettez fin à cette cruelle plaisanterie. Vous le savez, je ne puis ni ne veux quitter cette maison, où après tant d'agitations j'ai trouvé un peu de repos. Mes jours, mes instants sont comptés... Qu'on me laisse donc mourir en paix!

Le capitaine Champ-Rosay, ému de cette adjuration touchante, parla bas à Natha d'un ton affectueux. Elle s'apaisa comme s'apaise un enfant aux caresses de sa nourrice, et se renversa sur son siège. Alors Valentin se retourna vers les assistants : le masque d'impassibilité qui tout à l'heure couvrait son visage était tombé.

— Vous avez entendu, monsieur le docteur Wolf ? —
dit-il d'un ton menaçant ; — mademoiselle Natha n'accepte pas vos offres ignobles... En conséquence, il ne vous reste plus rien à faire ici, et je vous invite...

Il montrait du doigt la porte.

Les joues creuses du magnétiseur devinrent cramoisies. Il se leva et dit d'une voix que la frayeur et la colère rendaient tremblante :

— Vous n'avez aucun ordre à donner ici, monsieur ; je ne suis pas chez vous et je ne souffrirai pas...

— Bruchard, — interrompit Valentin en s'adressant au maître de la maison, — as-tu réellement du plaisir à recevoir ce maudit charlatan qui cherche à enlever Natha ?

— Je n'y tiens pas du tout, capitaine, — répliqua le vigneron, — et je le donne volontiers au diable.

— Des gens qui viennent ôter le pain de la bouche au pauvre monde ! — ajouta Fanchette avec colère.

— En ce cas, mes amis, ouvrez la porte, — s'écria Valentin.

Il s'élança sur le chétif Allemand, l'enleva de terre avant qu'il eût pu se mettre en défense ; puis, le jetant sous son bras, il s'avança vers la porte que les époux Bruchard s'étaient empressés d'ouvrir.

Wolf se débattait et s'écriait en fureur ;

— C'est une infamie !... vous m'en rendrez raison... Je porterai plainte aux magistrats...

Fanchette et son mari riaient aux larmes, tandis que le petit Clément, qui avait tremblé de perdre sa chère Natha, ne se gênait pas pour appliquer, au milieu du désordre, quelques coups de sa baguette sur les maigres jambes du malencontreux magnétiseur.

Quant au capitaine, il ne s'inquiétait pas plus de ses cris et de ses menaces que de ses velléités de résistance. Étant sorti de la maison, il remit Wolf sur ses pieds, lui donna dans le dos une violente poussée qui l'envoya à vingt pas de là, puis il rentra et ferma la porte au verrou.

Quelques secondes après, Wolf, du dehors, attaqua la porte des pieds et des poings. Comme on n'y prenait pas garde, le soi-disant docteur parut comprendre que la violence et le bruit ne lui serviraient à rien, il se ravisa donc, et, cessant de frapper, il dit à haute voix :

— Bonne femme !.. Madame Chizerotte ! je vous rends responsable de tout ce qui arrivera... Vous savez quel engagement vous avez pris par acte authentique. Je vais vous attendre avec la voiture dans l'auberge où nous nous sommes arrêtés à Giziat. Si dans deux heures vous ne m'avez pas rejoint avec votre fille, je porterai plainte contre vous aussi, et l'on saura si je me laisserai voler et maltraiter impunément.

En même temps il s'éloigna ; et bientôt on entendit la carriole rouler avec un grand bruit de ferraille vers la vallée.

Natha était douloureusement affectée de cette scène scandaleuse ; cependant elle écoutait avec complaisance les paroles consolantes que Valentin lui adressait à voix basse, quand la Chizerotte, d'abord surprise et comme ahurie, s'écria tout à coup :

— Eh bien ! me voilà dans de beaux draps, moi, et l'on a fait de joli ouvrage par ici... On ne me mènera pourtant pas non plus par le bout du nez ! J'ai promis, je dois tenir ma promesse, sans quoi le *manatiseur* me mettrait dans la peine... Il n'a déjà pas l'air si bon le *manatiseur* !... Voyons, petite, — ajouta-t-elle en s'adressant à sa fille, — tu ne peux renoncer ainsi à la bonne place qu'on te propose ; ce ne sont pas les amoureux qui te feront ton sort... Tu vas donc prendre tes cliques et tes claques, et venir bien vite à l'auberge où l'on nous a donné rendez-vous.

— Mère, mère, ce que tu me demandes est au-dessus de mes forces, — répondit Natha d'un air abattu.

— Allons ! pas de simagrées!... Tu n'es pas malade puisque tu vas et tu viens, tu bois, tu manges et tu dors.... Ecoute, j'ai signé un papier avec le *manatiseur* comme quoi tu dois partir aujourd'hui même avec lui. Si tu ne partais pas, il faudrait lui rendre l'argent qu'il m'a avancé, ou bien il aurait le droit de nous faire arrêter toutes deux par les gendarmes. Et moi je ne veux ni rendre l'argent, ni payer un dédit, ni aller en prison, entends-tu bien?

Natha était incapable de répondre.

— Vous avez fait cela, misérable femme! — s'écria Valentin; — vous avez vendu votre fille à cet effronté spéculateur?

Si brute et si grossière que fût la rabala, elle parut un peu confuse.

— Appelez cela comme vous voudrez, — répondit-elle; — mais pas moins cette petite est en âge de gagner sa vie. Je ne peux pas la nourrir à fainéanter, moi. Je lui ai trouvé une excellente condition, qu'elle la prenne. Puisque j'ai signé, que je vous dis, un papier avec le *manatiseur*, et encore devant monsieur Rochot, le notaire. Si à l'instant même Natha ne part pas avec le monsieur, il me faudra payer dix mille francs de dédit, sans compter l'argent qu'il m'a avancé et que j'ai employé sur-le-champ pour mes filles et pour moi; je ne peux pas payer, comme bien vous pensez, et alors on me mettra en prison; le notaire a bien pris soin de me faire comprendre cela... Voyons, petite, souffriras-tu que l'on traite comme une voleuse ta mère, qui a toujours été une honnête femme?

— Faites de moi ce que vous voudrez, — répondit Natha en se renversant dans son fauteuil.

Valentin frappa du pied.

— Vous tuez votre fille, — dit-il à la Chizerotte; — pour Dieu! cessez de la torturer!... L'acte dont vous parlez n'a aucune valeur; nous le ferons casser, car il est évidemment l'œuvre d'une surprise et d'un abus de confiance... Ensuite, s'il faut de l'argent, j'en fournirai autant qu'on voudra.

— Serait-il possible? — s'écria la Chizerotte en ouvrant de grands yeux; — vous êtes donc riche?... Mais, tenez, ce sont là des paroles; vous y regarderiez à deux fois avant de débourser une si grosse somme, et j'aime mieux m'en tenir à ce qui est sûr... Allons, Natha, tout bien vu, bien examiné, tu vas venir avec moi.

Et elle se leva résolûment.

Natha, qui avait les yeux fermés, les rouvrit avec effort.

— Mère, — dit-elle d'une voix gémissante, — laisse-moi mourir en paix!

Et elle s'évanouit complètement.

— Odieuse femme! — s'écria Valentin furieux en menaçant du poing la Chizerotte, — voilà votre ouvrage!

— Bah! ce sont des manières, — répliqua la rabala durement, — elle a pris là-bas à Balme les simagrées des demoiselles, mais ça lui passera.

Valentin dit quelques mots tout bas à Fanchette Bruchard, qui souleva Natha évanouie et la porta dans sa chambre. Le petit Clément avait saisi son amie par la jupe, et il l'escorta en brandissant son sarment.

Quand tous les trois furent entrés dans la pièce voisine, la Chizerotte voulut y entrer à son tour; le capitaine l'arrêta, et lui dit avec violence:

— Restez ici... N'avez-vous pas assez fait de mal?

Subjuguée par cet accent d'autorité, elle n'osa pas résister.

Au bout de quelques minutes, Fanchette reparut.

— Mademoiselle Natha a repris connaissance, — dit-elle, — et je l'ai laissée avec Clément.

— Que fait-elle, madame Bruchard?

— Elle pleure, la pauvre fille!

— Eh bien! puisque l'*idée* lui est revenue, — dit la Chizerotte en se levant de nouveau, — je m'en vais lui parler, moi.

Valentin s'élança d'un bond devant la porte de la chambre.

— Fussiez-vous dix fois sa mère, — s'écria-t-il, — vous n'entrerez pas...! Votre égoïsme, votre brutalité seraient capables de lui porter le dernier coup.

— Ah! c'est comme ça? — répliqua la Chizerotte devenue furieuse; — vous voulez m'empêcher de parler à ma fille, vous? Nous allons bien voir!

Elle essaya de repousser l'officier; celui-ci demeura ferme comme un roc. Saisissant les deux mains de la rabala, il les contint sans effort apparent dans une des siennes, tandis que de l'autre il l'éloignait pour se mettre hors de ses atteintes. La Chizerotte rugissait, trépignait, cherchait à frapper et à mordre; le robuste Valentin ne s'en émouvait pas.

— Allons! calmez-vous, — disait-il; — je ne veux pas vous faire de mal: si je le voulais, j'en ai la force et le pouvoir... Mais vous êtes la mère de Natha, et, malgré votre méchanceté, vous n'avez rien à craindre de moi.

La farouche paysanne continuait de se consumer en efforts inutiles. Enfin, fatiguée et vaincue, elle dit d'une voix haletante:

— Je n'en puis plus... Lâchez-moi... vous êtes le diable en personne!

— Me promettez-vous de ne pas essayer de voir votre fille en ce moment?

— Oui, oui.

— Vous me le promettez?

— Oui, je vous le promets... Mais lâchez-moi, vous m'avez brisé les bras. — Le capitaine Champ-Rosay consentit enfin à la laisser aller, et elle se jeta sur un siége. Cependant Valentin, redoutant quelque retour offensif, se tenait toujours sur ses gardes. Il s'était assis devant la porte de Natha, prêt à repousser toute nouvelle attaque. Ses craintes étaient vaines; les natures grossières telles que celle de la Chizerotte accordent à la force physique une soumission qu'elles refuseraient aux raisonnements et aux prières. La rabala, après être restée quelques minutes à reprendre haleine, dit d'un ton radouci: — Vous êtes un rude gaillard, vous! Eh bien! puisque vous êtes si solide, vous mettrez l'*autre* à la raison, n'est-ce pas? vous me défendrez contre les gendarmes, vous ne me laisserez pas conduire en prison, et vous payerez pour moi, s'il est nécessaire. Est-ce entendu?

— Oui, je m'engage à vous garantir contre les fâcheuses suites de votre imprudence; mais, de grâce, apaisez-vous! Natha nous entend, et elle doit être au supplice.

— Alors, si vous prenez tout sur vous, on peut être tranquille... Eh bien! puisque vous paraissez être le maître ici, monsieur l'officier, ne me ferez-vous pas donner quelque chose à manger et un coup à boire? Je meurs de faim et de soif.

Valentin était trop enchanté de ce succès inattendu pour ne pas satisfaire le vœu de la Chizerotte. Il dit un mot à Bruchard et à sa femme; aussitôt la table fut chargée de tous les mets que la maison pouvait fournir, sans parler d'un grand pot rempli de vin. La rabala toute joyeuse se mit à manger et à boire, et son avidité ne prouvait pas un excellent cœur, elle prouvait du moins un excellent appétit.

Quand le calme se fut rétabli dans la première pièce, Valentin alla écouter à la porte de Natha. Il n'entendit d'autre bruit qu'une respiration douce et régulière, comme celle d'une personne endormie.

— Dieu soit loué! — dit l'officier, — elle repose paisiblement.

On prit les plus minutieuses précautions pour que rien ne troublât ce précieux sommeil de la jeune malade. Bruchard, qui avait à travailler au dehors, se rendit à son ouvrage, tandis que Fanchette s'était mise à tricoter un bas près de la fenêtre. Quant à la Chizerotte, elle n'avait pas tardé à devenir très-peu gênante: après s'être gorgée de nourriture et de vin, elle s'était endormie à son tour dans le fauteuil de Natha.

Deux heures se passèrent. Pendant ce laps de temps, Valentin était venu plusieurs fois encore coller son oreille contre la porte de la chambre; toujours il entendait cette respiration calme et égale qui entretenait sa sécurité. Cependant il finit par s'étonner que Clément, dont l'humeur était assez remuante d'ordinaire, ne donnât aucun signe de sa présence. Bientôt il conçut quelques craintes et en fit part à Fanchette.

— On peut voir, — dit-elle en déposant son ouvrage.

Et elle alla ouvrir la chambre. Un cri lui échappa ; Natha avait disparu, et il n'y avait plus là que le petit Clément, qui dormait, la tête appuyée contre le lit.

Valentin accourut, et il fut saisi d'une inquiétude mortelle en trouvant la chambre vide.

— Grand Dieu ! où peut être Natha ? — s'écria-t-il.

Cette disparition était facile à expliquer. La chambre, située au rez-de-chaussée de la maison, comme nous l'avons dit, donnait sur le jardin. Natha, sans doute excitée par la terreur, avait franchi au moyen d'une chaise la fenêtre, qui était fort basse, et avait pu gagner la campagne. Fanchette se mit à la fenêtre et appela de toute sa force ; on ne répondit pas. Les alarmes de Valentin allaient croissant. Il se pencha vers le petit garçon qui venait de s'éveiller. — Clément, — demanda-t-il, — où est allée ta bonne amie Natha ?

L'enfant prit un air futé.

— Ecoutez, — répliqua-t-il, — ne faut pas le dire : elle a eu peur de sa méchante maman qui criait ; elle est sortie par la fenêtre et elle est montée sur la vigne ; elle m'a commandé de ne pas bouger, et moi j'ai dormi.

Il ne savait rien de plus.

La Chizerotte venait d'accourir aussi en se frottant les yeux ; quand elle apprit ce qui se passait, elle dit tranquillement :

— Vous voyez bien que la sotte n'était pas si malade puisqu'elle a pu se sauver... Elle aurait mieux fait de venir avec le *manatiseur!*

Valentin franchit la fenêtre, parcourut le jardin, puis la vigne, appela et cria à son tour ; tout cela inutilement.

Alors il s'empressa de battre les environs, grimpant sur les rochers, descendant dans les vallées, scrutant les moindres coins, tandis que Fanchette et la Chizerotte cherchaient de leur côté.

Tout à coup un soupçon nouveau lui vint à l'esprit. Ne se pouvait-il pas que Natha, en fuyant au hasard, eût rencontré le docteur Wolf, qui, fort de ses prétendus droits sur elle, se serait emparé de sa personne ? Cette crainte fit bouillonner le sang de Champ-Rosay, et il résolut de s'assurer à l'instant si elle était fondée. Il savait dans quelle auberge de Giziat Wolf avait donné rendez-vous à la Chizerotte, et il n'y avait pas à s'y tromper, car elle était unique. Il gagna donc bien vite la vallée, et, en approchant de l'espèce de cabaret borgne qu'on décorait du nom d'auberge, il eut la satisfaction de voir la carriole d'osier stationnant devant la porte.

Néanmoins il fut imparfaitement rassuré par cette circonstance, et fit irruption dans la salle destinée au public. Il n'y avait là qu'une vieille femme, qui égrenait des épis de maïs, et le soi-disant docteur Wolf, qui, assis devant une table graisseuse, écrivait aux magistrats pour se plaindre des dols et des violences dont il se prétendait victime.

A la vue du capitaine, Wolf fut frappé d'épouvante et se mit sur la défensive. Champ-Rosay, sans paraître remarquer son effroi, lui demanda d'un ton impérieux ce que Natha était devenue. Le magnétiseur répondit, avec un étonnement très-réel, que, depuis le moment où il avait quitté les Buissons, il n'avait pas vu la fille de la Chizerotte. A l'appui de cette assertion il invoqua le témoignage de la vieille aubergiste et du voiturier, qui le confirmèrent pleinement, et il finit par demander avec timidité de quoi il s'agissait.

Valentin lui apprit en peu de mots la disparition de Natha, et poursuivit :

— Vos intrigues à l'égard de cette pauvre enfant, mon sieur, vont avoir sans doute les suites les plus funestes. Mais que Natha se retrouve ou non, qu'elle vive ou qu'elle meure, vous aurez à rendre compte de votre indigne conduite dans cette affaire... Tâchez que je ne vous retrouve pas sur mon chemin, c'est le plus sûr.

Et il sortit.

Sans doute le magnétiseur ne se croyait pas non plus à l'abri de tout reproche, car il demeura pensif après le départ de Valentin. Puis il déchira le papier qu'il était en train d'écrire, paya sa dépense, et, montant dans sa carriole, il quitta le pays, où il ne reparut jamais.

Le capitaine retourna bien vite aux Buissons, comptant que Natha y serait revenue pendant son absence, mais cette attente fut vaine encore ; il ne trouva que la Chizerotte et la Bruchard, qui avaient inutilement parcouru tous les environs. Ce fut alors qu'il sauta sur son cheval et galopa jusqu'à Cuiseaux. Nous savons comment il arriva au château, quand la soirée était déjà très-avancée, avec la vague espérance que la pauvre Natha aurait pu y chercher un asile. Disons maintenant quel fut le résultat des perquisitions dans le parc de Balme.

La nuit était sombre. De grands nuages passaient continuellement sur un mince croissant de lune, et les montagnes se dessinaient, comme un mur grandiose et noir, sur le ciel phosphorescent.

Aucune brise ne frémissait dans les arbres du parc, sapins et autres espèces toujours vertes ; rien ne bougeait, ne bruissait. Aussi les pas de ceux qui cherchaient Natha résonnaient-ils avec une force singulière sur le sable des allées, tandis que les reflets des lanternes et des torches produisaient de pittoresques effets de lumière sous ces arceaux de feuillage.

Valentin, la baronne et Léopold marchaient côte à côte ; mais ils se taisaient et se contentaient de regarder autour d'eux avec une sorte d'anxiété. Le capitaine surtout paraissait en proie aux plus sinistres pressentiments, et cette promenade aux flambeaux avait quelque chose de lugubre qui serrait le cœur.

On parcourut ainsi la partie supérieure du parc, le kiosque, les terrasses, les tonnelles de verdure ; quand on atteignit le mur de clôture, la baronne, qui frissonnait à la fraîcheur de la nuit, dit avec tristesse :

— Il n'y a rien ; maintenant il ne nous reste plus qu'à visiter les environs de la grotte.

— C'est par là que nous eussions dû commencer, — répliqua Valentin d'une voix étouffée ; — si Natha est à Balme, nous la trouverons dans le voisinage de la fontaine.

Sans attendre de réponse, il prit l'allée des arbres verts, tandis que le baron et Paulino rappelaient les domestiques, pour leur indiquer la nouvelle direction à suivre.

Mais déjà Valentin avait oublié qu'il n'était pas seul à la recherche de Natha. La pensée qu'il allait la rencontrer du côté de la grotte devenait pour lui une certitude, sans qu'il pût dire pourquoi. Il précipitait sa marche, comme si un désir pressant, une force irrésistible, l'eût entraîné dans cette direction. Ce sentiment inexplicable devenant de plus en plus impérieux, Valentin se mit à courir, et quelques minutes lui suffirent pour atteindre la grotte.

On sait que, en cet endroit, les massifs d'arbres s'interrompaient tout à coup. Sauf le charme centenaire qui s'élevait au bord de l'étang et un rideau de peupliers, l'espace était partout découvert jusqu'aux montagnes. La lune venait de se dégager des nuages ; une lumière nacrée, tombant du ciel, faisait miroiter les eaux paisibles, qui s'épanchaient lentement du rocher pour s'endormir ensuite dans les roseaux. Le calme était si profond que l'on entendait le léger murmure de la fontaine, murmure insaisissable pendant le jour, et qui maintenant se prolongeait comme une plainte ou un soupir.

Valentin s'arrêta irrésolu sur la limite du bois. Quelques flocons de brouillard voltigeaient à la surface de l'étang, agités par un souffle insensible, mais aucune forme humaine ne se montrait sur la rive. Du côté du parc, le reflet rougeâtre des torches commençait d'apparaître au milieu des sapins, quoique l'on ne pût encore ni voir ni entendre ceux qui allaient venir.

Comme l'officier, plein d'anxiété, poursuivait son examen, cette voix étrange qui lui était si connue et si chère appela doucement :

— Valentin ! Valentin !

Nous avons constaté déjà que la voix de Natha, pendant les accès d'extase, avait les propriétés merveilleuses qui caractérisent celles des ventriloques ; aussi semblait-elle venir de ces légers brouillards qui se balançaient à la surface de l'eau comme des fantômes blancs. Mais le capitaine Champ-Rosay cette fois ne se laissa pas prendre à l'illusion. Il regarda au pied du vieux charme, jadis la place favorite de Natha, et il crut distinguer une personne couchée dans le gazon, au milieu de quelques fleurs d'automne déjà humides de rosée.

Il courut vers l'arbre centenaire ; c'était en effet Natha qui occupait sa place habituelle. Malgré la saison avancée, le feuillage du charme répandait autour de lui une ombre que la lumière diffuse de la lune ne pouvait pénétrer. Aussi était-il impossible de voir l'attitude de la jeune fille, la couleur et la forme de ses vêtements. En revanche, son visage, d'une blancheur éclatante, se détachait nettement au milieu des ténèbres, et il avait un rayonnement inexplicable qui, dit-on, se manifestait sur les traits des saints et des martyrs. Son immobilité absolue, ses yeux fermés, témoignaient qu'elle était en extase.

Valentin, tout tremblant et saisi d'une sorte de respect religieux, se pencha vers elle.

— Ah ! chère Natha, vous voilà donc enfin ? — lui dit-il ; — comment vous trouvez-vous ici ?... comment se fait-il... ?

— Valentin, — répondit Natha, — je t'ai suivi par les yeux de la pensée pendant les longues recherches, et, avec la permission divine, j'ai pu retenir sur mes lèvres mon âme prête à s'exhaler, car je voulais te dire un dernier adieu, et mon heure est venue.

— Non, ton heure n'est pas venue, Natha, ma bien-aimée ! s'écria le capitaine Champ-Rosay avec désespoir : — tu vivras pour être heureuse, pour devenir ma compagne et ma femme, à moi qui t'aime plus que la vie, à moi qui t'admire comme une créature d'une espèce supérieure.

— Oui, tu m'aimes, Valentin, et il est temps que je disparaisse de ce monde, afin de te laisser poursuivre ta brillante destinée... Mon heure est venue, te dis-je, et nous allons nous séparer sur la terre. Sache te soumettre comme moi aux volontés d'en haut ! — En ce moment le baron et la baronne approchaient, escortés des domestiques. La lumière des flambeaux se reflétait dans l'étang, éclairant la grotte, les rochers, les arbres d'alentour. Valentin eut un mouvement d'impatience ; Natha lui dit : — Laisse-les venir... Ne dois-je pas aussi faire mes derniers adieux à ma bienfaitrice, que j'ai tant affligée ?

Pauline et Léopold s'avancèrent, tandis que les gens de service s'arrêtaient à quelque distance. L'un et l'autre n'eurent besoin que d'un regard pour comprendre ce qui se passait.

— Pauvre enfant, — dit la baronne en soulevant doucement Natha, — pourquoi rester ici ? Nous allons te porter au château, où tu trouveras les mêmes soins, la même affection qu'autrefois.

Natha répondit d'une voix qui s'affaiblissait de plus en plus :

— Merci, bonne maîtresse ; je ne rentrerai pas vivante dans cette maison hospitalière où j'ai causé tant de maux. Vous pouvez me pardonner, à cette heure que le nuage est dissipé, et que la paix, l'harmonie, la tendresse mutuelle ont remplacé la discorde, la haine et la colère. Mais moi ne sais-je pas combien j'ai été funeste à tant de personnes chères ?... Ah ! maudit soit ce pouvoir mystérieux que je n'avais pas souhaité ! Mes divinations, comme mes erreurs, ont été fatales à tous mes amis, fatales à moi-même... Seigneur Dieu ! qu'ai-je fait, moi simple et humble créature, pour que vous m'érigiez comme une prophétesse faillible et sujette à s'abuser au milieu de la société ? Sans ce don malheureux, j'aurais pu... Mais comment osai-je murmurer contre les volontés de la Providence ! Mon Dieu ! pardonnez-moi. — Pendant qu'elle parlait, on pouvait voir un changement remarquable s'opérer en elle. Ses traits avaient perdu leur rigidité de pierre ; une teinte violette se montrait sur ses lèvres, et ses paupières frémissaient comme si elles allaient s'ouvrir. En revanche, sa physionomie continuait de refléter une espèce de béatitude qui n'appartenait pas à la terre.

Il y eut un moment de silence solennel. Enfin Natha reprit :

— Il est temps... Dieu m'appelle... Mais il me reste un devoir à remplir. Valentin, ma dernière pensée sera pour toi... Tu veux mourir aussi ; je le sais, je le vois... Valentin, jure que, lorsque je ne serai plus, tu n'attenteras pas à tes jours !

— Natha, comment pourrais-je vivre désormais sans toi ?

— Jure... oh ! jure... je t'en supplie !

Valentin bouleversé prêta le serment qu'on exigeait de lui. Alors un sourire d'une ineffable douceur s'épanouit sur le visage de Natha. Elle fit encore une courte pause, puis elle murmura lentement :

— Valentin, donne le baiser d'adieu à ta fiancée.

Le capitaine Champ-Rosay se pencha vers elle, tandis que Natha, de son côté, faisait un léger mouvement pour venir au-devant de lui. Leurs lèvres se rencontrèrent, et l'officier sentit un souffle presque imperceptible effleurer sa figure. Puis Natha retomba sans vie ; elle avait exhalé son âme dans ce premier et chaste baiser.

ÉPILOGUE.

Le lendemain, après avoir assisté aux magnifiques funérailles que Charles Rousselot avait ordonnées pour son père, toute la famille de Champ-Rosay suivit le modeste convoi de Natha ; la jeune fille fut enterrée dans le petit cimetière de Giziat, et, selon le vœu de Valentin, la simple pierre qui la recouvre ne porte d'autre épitaphe que ces mots :

PAUVRE NATHA !

La Chizerotte accompagna le corps de sa fille. Sa conscience ne lui reprochait rien envers la morte, et on l'entendait murmurer tristement :

— Quel malheur ! une fille qui devait tant me rapporter !

Valentin, en revenant des funérailles, était si sombre et si abattu que le baron en fut effrayé ;

— Souviens-toi de ta promesse ! — dit Léopold bas à l'officier en lui serrant la main.

— J'ai juré de ne pas attenter à mes jours, — répliqua Valentin avec un sourire amer, — mais non pas de ne pas me faire tuer... Je retourne en Afrique.

En effet, le capitaine Champ-Rosay partait le lendemain pour l'Algérie, où la guerre était alors dans toute sa force. Mais, en dépit des actes de témérité auxquels il se livra, la mort, comme il arrive d'ordinaire en pareil cas, ne voulut pas de lui. Un pouvoir mystérieux semblait le protéger. Sauf quelques blessures légères, son courage n'eut d'autre résultat que de lui procurer de nouveaux grades et de nouveaux honneurs. Aujourd'hui Valentin de Champ-Rosay est un des plus brillants colonels de l'armée.

Peu à peu le temps a opéré sur lui son œuvre réparatrice. Les blessures de son cœur se sont cicatrisées comme les blessures reçues sur le champ de bataille. Il est calme et paraît heureux, ainsi que Natha le lui a prédit; mais son exubérante gaieté d'autrefois n'a pas reparu, et par moments il est plongé dans une douce rêverie, qui contraste avec son caractère vif et ardent.

Le baron de Champ-Rosay est parvenu depuis longtemps aux plus hautes positions administratives, et sa famille continue à jouir de la paix et de la prospérité un moment interrompues par les événements que nous avons racontés.

FIN DE LA DOUBLE VUE.

TABLE DES CHAPITRES CONTENUS DANS CET OUVRAGE.

I — La vallée de Giziat..........	273
II. — La rencontre...............	277
III. — L'enquête.................	281
IV. — La dormeuse...............	283
V. — La famille de Champ-Rosay..	286
VI. — Les pressentiments........	289
VII. — Le dîner.................	292
VIII. — L'extase................	295
IX. — Le chevalier de Champ-Rosay	299
X. — La découverte.............	302
XI. — Désenchantement..........	304
XII. — Réconciliation...........	309
XIII. — Prédictions sinistres....	312
XIV. — Résolutions..............	315
XV. — Le dîner champêtre.......	317
XVI. — Les recherches...........	322
XVII. — Coup d'œil rétrospectif..	327
XVIII. — Un enfer conjugal......	330
XIX. — La poursuite.............	333
XX. — L'asile...................	335
XXI. — Le projet de la baronne..	338
XXII. — Au dernier moment.......	341
XXIII. — Le magnétiseur.........	346
XXIV. —	350

Paris. — Imprimerie J. Voisvenel, rue Chanoinat, 14.

www.ingramcontent.com/pod-product-compliance
Lightning Source LLC
LaVergne TN
LVHW050614090426
835512LV00008B/1480